絵図でよむ

荘園の立地と環境

額田雅裕 著

古今書院

目　　次

Ⅰ．臨海沖積平野における荘園の立地と環境変遷 ……………1

第1章　荘園の立地と環境 ………………………………………3

1．はじめに …………………………………………………………3
2．日本の平野とラグーン …………………………………………4
3．太平洋岸のラグーンと荘園 ……………………………………8
　（1）和歌山平野の地形環境とラグーン ………………………9
　（2）日根野荘の地形環境 ………………………………………11
　（3）高家荘の地形環境 …………………………………………15

第2章　和歌山市木ノ本付近における微地形と遺跡の立地 …… 21

1．はじめに …………………………………………………………21
2．地形地質の概観 …………………………………………………22
3．微地形の分類 ……………………………………………………24
　　　　　①砂堆Ⅰ面　25／②砂堆Ⅱ面　26／③砂堆Ⅲ面　26／
　　　　　④沖積Ⅰ面　26／⑤沖積Ⅲ面　28
4．遺跡の立地とその環境 …………………………………………31
　（1）条里型土地割の分布と施行時期 …………………………31
　（2）木ノ本Ⅲ遺跡の地形環境と粒度分析 ……………………32
5．おわりに …………………………………………………………35

第3章　和歌山平野南部の地形と土地開発 ……………………39

1．はじめに …………………………………………………………39
2．和太荘の範囲と開発地 …………………………………………40

ii 目　次

　　3．和歌山平野と和田盆地の地形概観 ……………………… 43

　　4．和田盆地周辺の地形 ……………………………………… 45

　　　　（1）山地・丘陵 ……………………………………… 45

　　　　（2）山麓緩斜面 ……………………………………… 46

　　　　（3）完新世段丘Ⅱ面 ………………………………… 46

　　　　（4）沖積低地 ………………………………………… 48

　　　　　　①自然堤防　49／②後背低地　49／③旧河道　49／

　　　　　　④ラグーン性低地　50

　　5．和田盆地のラグーン性低地の開発 …………………… 51

　　　　（1）開発の範囲 ……………………………………… 51

　　　　（2）環境変遷 ………………………………………… 52

　　　　（3）紀ノ川の変遷 …………………………………… 52

　　　　（4）神前遺跡の発掘 ………………………………… 52

　　　　（5）旧河道説の批判 ………………………………… 53

　　　　（6）中溝と新溝 ……………………………………… 54

　　6．塩除堤と紀州流土木工法 ……………………………… 54

第4章　南部平野における地形面の区分について ……………… 59

　　1．はじめに ………………………………………………… 59

　　2．地域の概観 ……………………………………………… 60

　　3．地形面の区分 …………………………………………… 61

　　　　（1）沖積Ⅰ面 ………………………………………… 61

　　　　（2）沖積Ⅱ面 ………………………………………… 64

　　4．条里型土地割と沖積段丘 ……………………………… 65

　　5．おわりに ………………………………………………… 66

第5章　南部平野の地形と条里型地割 ……………………… 71

　　1．はじめに ………………………………………………… 71

　　2．南部平野周辺の地形分類 ……………………………… 71

　　　　（1）完新世段丘面 …………………………………… 73

目　次　iii

　　　(2) 沖積低地面 ……………………………………………………… 74
　3．南部平野の条里型地割 ………………………………………… 74
　4．遺跡の立地と地形環境 ………………………………………… 75
　5．完新世段丘面の段丘化の時期 ………………………………… 76
　6．今後の課題 ……………………………………………………… 77

第 6 章　南部平野の地形と沖積層 ………………………………… 79

　1．南部平野の地形 ………………………………………………… 79
　　　(1) 山地・丘陵 …………………………………………………… 79
　　　(2) 海岸段丘・河岸段丘 ………………………………………… 79
　　　(3) 完新世段丘面 ………………………………………………… 80
　　　(4) 沖積低地面 …………………………………………………… 83
　　　(5) 波 食 棚 ……………………………………………………… 83
　2．南部平野の沖積層 ……………………………………………… 84

II．ラグーン性低地と台地における環境変遷と荘園絵図 ……… 87

第 7 章　紀伊日高平野北部の地形環境
　　　　　－紀伊国高家荘絵図の地形学的検討－ ……………………… 89

　1．は じ め に ……………………………………………………… 89
　2．高家荘の概観 …………………………………………………… 91
　3．高家荘の荘園研究史 …………………………………………… 93
　4．高家荘の地形環境 ……………………………………………… 95
　　　(1) 山地・丘陵 …………………………………………………… 96
　　　(2) 上 位 段 丘 …………………………………………………… 96
　　　(3) 中 位 段 丘 …………………………………………………… 96
　　　(4) 下 位 段 丘 …………………………………………………… 97
　　　(5) 自 然 堤 防 …………………………………………………… 97
　　　(6) 後背低地・谷底平野 ………………………………………… 97
　　　(7) 旧 河 道 ……………………………………………………… 99

iv 目 次

　　　（8）ラグーン性低地 ……………………………………… 99

　5．絵図の図像分析 ……………………………………………… 99

　　　（1）地　　形 ………………………………………………100

　　　　①山地　100／②河川　100

　　　（2）人 工 物 ………………………………………………101

　　　　①田畠　101／②家屋　101

　　　（3）植生その他 ……………………………………………101

　　　　①樹木　101／②境界記号　102／③文字注記　102

　6．おわりに ……………………………………………………103

第8章　泉佐野平野の地形とその変化
　　　　　－天和三年日根野村上之郷村川論絵図と完新世段丘－ ………107

　1．はじめに ……………………………………………………107

　2．泉佐野平野の地形と地質 …………………………………109

　　　（1）山　　地 ………………………………………………110

　　　（2）丘　　陵 ………………………………………………111

　　　（3）河 岸 段 丘 ……………………………………………111

　　　　①上位段丘面　112／②中位段丘面　113／③下位段丘面　113

　　　（4）沖 積 面 ………………………………………………115

　　　（5）砂　　堆 ………………………………………………115

　　　（6）人工改変地・市街地 …………………………………116

　3．川論絵図の内容と樫井川の付替え ………………………116

　　　（1）川論絵図の内容 ………………………………………116

　　　　①寺社と参道　116／②河川と中州　116／③耕地　118／

　　　　④植生　118／⑤集落（家屋）118／⑥境界　118

　　　（2）川論絵図の添書と瀬替え関係文書 …………………119

　4．現地比定と工事目的 ………………………………………122

　　　（1）現 地 比 定 ……………………………………………122

　　　（2）工 事 の 目 的 …………………………………………122

　5．日根神社付近の地形分類と段丘化の原因 ………………123

（1）絵図付近の地形分類 ……………………………………123

　　　　　①上位段丘Ⅱ面　123／②中位段丘面　123／③下位段丘　124

　　　　　／④旧河道　124／⑤新川筋　125／⑥現沖積面　125／

　　　　　⑦現河道　125

　　　（2）段丘化の原因 ………………………………………………125

　6. おわりに ………………………………………………………127

第9章　日根野・中嶋遺跡の地形環境 ………………………131

　1. はじめに ………………………………………………………131

　2. 泉佐野平野の地形と遺跡の立地 ……………………………131

　3. 中嶋遺跡付近の地質構造 ……………………………………133

　4. 中嶋遺跡付近の地形 …………………………………………134

　5. トレンチ断面と観察の所見 …………………………………136

　6. おわりに ………………………………………………………139

第10章　日本海沿岸のラグーン性低地の環境変遷 ……141

　1. はじめに ………………………………………………………141

　2. 東郷荘の地形環境 ……………………………………………141

　3. 奥山荘の地形環境 ……………………………………………146

　4. おわりに ………………………………………………………150

Ⅲ. 河川中流域における荘園の立地と絵図 ………………153

第11章　桛田荘の立地に関する地形地理学的検討 ………155

　1. はじめに ………………………………………………………155

　2. 桛田荘付近の地形 ……………………………………………157

　　　（1）山地・丘陵 …………………………………………………157

　　　（2）上位段丘………………………………………………………159

　　　（3）中位段丘………………………………………………………159

　　　（4）下位段丘………………………………………………………159

vi　目　次

　　（5）沖 積 低 地……………………………………………160
　3. 紀ノ川の河道変遷 ……………………………………161
　4. 紀伊国桛田荘絵図の作成について ……………………164
　5. 文覚井について ………………………………………167
　　　もんがく ゆ
　6. お わ り に ……………………………………………170

第12章　伊都郡加勢田荘内紀伊川瀬替目論見絵図の記載内容
について ……………………………………………173

　1. は じ め に ……………………………………………173
　2. 絵図の範囲と記載内容 …………………………………174
　　　①山地とその植生　174／②道路　174／③集落　176／
　　　④河川・砂礫堆・その他　176
　3. 河川地形と河川形態 ……………………………………177
　4. 絵図の作成目的と作成時期 ……………………………178
　5. お わ り に ……………………………………………180

第13章　伊都郡移村預所墨引絵図について
－桛田荘域の用水開削時期－ ……………………………183

　1. は じ め に ……………………………………………183
　2.『絵図』の記載内容…………………………………………186
　　（1）地　　形 ……………………………………………186
　　　①山地・丘陵　186／②河川　188／③段丘崖　188
　　（2）人 工 物 ……………………………………………188
　　　④田畑　188／⑤道路　189／⑥集落・建物　189／
　　　⑦溜池　190／⑧用水路　191／⑨預所墨引　192
　　（3）そ の 他 ……………………………………………193
　　　⑩境界　193／⑪樹木　194
　3.『絵図』の添書とその内容…………………………………194
　4.『絵図』の作成時期と作成目的…………………………195
　5. お わ り に………………………………………………197

目　次　vii

第14章　慶安三年賀勢田荘絵図に画かれる灌漑用水と耕地の立地環境 …………201

1. 慶安三年賀勢田荘絵図の概要 ……………………………………………201
2. 図像の分析 …………………………………………………………………203
　　(1) 地　　形 …………………………………………………………………203
　　　　①河川　203 ／②山地・丘陵　203 ／③河岸段丘　203
　　(2) 地　　物 …………………………………………………………………204
　　　　①田畑　204 ／②建物　205
　　(3) 井手と山道 ………………………………………………………………206
　　　　①道路　206 ／②井堰・水路　207
　　(4) 境界・植生・その他 ……………………………………………………209
　　　　①牓示　209 ／②植生　210 ／③付箋　210
3. 灌漑地域と地形面との関係 ………………………………………………211
　　　　①中位段丘Ⅰ面　211 ／②中位段丘Ⅱ面　211 ／
　　　　③低位段丘Ⅱ面　211 ／④低位段丘Ⅲ面　211 ／
　　　　⑤沖積低地　213
4. お わ り に ………………………………………………………………………215

第15章　井上本荘の絵図とその地形環境 ………………………………………219

1. は じ め に ………………………………………………………………………219
2. 井上本荘の歴史的概観 ……………………………………………………221
3. 井上本荘絵図に関する研究の整理 ………………………………………223
4. 地形地質の概観 ……………………………………………………………227
5. 地形の分類と条里型土地割 ………………………………………………228
　　(1) 地形面の区分 ……………………………………………………………230
　　　　①丘陵　230 ／②山麓緩斜面　230 ／③上位段丘面　230 ／
　　　　④中位段丘面　231 ／⑤下位段丘面　232 ／⑥沖積面　233
　　(2) 完新世段丘と条里型土地割の分布 ……………………………………233

viii　目　次

6. おわりに ……………………………………………………234

第16章　井上本荘絵図の水系と地形表現 ………………241

1. は じ め に …………………………………………………241
2. 井上本荘絵図の図像分析 …………………………………243
   (1) 井上本荘絵図の地形表現 …………………………………243
       ①山地・丘陵・段丘地形　243 ／②河川地形　245
   (2) 水系・集落・寺社の比定 …………………………………246
       ①田畠　246 ／②道路　246 ／③溜池・水路　247 ／
       ④集落　248 ／⑤寺社　249
   (3) 境界・植生・その他 ………………………………………251
       ①境界および文字注記　251 ／②植生　252 ／③角筆　252
3. 井上本荘の境界と水系の彩色 ……………………………253
4. お わ り に …………………………………………………257

付. 井上本荘域の溜池と寺社の現地…………………………261
    北東部の溜池群（ⓐ奥ノ池，ⓑ竹ノ池，ⓒ西浦池，ⓓ川狭
    山池，ⓘ上ノ池，ⓙお池，ⓚ林ノ池，ⓛ盆ノ池）262 ／ⓔ上
    泥池・ⓕ分ノ池　263 ／ⓖ中泥池・ⓗ下泥池　263 ／桜池
    264 ／ⓜ呂ノ池　264 ／南西部の溜池群（ⓞ黒津池，ⓟ柿谷
    池，ⓠ阿弥陀池，ⓡ金剛谷池）264 ／ⓝ観音池・ⓦ観音堂
    264 ／長田観音寺（如意山蓮華院，真言宗山階派）265 ／ⓣ
    阿弥陀堂　266 ／ⓤ薬師堂　266 ／ⓧ帝釈堂跡・ⓧ帝釈寺
    266 ／ⓢ志野神社　267 ／ⓥ大神宮　267 ／ⓨ風市森神社（風
    森）267 ／松井川　268 ／西川　268

あ と が き ………………………………………………………269

I．臨海沖積平野における荘園の立地と環境変遷

第1章　荘園の立地と環境

1. はじめに

　沖積平野の地形環境は，不変ではなく絶えず変化しているが，発掘調査報告書などでは，遺跡の立地環境を考察する場合に，現在の地形図に遺跡の分布を示して地理的環境を記述しているだけのことが多い。それでは，遺跡の立地した時期以降の地形変化を考慮に入れていないことになる。さらに時代がさがると，地震や火山噴火など局地的な現象を除いて，ほとんど地形の変化がないという誤った認識から，歴史時代の地形環境は取り上げられることがまずなかった。しかし，後述するように，わが国の沖積平野では，荘園の立券以降でもかなり環境の変化があったことがわかってきた。

　荘園の立地や環境を明らかにする場合，過去における人間と環境との相互関係を明らかにする必要がある。その源流となるのは二千数百年前から始まる稲作であろう。弥生時代には水田耕作に便利な沖積平野の微高地に集落が多く立地した。古墳時代には富が蓄積されて，海上交通・輸送の拠点となる港が発達し，その付近に豪族の巨大古墳が築造され[1]，河川灌漑のできる低地，あるいは簡単な灌漑施設によって水田耕作が可能な河川の中下流域に耕地が集中した。しかし，それらは河川の河口域や谷口あるいは渡河点といった交通の要衝にあたり，しかもその位置は弥生時代以降大きく変わっていない。古代や中世における居住や開発の中心も，じつに経済的な位置の選択をしており，ここに取り上げる荘園の立地も，経済的な条件による選定がかなり大きい。

　古代から中世にかけての地形発達と土木技術の発達が相互作用し，開発が可能となった地形や土地条件の地域があり，そこへ荘園が立地するケースがかなりみられる。初期の荘園として成立した，越前国道守荘など東大寺領の北陸荘園や紀伊国木本荘などは，海抜高度の低い沼沢地に近く，それまではほとんど開発ができなかった。土地条件のよい所にはすでに条里制が施行されていたので，新

たに荘園として認められる所は必然的に，土地条件の悪い用排水路を必要とする低湿地であることが多かったからである。また，11世紀後半以降成立した村落・耕地・山野を含む領域型荘園では，生産拡大のため既開発地から未開発の荒野へと開発が進められていったはずであり，中央の貴族や寺社の荘園管理および物資輸送の上で便利な港や交通の要衝を中心として開発が行われたと考えられる。

これらの荘園が立地した地域はどのような地形環境であったのかを考察した研究は皆無に等しい。本稿では，若干の事例を取り上げて，中世を中心とした各荘園の立地とその環境について歴史的変化のなかでとらえてみたい。

2. 日本の平野とラグーン

日本の平野は，①その前面（海側）に砂州の発達する平野と②顕著な砂州の形成をみない平野とに大きく区分することができる。②は，関東平野や濃尾平野がその代表例であり，わが国の沖積平野の基本タイプという[2]。①は②の変形とされるが，その数では意外にも②よりはるかに多いのである。①は平野の内側の低地と海側の砂州との間に水域をもち，それは潟湖あるいはラグーンと呼ばれる。ラグーンとは，浅海が砂州・沿岸州などによって隔てられた浅い湖沼のことであるが，わが国では一般に南太平洋のサンゴ礁と陸地との間の堡礁（例えば有名なオーストラリアの Great barrier reefs）や環礁の中央の水域を指すようであるが，平野前面の水域もれっきとしたラグーンである。ここでは，そうした水域を指す語句としてラグーンを用いることにする。

図1-1には日本の沖積平野とラグーンの分布を示した。日本の砂質海岸は総海岸距離の19%[3]で，世界全体の13%[4]より砂質海岸の割合が高い。そして，ラグーンはとくに日本海側の平野に多いことがわかる。それは，日本海沿岸地域に水深の浅い緩傾斜の海底がひろく，冬の北西季節風が強いため，河川が海に搬出した砂が潮流と季節風によって海浜に打ち上げられ，浜堤や砂丘を形成しやすいからである。

季節風は，氷期には大陸の高気圧が強大化し低気圧との気圧差が大きくなるので強くなり，間氷期には反対に弱くなるのである。また，氷期には，海面が低下して浅海に堆積した砂質堆積物が吹き上げられるので，砂丘が形成されやすい。

図 1-1 日本の主要な沖積平野とラグーンの分布

そうした気候変動は，何万年という単位だけでなく，数百年単位の小規模な変動も知られてきた。

歴史時代の気候は，グリーンランド氷床に閉じ込められた空気の分析によると，8～9世紀に温暖のピークがあって，その後徐々に気温が低下したという[5]。先史時代の気候は，花粉や珪藻分析，酸素や炭素同位体などの方法によって復原されるが，歴史時代に関しては必ずしも決定的な方法が確立されていない。観測デー

6　第1章　日本の平野とラグーン

表1-1　日本のおもな沖積平野とラグーン

No.	平野名	河川名	ラグーン	No.	平野名	河川名	ラグーン
1	幕別平野	増幌川・サラキトマナイ川	大沼	30	頓別平野	頓別川	クッチャロ湖
				31	網走平野	湧別川	サロマ湖
2	天塩平野	天塩川	ペンケ沼・パンケ沼	32	釧路平野	釧路川	
				33	十勝平野	十勝川	
3	石狩平野	石狩川	石狩川河口	34	勇仏平野	勇仏川・鵡川	
4	津軽平野	岩木川	十三湖など	35	仙台平野	北上川など	
5	能代平野	米代川	米沢川河口	36	久慈川平野	久慈川	
6	秋田平野	雄物川	(八郎潟)	37	那珂川平野	那珂川	
7	庄内平野	最上川		38	関東平野	利根川・多摩川	
8	新潟(越後)平野	荒川・胎内川・阿賀野川・信濃川	(紫雲寺潟)・福島潟・蓮潟・鎧潟・鳥屋野潟	39	九十九里浜平野	夷隅川など	(椿海)
9	高田平野	荒川・関川	朝日池など	40	相模川平野	相模川	
10	国中平野	国府川	真野湖・加茂湖	41	足柄平野	酒匂川	
11	富山平野	庄川	放生津潟	42	静岡平野	安倍川	
12	氷見平野	仏生寺川・上庄川	(氷見湖・十二町湖)	43	浜松平野	天竜川	
13	邑知潟平野	羽咋川	邑知潟	44	豊橋平野	豊川	
14	金沢平野	犀川・手取川	河北潟・柴山潟など	45	岡崎平野	矢作川	
15		大聖寺川	北潟湖	46	濃尾平野	木曾川・長良川・揖斐川	
16	福井平野	九頭竜川	九頭竜川河口	47	伊勢平野	宮川・鈴鹿川など	宮川河口
17	敦賀平野			48	大阪平野	淀川	(河内潟・堺潟)
18	丹後半島	竹野川	(竹野潟)	49	泉佐野平野	樫井川	
19		浅茂川	(浅茂川潟)・離湖	50	和歌山平野	紀ノ川	(紀伊潟)
20			久美浜湾	51	日高平野	日高川	(和田不毛)
21	鳥取平野	千代川	湖山池	52	加古川平野	加古川	
22	倉吉平野	天神川	東郷池	53	岡山平野	旭川・高梁川など	
23	米子平野	日野川	中海・(淀江潟)	54	広島平野	太田川	
24	出雲平野	斐伊川	宍道湖・中海	55	徳島平野	吉野川	
25		神戸川	神西湖	56	高知平野	仁淀川など	
26			(波根潟)	57	宮崎平野	大淀川	
27		高津川	蟠竜湖	58	熊本平野	白川・緑川	
28	福岡平野	那珂川		59	筑紫平野	筑後川・嘉瀬川	
29	唐津平野	松浦川	(唐津潟)				

No. は図1-1と対応する．（　）内のラグーンは現在消滅したもの．
　表の左列は日本海沿岸，右列は太平洋・オホーツク海沿岸などである．日本海沿岸はラグーンが多いのに対して，太平洋岸では少なく，現存するものがほとんどない．

　タの蓄積はまだ百数十年しかないので，日記とか古文書よって復原する方法も有力である．それによると，中世頃は寒冷な気候であり，16〜18世紀の小氷期へとつながっている．

ラグーンは陸地と海との中間に位置するので，気候変化に起因する氷河性海面変動の影響を受けやすい。海水準は最終氷期最盛期（約 1.8 万年前）には約 140m，約 1 万年前には 40m も現海面より低かったが，縄文海進頂期（5,000 〜 6,000 年前）には現海面を 2 〜 3m 上回り，弥生中期頃には反対に現海面より 2 〜 3m 低下した。その後の海面変化ははっきりしないが，古墳時代には若干低く，古代〜中世にはやや高くなり，近世には第一・第二小氷期があってやや低かったという。紀元後の海面変化は，フェアブリッジによるとローマ海退（わが国の弥生海退），後ローマ海進（古墳海進）・ロットネスト海進（古代海進）の二度のピーク後，パリア海退（中世海退），後カロリンギアン海進，小氷期（江戸海退）があるという。中世初頭は，ロットネスト海進後の海面低下期にあたる。しかし，1993年の日本地理学会のシンポジウム「先史・歴史時代の気候変動」では，研究者によって気候の温暖化・寒冷化の時期が食い違った。例えば古墳時代は従来海進期＝温暖期とされてきたが反対に古墳寒冷期とするものが多かった[6]。

ラグーンは古代には日本各地に多く残り，港などに利用されたが，奈良時代以降急速に衰退した。それは，古代の海進期から気候が温暖な 8 〜 9 世紀をピークに 10 〜 12 世紀の小寒冷期，すなわち海面の小低下期に移ったからである。ラグーンや浅海に注ぐ河川は，古代までに多くの土砂を運び，そこを埋め立てて三角州や干潟を広げていったが，海面の低下によって一気に陸地化したのである。近世の新田開発は，技術的な進歩よりも小氷期の海面低下によって干拓が容易になったためと考えられる。そして，近世まで残ってきた河内潟（大阪府）や紫雲寺潟（新潟県）などのラグーンも，小氷期に干拓されたものが多い。

古代までに開発された土地は，水がかりのよい沖積平野が中心で，班田収授のため条里制が広く施行された。条里型土地割の分布をみると，現在の⑧沖積低地や⑥完新世段丘にその大半が残存する。そして，⑧は平野全体ではなく，比較的氾濫の少ない平野や段丘等の背後で氾濫を受けにくい平野の一部に限られる。アクティブな河川沿いでは，断片的に条里型土地割や坪地名が残るのみである。⑥は古代から段丘であったのではなく，当時は氾濫原であったが，その後段丘化した所が多い。高木勇夫は，日本各地で沖積 II 面（完新世段丘面）に条里型土地割の分布が顕著なことを明らかにしている[7]。

筆者は，大阪平野などにおいて完新世段丘面と条里型土地割の分布とがよく対

応し，また和歌山平野では同面が中世初頭に段丘化したことを明らかにした [8][9]。条里型土地割は，施行後まもなく完新世段丘面が段丘化したか，あるいは段丘化した後に再開発のため条里型土地割が施行されたので，地割の保存状態がよいと考えられるのである。

古代の耕地や簡単な用水の確保によって耕地化できた所，あるいは三世一身の法・墾田永代私財法によって開墾された所も，土地条件が比較的よい沖積低地であって，用水の引きやすい所が中心であった。荘園の立地は，それらよりも土地条件の悪いことが多く，中世に開発された所は，相対的な海面低下によって新たに陸地化した低湿地や用水不足で開発が困難な台地が大半であった。

また，荘園の開発主体は一般的に京都の有力な貴族や大寺社がほとんどであったので，街道や港など交通の要衝付近に多く立地した。とくに重量のある年貢米の集積や大量輸送には水運が有利で，港に近いことが最も重要な立地条件であったと考えられる。湊はその地域の物資集散地であり，十三湊（青森県）・三国湊（福井県）などでは市や集落が発達した。

海面は，気候が温暖化すると大陸氷床が融けて上昇し，寒冷化すると降水が氷雪として陸上に保存され大陸氷床が増大するので低下する [10]。

地形面の形成時期については，氷河性海面変動による侵食基準面の変化によって氷期・寒冷期に地形面が段丘化し，間氷期・温暖期に沈水・堆積するという説と，完新世後期は海面変動量が小さいので堆積の場の移動によってすべて説明できるという説がある。後者の場合，温暖期の段丘化もありえるが，海面変動の影響を強く受ける臨海沖積平野では，海退期には侵食基準面の低下によって下刻が活発になるため地形面が段丘化してその前面に三角州平野が拡大しやすく，海進期には海面上昇によって平野が沈水して縮小しやすいので，それは理解しにくい。また，海岸線の移動は，海水準の変化だけでは決まらず，海面が上昇しても河川の土砂供給量がそれを上回れば海岸線は沖へ前進し，海面が一定でも堆積量の少ない海岸平野では沿岸流による侵食で海岸線が後退するなど，単純に説明できない。

3. 太平洋岸のラグーンと荘園

弥生時代から中世頃の港は，今日のように波の荒い外海に面した港湾ではなく

て，河川の中下流やラグーンの港が主流であったと考えられる。森氏は，そのラグーンの港を潟港と呼び，東郷湖，淀江潟，丹後半島の浅茂川潟・竹野潟などのラグーンで，潟港と古墳との関係について論じた[1]。日本海側の東郷湖などは現存するが，大半のラグーンはすでに消失している。日本海側については後述するとして，本章ではラグーンの消失した太平洋側の事例をまずみてみよう。

（1）和歌山平野の地形環境とラグーン

　紀ノ川河口部は，縄文前期ころ磯ノ浦から南東へ延びる砂州が形成され，それによって湾口が閉じられ内湾化した。そして，内湾は流入する紀ノ川によって埋積され，急速に平野がひろがった。弥生時代までにその大半が埋まり，そこに弥生時代の集落，太田・黒田遺跡が立地した。その付近は当時から紀伊国の一大穀倉地帯であったが，砂州背後の木本から榎原には紀ノ川の堆積が及ばず，古墳時代になってもラグーンが残っていた。その付近には散布地を除いて遺跡が分布せず，標高は 1m 前後である。地質資料によると，そこには腐植物を多量に含む湿地性のシルト・粘土層が堆積しており，古墳時代ころのラグーンは東西約 2km・南北約 1km の大きさで，紀ノ川（現在の土入川）とは水路で連絡していたと考えられる（図 1-2）。

　木本付近のラグーンの範囲には，条里型土地割が梅原付近に 16 町，榎原付近に 9 町，木本から西庄にかけて 51 町が分布する[11]。天平 19 年（747）の『大安寺伽藍縁起并流記資材帳』には「紀伊国海部郡木本郷」とみえ，墾田地 170 町のあったことが知られるが，木本集落南側は低湿で，当時は塩入常荒田のため開墾できなかったと考えられる。その土地割は，永承元年（1046）から康和 4 年（1102）頃に，東大寺末の崇敬寺が木本荘として 108 町 7 歩を開発したものである[12]。したがって，奈良時代にはまだ完全に塩分のぬけた陸地ではなく湿地の状態であったが，墾田地と記されていることからラグーンの状態ではなかったと推定できる。

　この地の再開発の時期は中世初頭であり，紀ノ川左岸の宮井用水が洪水後の河床低下によって，完新世段丘Ⅱ面へあがらなくなった時期とほぼ一致する[9]。海面変化と土地開発の関係は，近世の新田開発が小氷期の海面低下期に飛躍的に進展したことがよく知られるが，中世初頭は古代海進から中世海退にむかう時期

10　第1章　日本の平野とラグーン

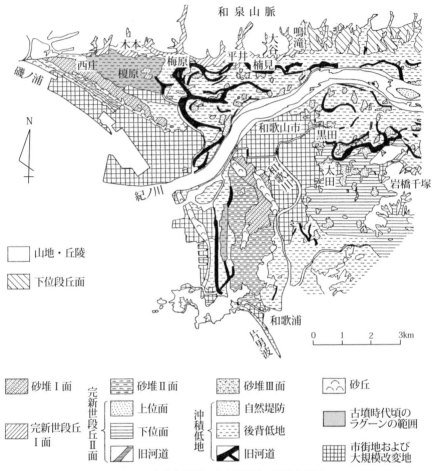

図1-2　和歌山平野・木本荘付近の地形分類図

であり，海面が徐々に低下したため，低湿であった木本集落南側でも水田開発が可能になったと思われる。

　その北側には，東西に3基が並ぶ木ノ本古墳群がある。中央の車駕之古址古墳は，5世紀中頃の全長86mに及ぶ前方後円墳で，1990年末にわが国唯一の金製勾玉を出土した。この古墳は，紀ノ川北岸を治めた「海の王者の古墳」とされ[13]，砂をつき固めて墳丘にしていることから，ラグーン内の旧沿岸州または砂浜を利用して築造し，古墳群は当時ラグーンに面して立地していたと考えられる[14]。

したがって，ラグーンが消滅したのは古墳時代末期ころと推定できる。

　古代の紀伊湊は，紀ノ川河口に近い河港の吉田から平井付近にあったとされる。平井の東隣には陶質土器を出土する楠見遺跡，その北側の山稜には馬冑など外来の馬具を出土した大谷古墳，さらに東側の河岸段丘上には楠見遺跡と類似する土器を出土した鳴滝遺跡があり，7棟の倉庫群が検出された。同遺跡は今日内陸部に位置するが，当時は紀ノ川に面した高台にあり，和泉山脈南麓を西流する紀ノ川に沿って大谷古墳と隣接していたわけである。紀ノ川下流域は飛鳥に都があった頃，その外港的な役割を果たし，水運や陸上交通にとって重要な位置にあったことが知られる。大谷古墳と車駕之古址古墳はともに湊を見下ろす所に立地し，古墳時代の和歌山平野には東に河港，西に潟港があって，大陸との関係が深い遺物を出土する遺跡がその一帯に立地する。

（2）日根野荘の地形環境

　日根野荘は，大阪府泉佐野市に位置する。中世には京都に近く熊野街道が通過することもあって，天福2年（1234）に九条家領荘園として成立した。同荘は，日根野・入山田・鶴原・井原の4カ村からなり，日根野を中心とした荘園絵図2枚が残るため現地比定が比較的容易である。

　和泉国日根野村近隣絵図（以下，近隣絵図と略す）は，延慶3年（1310）から正和5年（1316）頃の作成と考えられ，樫井川が注ぐ大阪湾のほか三方を山々で囲まれ，海岸沿いに熊野街道が走っていた。文字注記は集落の長滝荘・岡本・安松・上郷・井原・日根のほか荒野と池（住持谷池）しかなく，荘内には鎌倉時代にも未開発の荒野が広がっていたことがわかる。作成目的は，既耕地を十字で示し，開発対象地，荒野の範囲を限定することにあった。日根野荘の立荘当時の田畠は約12町しかなかったので，大半が荒野で，開発が主体の荘園であったことは明らかである。この絵図は，久米多寺による開発の際に作成された可能性が高いが，その開発は失敗に終わっている。

　次に，正和5年（1316）の和泉国日根野村絵図（以下，村絵図と略す）は，久米多寺が九条家に再び開発を申請し許可された際に作成されたと考えられる。東を上にして中央に荒野，西側には熊野大道を画き，北側と東側は山地・丘陵で囲まれ，南側に樫井川が流れる。「古作」は山麓と湧水池付近に広がり，灌漑は北

12 第1章 日本の平野とラグーン

側山裾の溜池群によることがわかる。絵図には画かれないが，見作田の分布から
みて，井川はすでに開削されていたと推定される⁽¹⁵⁾。

　地形分類図（図1-3）をみると，東部〜北部と南部には鮮新－更新統の大阪層
群からなる丘陵が平野を取り囲んでいる。海岸の砂堆は，幅200〜300mの1列
だけで，海岸線の移動はほとんどなかったと考えられる。沖積低地は樫井川沿い
に細長く分布するだけで，平野の大半は河岸段丘で構成される。古代の日根湊の
位置は明らかになっていないが，付近にラグーンの跡がないことから樫井川など
の河口の可能性が高い。

　条里型土地割は地形面とよく対応して下位段丘D面にのみ帯状に広く分布し，
数詞坪名が残存する。そこは古代の賀美郷（上之郷）に比定される。条里型土地
割は傾斜の大きい下位段丘F面とそれより上位の地形面には分布せず，また沖
積面は氾濫により消失したと考えられる。下位段丘D面は，沖積面との比高が
2〜3mで，下村橋上流の樫井川から取水する長滝井によって潤されることから，
新しい地形面と思われる。

　段丘化の時期は，樫井川左岸の上之郷母山地区を画いた天和3年（1683）日根
野村上之郷村川論絵図（以下，川論絵図と略す）から知ることができる。その絵
図添書等によると，樫井川は侵食が活発であったため，当時2つの分流のうち北
流路の護岸の目的で，中州に幅約45mの新たな直線的河道を開削して，主流を
南側へ移動させようとした。しかし，それは失敗に終わり，現河床と旧取水口は
6m以上の段差ができている。一ノ井はそこからとれず，現在は土丸の稲倉橋西
側の滝から取水している。下位段丘面はその際に段丘化した可能性が高く，近世
の地形面と推定される。段丘化の原因としては，洪水後の河床低下・断層運動・
河川改修などが考えられる。

　次に，荘園絵図と地形との対比によって古環境の復原を試みる。

　荒廃は「荒廃した既耕地，または開発予定地。史料の上には，開発の対象とし
て出てくることが多い」とし，「文字どおり未開の荒れ野を意味するものではない」
という⁽¹⁶⁾。しかし，日根野荘では絵図の作成時期に開発の失敗を繰り返し開発
が困難な土地条件であったこと，樫井川から隣接する上之郷・長滝荘を越えて開
発に必要な用水を確保ことが困難であったことから，日根野の荒野は用水なくし
て開発できない段丘面上の未開の荒れ野であったと推定できる。花粉分析の結果

3. 太平洋岸のラグーンと荘園　13

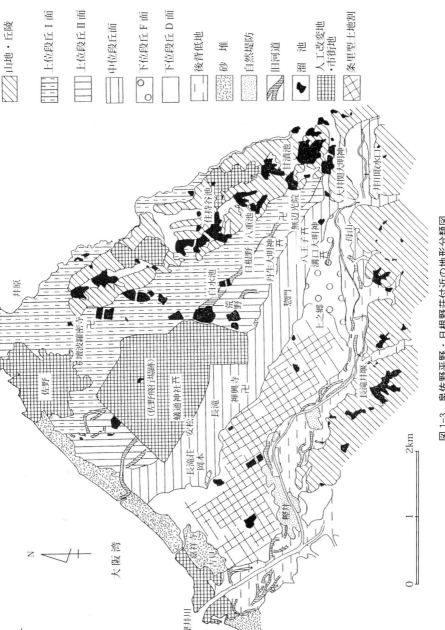

図1-3　泉佐野平野・日根野荘付近の地形分類図

を考慮すると，荊棘や放牧場というより雑木林のイメージに近い (17)。

村絵図では荒野が淡いグリーンで彩色され，熊野街道から分岐する粉河道が，穴通神社北側から上位段丘崖に沿って中位段丘面上を通るので，荒野は上位段丘面にあたることがわかる。上位段丘Ⅰ面の古作は堰止池の灌漑地域で，荒野に散在する耕地は溜池に付随するものである。したがって，荒野はほぼ上位段丘Ⅱ面にあたり，日根野荘の開発は中位段丘面より上位の地形面が対象であったと考えられる。

荘園の開発には2つのタイプがあり，1つは相対的な海面低下あるいは古代以降の堆積によってラグーンなどが埋積された低地，もう1つは灌漑できず未開発の原野となっていた段丘面・荒野で，日根野荘は後者にあたる。

近隣絵図の樹木列は，日根神社鳥居付近から海岸まで中央を東西に真直ぐに走り，荒野の未開発地域と上之郷・長滝荘などの既開発地域とを二分する。これを，青山宏夫は日根神社の「並木のある参詣道」(18)，小山靖憲は開発対象地の範囲を示す「単なる境界の標識」とし「現実に並木が存在したかどうかも疑わしい」(15)とした。しかし，筆者は稚拙な樹木表現ではあるが上位段丘崖の植生と考え，それを照葉樹の雑木林と推定した。絵図は未開発地の荒野が上位段丘面，既開発地が中位段丘面より下位と，地形面によって開発時期が異なることを示すと思われる。

井川は土丸の古川橋下流で取水し，段丘崖に沿って流下させ上位段丘Ⅱ面にのせ，さらに上位段丘Ⅰ面にのせて十二谷池に至る。水路は全長2.7kmであるが，標高差は約5mで平均勾配1.85‰と樫井川現河床の約35‰よりかなり緩い。井川は中位段丘面を中心に灌漑しているが，地形との関係でみると，上位段丘面の灌漑のため掘削されたと思われる。日根野荘の荘園絵図2枚の比較から，同面の灌漑には丘陵の堰止池群や皿池だけでは不足するため，井川が開削されたと推定される。

最後に日根野付近の段丘地形と開発の時期を順に述べると，古代には河川灌漑により上之郷の沖積低地および条里型土地割の分布する下位段丘面（当時は氾濫原），中世前期には長滝荘の中位段丘面が開発された。上位段丘面では，溜池灌漑による丘陵下・溜池周辺の上位段丘Ⅰ面が比較的早く開発されたが，そのほかは用水不足のため未開発であった。中世後期には井川の開削によって近隣絵図で大半が荒野に画かれる上位段丘Ⅱ面が開発され，近世の俵屋新田でようやく上位

3. 太平洋岸のラグーンと荘園　15

段丘面の開発が完了する。このように日根野付近では，地形面ごとに開発が行われたことがわかる[17]。領域型荘園は，空間内部に未開発地域と既開発地域があり，後者を核として，生産拡大・増収のため，段丘上に灌漑設備を設けて開発を進めた。日根野荘の開発は，原野・段丘面が主体であったと考えられるのである。

(3) 高家荘の地形環境

　日本各地で荘園の立地環境を調査してきた結果，その開発時期と地形には密接な関係のあることがわかってきた。それは，稲作が灌漑用水を必要とし，開発には用水の確保が絶対条件であるため，中世以前では連続した平坦な地形面ごとに開発されることが多かったためと考えられる。荘園として新たに開発された所は，古代まで水利の便や土地条件の悪く開発が行えなかった所で，中世頃の土木技術の発展に伴って開発が可能になった段丘面がその主体の1つになった。

　条里型土地割は地形との関係からみると，沖積平野の全面に均等にみられるのではなく，水利の便がよく，しかもラグーン性低地のように低湿ではない「古い沖積面」[19]にひろく分布する。

　高家荘は，『和名類聚抄』にみえる古代の内原郷の一部に比定され，現在の和歌山県日高郡日高町を中心とする地域とされる[20]。そこは，紀伊山地から西へ延びる白馬山脈が紀伊水道に没する所で，日高平野の西川流域にあたる。日高平野は，日高川などが形成した沖積平野であるが，海岸に砂礫堆の煙樹が浜が発達している。

　ここでは，高家荘の立地環境を考察するため，地形分類図と高家荘絵図を対比して現地がどのような地形環境にあったか考察したい。

　高家荘は，平安末期に藤原実明領として成立したが，聖護院領と大徳寺領に分かれる。後者の高家荘四カ村は，守良親王が嘉暦2年（1327）に東荘を，同4年に西荘・原村・池田村を寄進したものである。荘域中央の西川に沿って熊野古道が縦貫し，九十九王子が原谷に沓掛王子，中村に馬留王子，萩原に内ノ畑王子，東光寺に高家王子があった。しかし，南北朝期・戦国期には京都の大徳寺から遠く離れているため，周辺からの侵略が相次ぎ，次第に領主の手を離れていったと考えられる。

　大徳寺に残される高家荘絵図には，中央を北から南へ流れる西川，周囲の北・東・

西には小城山・薬師谷山・小法師峯の山並みが画かれる。荘内には家屋が点在し，当時の荘園村落の様子がよくわかる。現在は，高家・萩原・荊木の集落が段丘面を中心に分布し，向集落が沖積平野の微高地に立地する。

絵図の作成時期と目的については，暦応年間（1338〜41）の新荘（原村・池田村）をめぐる聖護院と大徳寺との堺相論の際とする説[20]，康永〜貞和年間（1342〜49）の大徳寺と宣旨局との新荘の領有争いの際とする説[21]，大徳寺が池田村を回復する目的で作成したとする3説がある[22]。いずれにしても，その作成時期はほぼ14世紀中頃と推定され，地形的には大差ないと判断できる。

高家荘周辺の山地は中生代白亜紀〜ジュラ紀の砂岩・泥岩の互層，日高川層群からなり，平野中央には入山（76m）が孤立丘陵状に残る。丸山－矢田構造線は八幡山・亀山の南縁から入山の南側を経て煙樹が浜と西山との間を東西に直線的にとおり，その南側は沈降，北側は隆起傾向を示し段丘面が発達する（図1-4）。

上位段丘は丘陵状を呈するが，崖錐性の河岸段丘である。小中付近の中位段丘は崖錐あるいは沖積錐が開析されたもので，萩原から荊木は扇状地性の堆積面と考えられる。三坂廣介の地形分類図[23]では，西川沿いに発達する下位段丘が見落されており，そこに高家集落が立地する。

後背低地は標高10m以下の沖積低地であるが，条里型土地割はほぼそこだけに分布する。それは，430町に及び，紀ノ川流域に次いで分布が濃い[24]。内原小学校から向付近は，西川が約5‰と緩い勾配の扇状地性低地を形成し，志賀川の谷口付近も同様である。そこには旧河道が分布し，条里型土地割は消失する。日高平野の条里型土地割は，日高川や西川の氾濫が及ばない後背低地にのみ残存している。

ラグーン性低地は，煙樹が浜の発達によって日高川河口部が内湾からラグーンとなり，次第に埋積されてできた低地である。入山の南西部は，日高川や西川の堆積作用が及ばず和田の不毛が残り，江戸時代まで和田浦があった。そのラグーン性低地と高家荘が立地した河岸段丘には条里型土地割がみられず，平野北部の後背低地には一面に分布する。また，三坂廣介によると，元和6年（1620）の洪水で現河道に移動・固定するまで数本に分流し，非条里地域は乱流帯の様相を呈していたという[23]。そのため，日高川下流域に条里型土地割が残存せず，地形的に用水確保の容易な後背低地にだけ条里型土地割が分布すると考えられるので

3. 太平洋岸のラグーンと荘園　17

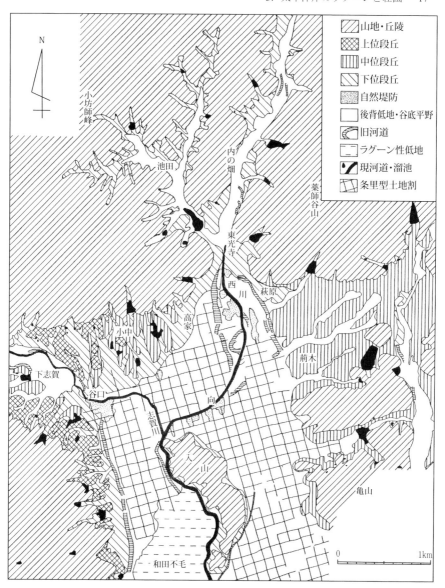

図 1-4　日高平野・高家荘付近の地形分類図

ある。

　以上に対して高家荘は，聖護院領の本荘が荊木付近の中位段丘面，大徳寺領の東荘が萩原付近の中位段丘面，西荘が高家・小中付近の下位・中位段丘面に立地し，山麓の豊富な用水によって開発されたと考えられる。池田・原村は，池田川・西川の谷底平野の池田・原谷にあたり，そこには条里型土地割が分布する。

　高家荘絵図に画かれた西川は，現在の流路ではなく図 1-4 の最も東側の段丘崖下の旧河道にあたると思われる。また，高家荘絵図の西側の流路は志賀川[21]ではなく，西川の支流と考えられる。絵図には道路がまったく画かれていないが，中世の熊野古道は北東部の鹿が瀬峠から高家荘へ入り，高家王子で東へ折れ，萩原・荊木から富安へぬけるルートをとっていた。現在の地形環境ならば，高家王子からまっすぐに南進して，財部で日高川をわたるコースが最短距離である。したがって，熊野古道が萩原で左折して河岸段丘上から向井山・亀山へ迂回するのは，当時西川が段丘崖下の最も東側の旧河道を流れており，高家以南の地域が不安定な土地条件であったためと推察される。

　条里型土地割は日高平野の後背低地に広く分布するのに対して，中世の高家荘本荘・東荘の耕地は西川左岸の荊木から萩原の中位段丘面，西荘は右岸の高家から小中の中位・下位段丘面，原村・池田は谷底平野と，後背低地とは異なる地形にあたっている。日高平野では原谷の谷底平野や後背低地が古代に開発され，荊木・萩原・高家など段丘面は中世の荘園として開発された。ここでは，日根野荘のような段丘面ごとの開発は面積が狭小なためみられず，とくに長距離の用水路を必要としなかった。

（参考文献）

(1) 森　浩一（1986）：潟と港を発掘する．大林太良編：『日本の古代』3，中央公論社，39-82.

(2) 森山昭雄（1972）：沖積平野の微地形．地質学論集，7，39-59.

(3) 日下雅義（1992）：ラグーンと渤海外交．『謎の王国・渤海』角川書店，80-103.

(4) Barnes, R. S. K.（1980）：*Coastal Lagoons*, Cambridge Univ. Press, p.1.

(5) 吉野正敏（1992）：気候変動と渤海の盛衰．前掲注（3），64-79.

(6) 日本地理学会（1993）：シンポジウム先史・歴史時代の気候変動，予稿集 4.

（7） 高木勇夫（1985）：『条里地域の自然環境』古今書院，101-183.

（8） 額田雅裕（1993）：大阪平野北東部における遺跡の立地と環境の変遷．人文地理，45(3)，84-99.

（9） 額田雅裕（1987）：太田城付近の地形環境．和歌山市立博物館研究紀要，2，24-41.

（10） Walcott, R. I.（1972）：Past sea levels, eustasy and deformation of the earth．*Quaternary Research*，vol.2，1-14. ただし，氷河性海面変動，大陸氷床の融結氷による海面の上下動は最大の原因と考えられるが，氷床発達の地域差や地殻運動の影響，さらに歴史時代では人間活動の影響も考慮しなければならない．

（11） 服部昌之（1969）：太田・黒田地域の歴史的環境．「和歌山市太田・黒田地域総合調査地理歴史調査概報」和歌山市教育委員会，12-22.

（12） 中野榮治（1989）：海部郡土入川流域の開発．『紀伊国の条里制』古今書院，177-181.

（13） 和歌山市教育委員会（1986）：「和歌山市木ノ本Ⅲ遺跡発掘調査現地説明会資料」，p.1.

（14） 額田雅裕（1990）：和歌山市木ノ本付近における遺跡の立地環境．和歌山市立博物館研究紀要，5，49-62.

（15） 小山靖憲（1987）：荘園村落の開発と景観－和泉国日根野村絵図．小山靖憲・佐藤和彦編：『絵画にみる荘園の世界』東京大学出版会，85-104.

（16） 伊藤・大石・斉藤（1989）：荘園関係基本用語解説．網野善彦ほか編：『講座日本荘園史 1』吉川弘文館，410-411.

（17） 額田雅裕（1994）：日根野荘の地形環境と絵図．「日根荘総合調査報告書」，43-86.

（18） 青山宏夫（1983）：絵地図解読の試み－日根野絵地図を例として－．京都大学文学部地理学教室編：『空間・景観・イメージ』地人書房，186-196.

（19） 谷岡武雄（1963）：『平野の地理』古今書院，p.241.

（20） 西岡虎之助（1953）：中世における一荘園の消長．『荘園史の研究 上巻』岩波書店，539-570.

（21） 佐藤和彦・樋口州男（1976）：大徳寺領紀伊国高家荘絵図．西岡虎之助編：『日本荘園絵図集成 上巻』東京堂出版，231-232.

（22） 黒田日出男（1987）：絵図と現地景観のギャップ－大徳寺領紀伊国高家荘絵図の読解－．歴史評論，442，45-62.

（23） 三坂廣介（1972）：歴史時代における日高川下流域平野の発達．立命館文学，324，590-617.

（24） 中野榮治（1989）：日高郡の条里．前掲注（12），183-196.

第2章　和歌山市木ノ本付近における微地形と遺跡の立地

1. はじめに

　和歌山市木ノ本の周辺には，釜山古墳・車駕之古祉(しゃかのこし)古墳・茶臼山古墳の前方後円墳や木ノ本Ⅰ～Ⅲ遺跡・西ノ庄遺跡など弥生～中世までの遺跡が立地している[1]（図2-1）。これらの遺跡は，従来，和泉山脈南麓の複合小扇状地（沖積Ⅰ面）と，海岸の砂堆に位置しており，中間の低地にはほとんど分布していない。

　その低地には，古代の開発状況を示す条里型土地割の分布することが，谷岡武雄[2]・服部昌之[3]・中野榮治[4]らによって，すでに明らかにされている。そして和歌山の条里制は，一般に奈良盆地の施行期をさほど下らない時期に施行され

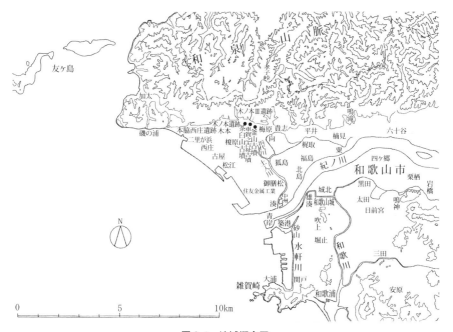

図 2-1　地域概念図

たと考えられており，木ノ本付近は古代には陸化していたことが知られる[5]。

　一方，考古学の森 浩一は，「車駕之古祉古墳は紀ノ川北岸を治めた海の大王の墓」といい，車駕之古祉古墳は港のあったラグーンに臨む位置につくられたと考え，古墳時代にはラグーンが潟港として機能していたという[6]。したがって，ラグーンは古墳中期までは存在して，それ以降に陸化し 8 世紀中頃には墾田と記される状態に至ったと推定され，極めて短期間に環境が変化したと考えられる。

　このように和歌山平野西部における地形の発達過程の調査を行っている間に，木ノ本周辺は開発が進み，近年，発掘が頻繁に行われ，地形・地層等を露頭観察する機会が得られた。木ノ本Ⅲ遺跡は，昭和 61 年（1986）3 月 3 日から 4 月 11 日にかけて緊急発掘調査が行われた。その際，筆者は地形・地質の調査を行った。発掘現場では遺跡の発掘断面の観察を行い，とくに遺跡の基盤となっている砂層の供給源について注目し，サンプルを採取した。

　微地形の調査方法は，国土地理院発行の 1 万分の 1 空中写真の判読に基づき，形態的な特徴を手がかりとして地形分類図を作成した。また，深層の地質に関しては，既存のボーリング資料を収集・解析した。さらに古地図や古文書の検討を行った。現地調査では，各微地形ごとに形態や土地利用を確認し，ボーリングステッキによって 11 地点の表層堆積物を調べた。

　本稿では，これまでの考古学的・歴史地理学的研究をふまえ，木ノ本付近の微地形分類を行い，古墳時代から古代ころの地形環境を復原する。そして遺跡の立地環境を明らかにし，古代において地形の著しい変化のあった可能性を考察することにしたい。

2. 地形地質の概観

　和歌山平野の北側には，わが国の西南日本を二分する中央構造線が通過する。中央構造線は長野県諏訪湖から熊本県八代に至る大逆断層で，和歌山県下では紀北をほぼ東西に横断し，遺跡の立地する木ノ本付近を横切っている。

　断層の北側は内帯といい，北へ向かって和泉山脈を構成する和泉層群，花崗岩・片麻岩等からなる領家変成岩類，鮮新－更新統の大阪層群，古生層が東西に帯状に分布する。断層の南側は外帯といい，緑色片岩等からなる三波川変成岩類，中

生代の湯浅層群・印南層群・日高川累層，古第三系の牟婁層群が，北から南へ帯状に配列している。

　和泉山脈は，東西方向に延びる長さ約 60km，幅約 10km の地塁性山地である。山頂高度は東から西へ徐々に低下しており，孝子峠以西では 150 ～ 250m とかなり低くなっている。和泉山脈はその北側に泉南酸性岩類からなる前山，大阪層群からなる丘陵，段丘と分布し，南側は中央構造線によって限られるため急崖をなし，南高北低の傾動地塊的な地形を呈する。したがって，山地を開析する河川は，北流するものは比較的長大で，南流するものは短小かつ急流をなす。木ノ本付近には，浜代川・大歳川が流れるが，いずれも和泉山脈を南下し短流である。分水嶺は山脈が南縁を中央構造線で限られているため，南側より約 1km に位置する。加太付近には谷中分水界が多く認められる。

　孝子峠以西における和泉山脈の地質は，約 7,000 万年前，中生代白亜紀の和泉層群下部亜層群によって構成され，西側ほど古い砂岩・泥岩・礫岩の互層からなる。約 30 万年前の更新世中期以降，和泉山脈は中央構造線の活動に伴って隆起した。起伏量が大きくなったため，その南側では砂礫の供給量が増大し，和泉山脈南麓に隆起扇状地（河岸段丘）を発達させた。したがって，山脈の高度の大きい東側ほど段丘の発達は顕著であるが，鳴滝川以西ではほとんど段丘面が分布しない。起伏量のさらに小さい孝子峠以西では，段化した沖積面がわずかに分布するにすぎない。

　和歌山平野は中央構造線に沿う地溝性の低地を埋積した沖積低地で，その形状は東から西へ開いた二等辺三角形をなす。和歌山平野の大部分は，約 6,000 年前の縄文海進により浸水した。平野は，大きく湾入して形成された紀伊湾を砂州が閉塞し，ラグーン化した水域を紀ノ川の運搬した砂礫が充填する形で陸化していった。古墳時代頃には，ほぼ現在の地形配列に近づいた。

　和歌山平野に海が奥深くまで浸入していた痕跡は，各地に残されている。『紀伊続風土記』には「梅原村大歳明神境内の岩浪されの趾あり」とある [7]。その岩は現存し，湾入していた時期に海岸であった現在の和歌山市梅原に形成された波食岩と考えられる。その付近は，砂堆の背後に位置し，海が最も遅くまで残っていた地域である。同市向には「塩浜」の小字名も残っている。

　木ノ本付近は紀ノ川右岸の和泉山脈南麓に位置し，海岸までの距離は約 2km

24　第2章　和歌山市木ノ本付近における微地形と遺跡の立地

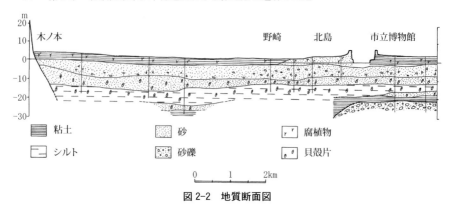

図2-2　地質断面図

と近いが，沿岸部には砂堆が発達している。また，木ノ本付近は紀ノ川の堆積が直接及ばない。発掘調査が行われた木ノ本Ⅲ遺跡は，和歌山市木ノ本字釜山に属し，和歌山平野の北西部に立地する（図2-1）。

　歴史時代における紀ノ川流路の変遷は，11世紀以前はほぼ現在の土入川(どうにゅうがわ)から城北を経て，和歌川へ流れるルートをとっていたが，11世紀末の洪水によって砂堆を突破し，土入川から水軒川(すいけんがわ)を流れるようになり大浦へ注いでいた。その後，現在の湊付近に河口が開かれたのは17世紀中頃といわれる[8]。

　和歌山平野を構成する沖積層の層序は，5つに区分できる。図2-2は，木ノ本から紀ノ川左岸にかけての砂堆背後の地質断面図である。①基底礫層は，その上面深度が和歌山市街地では一般に-20〜-25mであるが，紀ノ川右岸では谷地形が深く砂礫層に到達するボーリング資料が得られなかった。-12m以下には，縄文海進時に堆積したと考えられる貝殻片を含む青灰色の②シルト・粘土層，-5〜-12mには貝殻片を含む③青灰色砂層，0〜-5mには④砂礫層または細礫混じり砂層が堆積している。そして，⑤最上部陸成層は北島付近では自然堤防堆積物，木ノ本から野崎にかけては腐植物を含む湿地性のシルト・粘土層が堆積している。

3. 微地形の分類

　遺跡の立地を考えるにあって，地形をやや広くとらえ，紀ノ川右岸の鳴滝川以西を地形分類の対象地域とした。微地形の分類は，地形の発達史的な観点に立ち，

3. 微地形の分類　25

図2-3　明治19年（1886）測量2万分の1仮製地形図

国土地理院発行の1万分の1空中写真（1961年および1974年撮影）を実体観察して行った。

その結果は，図2-5（p.29）に示したとおりで，おもな地形面は沖積I面，沖積III面，砂堆I面，砂堆II面，砂堆III面に区分できた。沖積II面は，紀ノ川左岸のみ分布し，この地域ではみられなかった。以下，やや詳細に述べてみたい。

①**砂堆I面**　紀ノ川河口付近には，現在は住友金属工業和歌山製鉄所が立地しているため，その詳細を知ることはできないが，昭和17年（1942）その前身扶桑製鋼所が立地する以前には，幅1km余に及ぶ砂堆が広く発達していた。その様子は，明治19年（1886）測量仮製2万分の1（図2-3，以下仮製図と略す）をはじめ，昭和17年以前の地形図で観察できる。砂堆は従来2列に区分されてきたが，詳細に検討すると形態上3列に区分できる。

砂堆I面は，海岸部に最も顕著に発達し，かつ最も内列に位置する砂堆である。同面は5～7mの地形面で，磯の浦から東松江にかけて分布し，紀ノ川左岸の吹

上から堀止にかけての砂堆と連続する。仮製図をみると，湊から御膳松付近において砂堆Ⅰ面は，4〜5列の分岐砂嘴状の形態を呈する。紀ノ川が和歌川のルートを流れていた11世紀以前，砂堆列は磯ノ浦から雑賀崎まで連続していたと思われる。しかし，11世紀末に和歌川のルートから現在の水軒川のルートへ変わり，砂堆の一部が侵食により消失したため，紀ノ川右岸から左岸への連続は不明瞭で，雑賀山まで繋っていなかったとも考えられる。

砂堆Ⅰ面上には，松江・古屋・西庄・本脇・磯の浦の集落が立地する。砂堆の頂部は砂丘砂で覆われ，最高で19.7mに達し，松林が細長く連続する景観を呈している。

南海加太線の西庄駅南側には，砂堆Ⅰ面上の砂丘が線路に沿って分布し，最高10.9mに達している。そこでは，砂丘砂を露頭観察することができた。砂堆をおもに構成する砂層上のT.P.約6mに貝殻層が挟まれ，砂丘砂に覆われている。貝殻の種類は，ハイガイ，ヤマトシジミなどであった。砂堆Ⅰ面は，最も発達した砂堆列で，全国的な海岸平野における砂堆の発達時期から推して，縄文海進頂期ころの完新世最高海水準に対応して形成されたものと考えられる。その年代は，5,000〜6,000年B.P.を示すものと思われる。

②**砂堆Ⅱ面**　　砂堆Ⅱ面は，中列の砂堆で，砂堆Ⅰ面の海側に，磯の浦から松江西にかけて分布する。磯の浦から西庄にかけては南海加太線の線路に沿ってほぼ両者の境界がある。砂堆Ⅱ面は最高9.1mの砂丘背後に4〜6mの地形面で，かなりの幅をもっている。中央部は住友金属が立地し，紀ノ川河口で分断されているため，詳細はわかりにくいが，同面は砂山から関戸にかけての紀ノ川左岸に広く展開する。

③**砂堆Ⅲ面**　　砂堆Ⅲ面は，最も外側の砂堆で，現在の海浜（beach）を含み，現海水準に対応するものである。同面は海岸線に沿って発達し，仮製図をみるとかつて左岸の青岸へ連続していたことが明瞭にわかる。青岸は築港開港工事のため，昭和初年（1926）に開削され河口州状になっている。砂堆Ⅲ面は紀ノ川右岸の二里が浜から左岸の水軒浜まで約10kmに達する。

④**沖積Ⅰ面**　　沖積Ⅰ面は，和泉山脈南麓にみられる3〜10mの段丘化した沖積面である。おもに和泉山脈を南流する浜代川・大歳川が運搬・堆積した砂礫によって構成され，小扇状地状を呈する。下位には海成粘土層はみられず，その

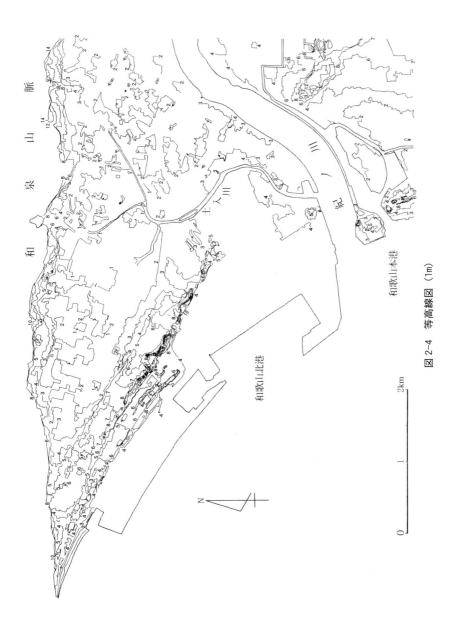

図 2-4 等高線図 (1m)

基礎は縄文海進頂期頃，紀伊湾に奥深く湾入した海面に対応して形成された地形面と考えられる[9]。

　⑤沖積Ⅲ面　　沖積Ⅲ面は最下位の沖積面である。同面上には微地形がよく残存し，上位面（自然堤防，ポイントバー等），下位面（後背低地，ラグーン性低地等），旧河道に区分できる。

　上位面は旧河道間に島状に分布し，下位面との比高はほぼ 1m と，発達状態は悪い。貴志付近には最も北側の有力な旧河道内側（堆積斜面）に，幅の狭い数本の旧河道がみられ，ポイントバーの発達がみられる[10]。上位面は河川が溢流堆積した自然堤防よりも，河川間に形成された中州の名残と考えられるものが多い。

　中洲付近は地名の示すとおり，仮製図では紀ノ川の中州となっており，旧河道が分流していたが，昭和初年に河川改修が行われた。その付近には，狐島，福島，北島といった「島」地名や，河川，洪水に関係する地名が多くみられ，中洲と同様な地形環境であったことが推測される。

　紀ノ川の旧河道と自然堤防は，土入川以西にはほとんど分布せず，梅原－松江以西には紀ノ川の氾濫が及ばなかったと，地形分類図（図2-5）から推定できる。したがって，下位面は紀ノ川の氾濫が及んだ地域（後背低地）と及ばなかった地域（ラグーン性低地）とに細分できる。後者は，砂堆背後に位置するかつてのラグーンの地域で，木ノ本集落南側の西庄から榎原にかけて広く分布する。和泉山脈と砂堆に挟まれたその地区は，標高が 2m 以下で，榎原付近では 0m 地帯が広がり，仮製図をみると湿地が多い。また，遺跡分布をみると遺跡の空白地帯となっている。

　旧河道は後背低地に密に分布し，とくに平井から貴志を経て湊に至る土入川ルートと粟から梶取を経て土入川に合流するルートは有力な旧河道である。土入川は，17世紀頃まで紀ノ川本流となっていたことが知られる[11]。

　現在の紀ノ川河口付近における古代の状況はよくわかっていない。しかし，古代において和歌浦湾は大きく湾入しており，湾奥部にあたっていた木ノ本付近は，汽水性のラグーンであったと考えられる。その証拠として，第1に神亀元年(724)聖武天皇の御幸路が，紀ノ川を大きく迂回していることがあげられる。それは，ラグーンが存在したか，紀ノ川本流が蛇行していたためであると考えられ，当時紀ノ川を渡らずに和歌浦へ行ける経路をとっていたと思われる。第2に森 浩一

3. 微地形の分類　29

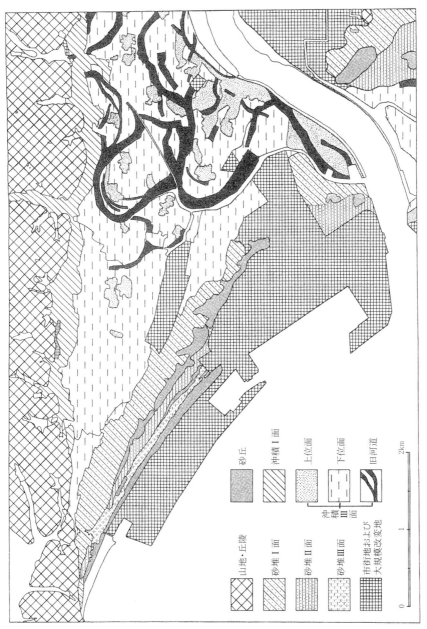

図 2-5　地形分類図

写真 2-1　木ノ本付近の 1 万分の 1 空中写真（1961 年撮影，約 60%に縮小）

が「釜山古墳群は港の目印として機能した，海の大王の墓であった」ということである[12]。その港は，森のいう日本海側に多い潟港をなしていた可能性も否定できない。

　完新世後期は，それ以前に比べて，海水準変動の比較的安定した時期であった。そのため，その期間の地形発達を考える場合，平野の前面が砂州で閉塞されるか否かによって，平野前進型とラグーン埋積型との平野の発達型を区分することができる。和歌山県下の主要な平野はほとんどが後者である[13]。

　森 浩一は，このような沿岸低地にみられるラグーンは，弥生から古墳時代において港（潟港）として利用され，政治・経済・文化の拠点となったという[14]。そして，ラグーンをもとの入江の奥深くまで潟が発達する日本海沿岸の潟と，砂丘の内側に沿って帯状に幅の狭い太平洋岸の潟とに区分し，潟港は日本海沿岸にひろく見られるが，太平洋側には顕著な例が少ないとしている。また，現在のラ

グーンの状態から生きている潟と埋もれた潟とに分類しているが，これはあまり意味がない。河内潟[15]のように奈良時代頃までに消失したラグーンもあれば，津軽十三湖[16]のように現在までラグーンを残すものもある。それは，わが国のラグーンが沿岸に位置するというだけではなくて，河川の下流域にもあたっているから，河川の沖積作用を受けて，湾（入江）から潟そして湖ついには低湿地へと地形変化していくからである。

4. 遺跡の立地とその環境

(1) 条里型土地割の分布と施行時期

　土入川以西の旧海部郡内における条里型土地割は，沖積III面にのみ分布する。服部昌之・中野榮治[17]によると，①梅原には，N37°Eの菱形条里型土地割が16町，②榎原には，N20°Eの条里型土地割が9町，③木ノ本から西庄にかけてはN16°Eの条里型土地割が51町確認されるという（図2-6）。③の地域は古代の木ノ本郷にあたる。

　木本の初見は，大宝元年（701）～和銅3年（710）ころの藤原京出土木簡に「紀伊国海ß郡□里木本村」とみえ，当時木ノ本は加太郷に属していたと考えられる。また，奈良時代の天平19年（747）2月11日付『大安寺伽藍縁起并流記資材帳』[18]には「紀伊国海部郡木本郷」とみえ，170町の墾田地があったといわれる。しかし，現在の木ノ本集落の南側は地形的に低湿で，塩入常荒田であったため開墾されず，そのうち108町7歩が11世紀以降，東大寺末寺の崇敬寺により開発されたという[19]。

　平安時代の康和2年（1100）7月23日付「東大寺政所下文案」[20]では，「別院崇敬寺所領紀伊国木本庄」とあり，東大寺末寺領となっている。その開発時期は，第1期は③の地区の50余町が永承元年（1046）頃に，第2期は②の地区の20余町が年康和元年（1099）頃に，第3期は①の地区の30町が康和4年（1102）頃にであったという[21]。この第1～3の時期は，紀ノ川左岸に位置する宮井川（出水川）の用水が，洪水後の河床低下によって，沖積II面にあたる日前宮地区へあがらなくなった中世初頭の時期とほぼ一致する[22]。海面変化と土地開発の関係は，近世の新田開発が，Little Ice Age（1645～1715年）の海面低下期に飛躍的に進展したことはよく知られているとおりである。中世初頭は古代の小海進期から

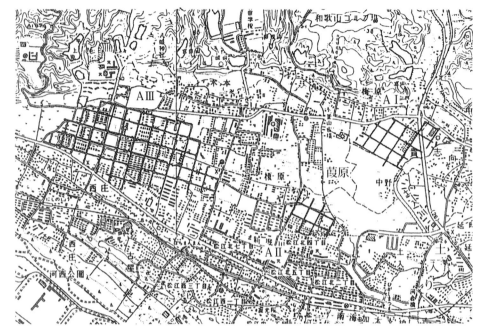

図 2-6　木ノ本付近の条里型土地割分布図
（中野榮治：『紀伊国の条里制』から転載）

中世の小海退期をむかえた時期で，海面は徐々に低下していったため，極めて低湿であった木ノ本集落の南側の地区においても，水田開発が可能になったと思われる。

(2) 木ノ本Ⅲ遺跡の地形環境と粒度分析

　発掘調査の結果，おもな遺構としては東西方向の幅 4.5m，深さ約 30cm の大溝と，その南側には護岸用の石積みが検出された。溝の中には黒色粘土が堆積しており，大量の埴輪・製塩土器と瓦器・中国製陶磁器など中世遺物が出土した。
　大溝は車駕之古祉古墳と関係したものと考えられ，外周溝である可能性が高いといわれる。12～13 世紀頃まで，大溝はオープンな状態で土器などの捨て場となっていたが，13～14 世紀に大溝は埋まり，田畑として利用されたようである。しかし，外周溝の延長上に当たる西側の数地点でボーリングを行ってみたが，同水準からは溝内に黒色粘土が検出されたが，葺き石は確認できなかった。また，

4. 遺跡の立地とその環境 33

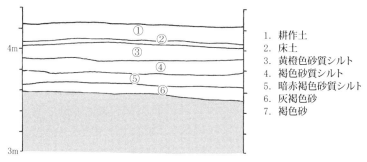

図 2-7　木ノ本Ⅲ遺跡の断面図（模式的な層序）

　周溝の幅はそれほど広くなく約 10m であるから，この大溝は北側へ離れすぎているから，ほかの目的で掘られた水路と推定される。

　木ノ本Ⅲ遺跡は，図 2-5 をみると，沖積Ⅰ面に位置することがわかる。水田義一[23]は，同面の形成について扇状地が紀ノ川の氾濫によって侵食したものとしている。しかし，前節で明らかにしたように，木ノ本付近には紀ノ川の旧河道が分布せず，紀ノ川の氾濫がまったく及ばなかったことは明白で，紀ノ川による侵食・段化は考えにくい。また，日下雅義[24]は，同面は扇状地上を被覆する沖積層が段化した地形面と考えている。この考えは支持できるが，その成因は明らかにされていない。筆者は，山麓に形成されている沖積錐の堆積とラグーンの水位の変化によって段化したのではないかと考えている。

　図 2-7 には，発掘調査区域の B 区北壁のトレンチ断面を示した。基本的な層序は，発掘調査区域内においてほぼ共通している。上位から，①耕作土約 10cm，②床土約 6cm，③黄橙色砂質シルト約 15cm，④褐色砂質シルト 10 〜 20cm（上面：中世遺構面），⑤暗赤褐色砂質シルト約 6cm，⑥灰褐色中〜細砂約 13cm，⑦褐色砂となっている。このうち第 6 層の灰褐色砂層は，第 7 層の褐色砂が土壌化したもので，その面上から大溝が検出された。大溝は，灰褐色砂層堆積以後掘り込まれており，遺物から古墳中期頃形成され，中世に著しく改変されたものと考えられる。

　木ノ本Ⅲ遺跡の基盤をなす第 7 層の褐色砂層は，発掘区域内での肉眼観察では層相からみて水成層と思われるが，上層のシルトを多量に含む地層とは明らかに営力が異なると思われる。同層は，どのようにして形成されたかを知るために粒度分析を行った。

上杉　陽[25]は，海浜の砂質堆積物を取り上げ，粒度分布型によってそれが風成によるものか，海成によるものかを区分できるとした。粒度分析は，形成営力・堆積環境の解明に有効な手段であることを指摘している。そして，フルイによる粒度分析の具体的な方法について実験し，検討を行っている。このように，粒度組成は形成営力や堆積環境を反映していると考えられるから，粒度分析は古環境を知るうえで非常に有効な手法といえよう。筆者はこの堆積層の形成について考察するため，粒度分析を採用した。

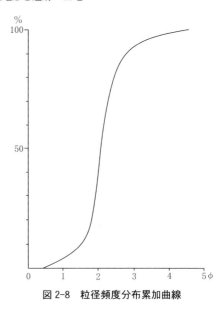

図 2-8　粒径頻度分布累加曲線

分析方法は，フルイ法とピペット法を組み合わせた。①サンプルの採取は，木ノ本Ⅲ遺跡の発掘調査地区内第 B 区の第 7 層から堆積状態に注意しながら行った。②サンプルを 50.00g 秤量し，乾燥機で 110℃に保ち約半日乾燥させた後，再び秤量して実験用試料とした。③メスシリンダ（1,000cc）に入れ，よく撹拌した後，ピペットで単位時間ごとに 20cc（全体の 1/50）を採取し，5φ以下のデータを得た。④4φ以上は，メスシリンダに残った試料を JIS 標準フルイの 2,000μ〜63μ（すなわち -1φ〜4φ，4/4φ 間隔；-1φ= 2mm，0φ= 1mm，1φ= 1/2mm，2φ= 1/4mm，3φ= 1/8mm，4φ= 1/16mm）を用いて水ぶるいし，乾燥後秤量した。

秤量の結果を累加曲線にまとめた（図 2-8）。そして，平均値（近似計算（φ84+ φ16）/2）と淘汰度（（φ84- φ16）/2）[26]およびシルト含有率を堆積物区分の指標とした。

遺跡の基盤をなす第 7 層は，粒度 2〜3φが堆積物の約 75%を占め，シルト分は 3%と少ない。平均値は 2.6，淘汰度は 0.4 と，露頭観察のとおり，ソーティングが非常によい砂層であることがわかった。このような砂層には，砂丘砂層と海成砂層が考えられる[27]。結論から先にいうと，筆者は後者であると考える。

さきに，木下晴一[28]は堆積物の粒度組成のみから，濃尾平野の木曽川左岸に

分布する河畔砂丘の分析例[29]などと比較検討し,「砂丘砂である可能性が強い」とした。しかし,河畔砂丘はわが国では木曽川と利根川しか報告されていない特異な地形であり,河岸には位置しない木ノ本と比較することは不適当といわざるをえない。したがって,筆者は海岸に沿ったやや沖に帯状に形成された砂の堆積地形,すなわちラグーン内の沿岸州であると考えた。同様の例は,大阪平野の5,000～6,000年前頃に,河内湖に形成された水走沿岸州があげられる[30]。

このように営力の異なる地形については,粒度分析によって容易に区分することができる。木ノ本付近に分布する3基の古墳は,この沿岸州の上に東西に並んで築造されたものと考えられる。

5. おわりに

①木ノ本付近の地形は,沖積Ⅰ面,沖積Ⅲ面,砂堆Ⅰ面,砂堆Ⅱ面,砂堆Ⅲ面などに分けられた。木ノ本Ⅲ遺跡は沖積Ⅰ面に位置しているのをはじめ,和歌山平野西部の遺跡は沖積Ⅰ面および砂堆Ⅰ面に多く分布し,沖積Ⅲ面には平安末期に施行されたと考えられる条里型土地割以外に遺構はみられない。

②木ノ本Ⅲ遺跡は,第7層の褐色砂層を基盤として立地しており,同層は,砂堆背後に残されたラグーン内に形成された沿岸州と考えられ,遺跡の立地した当時は,まだラグーンが残っており,水運として機能したと考えられる。

③平安末期になって,奈良時代に塩入地として耕作を放棄されていた土地が再開発されたのは,中世の海退期にさしかかり海面が低下して,開墾が可能となったためであろう。その時期は,紀ノ川右岸において,宮井川の用水が日前宮南側の条里型土地割の分布地区へ揚水が困難となった中世初頭の時期とほぼ一致する。

④木ノ本Ⅲ遺跡は,沿岸州をなしていた砂層を基盤として立地しており,古墳時代には森 浩一のいう潟港として機能していたことも十分に考えられる。

⑤木ノ本Ⅲ遺跡の第7層の堆積物を海成層として風成層であることを否定したが,海岸に位置する3列の砂堆列を詳細に調査するとともに,海浜砂丘砂との粒度組成を比較検討してみる必要がある。

脱稿後,車駕之古祉古墳の発掘調査により墳丘部の断面を観察する機会がえられた。古墳ではT.P.約4mから下位はつき固めた形跡がなく,自然堆積の水成砂

層に変わっている。そして木ノ本III遺跡では，第6層の灰褐色砂層が T.P. 約 3.5
〜 3.6m を上限としている。したがって，木ノ本III遺跡は地形的に当時のラグー
ン沿岸に位置し，釜山古墳群は砂堆を基盤に立地したのではないかと考えられる。
当時のラグーンの水位は +3.5m を上回ったと考えるのが妥当であるが，やや高
すぎ，中央構造線に近いので地盤運動の影響も考慮しなければならないであろう。
今後の課題としたい。

（注）

(1) 和歌山県教育委員会（1974）:『和歌山県埋蔵文化財包蔵地所在地図』.

　　木ノ本付近は近年開発が進み，大規模な和歌山ゴルフ場・木ノ本ニュータウンの建
　設に続いて，小規模な宅地開発が頻繁に行われている．車駕之古祉古墳の墳丘部を開
　発し，宅地化する計画が現在進行しており，平成2年（1990）3 〜 4 月に発掘調査が
　行われた．同古墳は，平地で濠をめぐらせる前方後円墳として，和歌山県下では唯一
　現存するものである．墳丘はおもに砂で築成され，シルト粘土の薄層で数度つき固め
　られ，一部ふき石で仕上げられている．墳丘は全長約 86m，後円部径約 51m，前方
　部幅約 62m である．墳丘は標高がほぼ中央部で最高の 6.367m，比高が 2.5 〜 3.5m を
　示し，削平されていることがわかる．同古墳は，5 世紀中頃に築造された紀伊国の首
　長クラスの墓と考えられる．和泉山脈を挟んだ淡輪古墳群と密接な関係にある．史跡
　として保存整備を望む市民団体の要望が強い．

　　釜山古墳は和歌山県遺跡分布地図等によると，直径約 40m，高さ約 7.3m の円墳
　とされている。しかし，昭和 23 年（1948）アメリカ軍撮影の空中写真を観察すると，
　円墳部の北東に削平された方墳部の形態が読み取れる．また，考古学の研究者は，釜
　山古墳の実測図から北側から北東側が削られて，ほかより急斜面になっていることを
　指摘している．したがって，釜山古墳は本来北東を前面とする前方後円墳であったが，
　前方部は耕地に利用されたため消失し，後円部だけが残ったと考えることができる．

　　茶臼山古墳は，車駕之古祉古墳とほぼ同規模の前方後円墳と考えられるが，破壊さ
　れて現存しない．

　　〔付記〕車駕之古祉古墳は，平成 2 年（1990）12 月に後円部から金製勾玉が出土し，平成 6
　年に和歌山県指定文化財（史跡）に指定された．現在，和歌山市によって古墳公園として保
　存管理されている．

(2) 谷岡武雄（1958）:紀ノ川流域における条里．藤岡謙二郎編:『河谷の歴史地理』蘭
　書房，325-334.

（3） 服部昌之（1969）：太田・黒田地域の歴史地理的環境．「和歌山市太田・黒田地域総合調査地理歴史調査概報」和歌山市教育委員会，12-22．

（4） 中野榮治（1989）：海部郡土入川流域の開発．『紀伊国の条里制』古今書院，177-181．

（5） 前掲（4）．

（6） 森　浩一（1986）：潟と港を発掘する．『日本の古代　3』中央公論社，39-82．

（7） 仁井田好古（1811）：『紀伊続風土記』巻之六．

（8） 日下雅義（1969）：太田・黒田地域の地形環境．「和歌山市太田・黒田地域総合調査地理歴史調査概報」和歌山市教育委員会，1-11．

（9） 額田雅裕（1988）：和泉山脈と和歌山平野．和歌山地理，8，11-24．

（10） 日下雅義（1973）：紀ノ川下流域平野に関する基礎的研究．『平野の地形環境』古今書院，119-159．

（11） 前掲（10）．

（12） 前掲（6）．

（13） 額田雅裕（1988）：南部平野における地形面の区分について．和歌山地理，7，37-43．

（14） 前掲（6）．

（15） 梶山彦太郎・市原　実（1972）：大阪平野の発達史．地質学論集，7，101-112．

（16） 海津正倫（1976）：津軽平野の沖積世における地形発達史．地理学評論，49，714-735．

（17） 前掲（3）・（4）．

　　筆者は，木ノ本地区の条里型土地割の分布を1万分の1空中写真（1961年撮影）から抽出しようとしたが，日前宮地区などと比べて不整形が多く，独自の条里型土地割分布図を作成することを断念し，先学の条里研究に依拠することにした．なお，推定復原された条里型土地割の面積は，研究者によって若干異なる．

（18） 「大安寺伽藍縁起并流記資材帳」『大日本古文書』2，p.651．

（19） 前掲（4）．

（20） 「東大寺政所下文案」『和歌山市史』4，186-187．

（21） 西岡虎之助（1956）：東大寺領紀伊国木本荘．『荘園史の研究』下巻1，224-252．

（22） 額田雅裕（1987）：太田城付近の地形環境．和歌山市立博物館研究紀要，2，24-41．

（23） 水田義一（1982）：地理的環境．「国立和歌山大学学舎移転統合地造成工事に伴う緊急発掘調査報告書」和歌山県文化財研究会，6-10．

（24） 日下雅義（1980）：紀ノ川の河道と海岸線の変化．『歴史時代の地形環境』古今書院，

38　第2章　和歌山市木ノ本付近における微地形と遺跡の立地

131-174.

(25) 上杉　陽 (1971)：ふるいを用いた粒度分析方法の吟味－風成・海成の環境区分のために－. 地理学評論，44，839-857.

(26) 前掲 (25).

Inman, D. L. (1952)：Measures for describing the suze distribution of sediments. *Jour. Sedimentary Petrology*, Vol.22, 125-145.

Dyer, K. R., (1970)：Grain Size Parameters for Sandy-Grabels. *Jour. Sedimentary Petrology*, Vol.40, 616-620.

(27) 前掲 (25).

上杉　陽 (1972)：粒径頻度分布からみた風成砂・海成砂の諸特徴. 第四紀研究，11，49-60.

(28) 木下晴一 (1989)：砂層の粒度組成について.「木ノ本釜山（木ノ本Ⅲ）遺跡発掘調査概報」同志社大学考古学研究室，p.68.

(29) 森山昭雄 (1977)：木曽川平野表層堆積物の粒度組成. 地理学評論，50，71-87.
また，彼は表層堆積物を地表面から約60cm の第1層としている.

(30) 前掲 (15).

第3章　和歌山平野南部の地形と土地開発

1. はじめに

　和歌山市南部の和田川流域には，紀伊国一宮の日前宮が中世に開発した和太荘が立地した。その日前宮領の形成に関する史料として，大治2年（1127）8月17日付「紀伊国在庁官人等解案」（林家文書, 平安遺文補302号）が知られている[1]。

　それには，神宅院郡司，郡許院司，三上院司，在庁官人が主体となって，平安時代末期に塩除堤を築造して和田川下流域の常荒田79町歩を開発し，御封便補で日前宮が和太荘を荘園化したことが記載されている。同文書には，そこが「荒野」・「塩入」と記されており，和歌浦湾から海水が常時逆流するため，和田川河口付近の地形環境は古代末ごろまで潮間帯に近い低湿な環境で，塩害による荒廃した既耕地の状態であったと推測される。和田川沿いの和歌山市朝日の石関集落付近には，現在でも逆流防止のため樋門や堰が設置されており，低湿な環境であることは変わっていない。

　和田盆地[2]は，標高1m前後と極めて低湿であるが，弥生時代以降の遺跡が分布し，地表面には方格地割や坪地名が数多く残存する特異な地域である。

　中野（1989）は「文書にみえる四〇町余の築堤は，この塩水の逆流防止による水田開発の大工事」とし，築堤の位置は「吉礼付近から田尻付近にいたる現和田川と考えられ」るとした。これに対して，野田（2006b）は，中野（1989）の批判を行い，和田川の「旧流路に対して築堤し」たとして，異なる見解を示して中野説を否定した。野田氏は一連の研究で多くの日前宮文書等をよく検討し，和太荘の景観復原を試みたことは評価できる。しかし，文書史料からでは，一部を除いて具体的な塩除堤の位置や和田盆地の開発過程を示すことができていない。

　このように，大治2年（1127）の日前宮による和太荘の開発過程については，①塩除堤を築造し和田川を現流路に付け替え干潟の干拓を行ったとする中野説と，②和田川の旧流路に対して築堤し塩入荒野を耕地化したとする野田説の2説があ

る。その開発は実際にどのようにして行われたのか，和田川流域の「荒野」開発の解明には古文書を検討した中世史研究者の方が説得力があるように思われる。しかし，文献史学では林家文書に「築堤四十余町」としか記されていない築堤の場所，荒野の開発過程やその方法を具体的に示すことは困難と思われる。和田盆地の開発がどのようにして行われたのか，日前宮による開発の実態を地形環境の分析に基づいて築堤場所や開発過程を再検討してみたい。

なお，和田盆地内であっても旧安原村東部（旧桑山村）の範囲は，和太荘の開発地に含まれないが，同じ盆地内の低地であるので，本稿では研究の対象地域とする。

2. 和太荘の範囲と開発地

和太荘の範囲は，大治2年（1127）の「紀伊国在庁官人等解案」に，「東限安原牟礼岡幷朝日寺東谷　南限　蜂柄西崎幷禰美山西崎砧川山峯　西限　同神領毛見内原東堺幷海部境大江　北限　岡前四図三里卅三四五六坪々南阡陌幷和太南小手薫（穂）尾ノ南前六図二里十坪同十一十二坪々南阡陌」と記されている。また，40余町の塩除堤を築造して「岡前村内弐拾四町，和田南村内参拾町，安原村内拾五町，岡田下村内拾町」の計79町歩の塩入常荒田を開発し，和太荘が立券されたという。同文書には四至の記載だけで，本来立券文書にあるべき艮（北東）・巽（南東）・坤（南西）・乾（北西）の4点の牓示箇所は記されていないが，四至と村落配置からおおよその荘域を知ることができる。

中野（1989）は，和太荘の四至に「東限　安原牟礼岡幷朝日寺東谷」とあることから，和太荘の東を和歌山市桑山小字武礼と同朝日の西接山浄土寺とし，東堺を旧朝日村と旧桑山村の村境に比定している。現在の桑山には小字武礼があることから，立券された「安原村内拾五町」は安原村西部の旧朝日村の一部にあたると考えられる。

南は，「蜂柄西崎」の地名が小字唐崎山にあたり，「禰美山」が小字根美山に残るとして，両者を結ぶ旧冬野村と旧本渡村・旧岡田村との村界線を南堺としている（中野，1989）。

中野（1996）は，「常荒田79町歩のうち岡前・和田南・安原三村の69町歩は

2. 和太荘の範囲と開発地　41

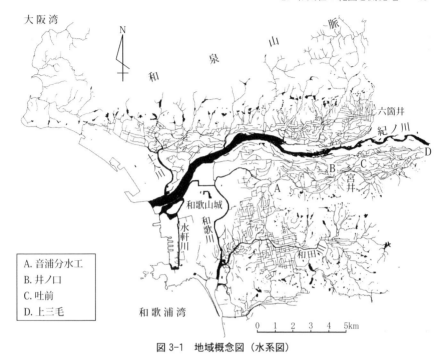

図 3-1　地域概念図（水系図）

和田川の旧河道に沿う後背低地で，岡田下村の 10 町歩は亀川下流の古川に比定」している。しかし，12 世紀初めに開発された岡田下村 10 町歩を海南市多田から和歌山市内原に至る同冬野の古川付近の旧亀ノ川部分とすると，その旧河道部分は幅約 20m・長さ約 500m で，面積にすると約 1ha（約 1 町歩）にすぎない。また，亀ノ川は現在方格地割に沿う形でほぼまっすぐに西流するが，その改修は 18 世紀初めの井澤弥惣兵衛によって行われたものであることから，開発地 10 町歩を亀ノ川流域に設定することは困難と思われる。

　問題となるのは，岡田下村の地名である。中野（1996）は，岡田下村を亀ノ川流域の海南市岡田付近に推定している。同村は岡田村との位置関係から，亀ノ川の下流側に位置するものと考えられる。和太荘の南限が亀ノ川左岸の和歌山市冬野小字根見山に比定されることから，そこから開発地の和田盆地南部にかけての範囲が岡田下村の村域であったと推定する。明治 19 年（1886）の仮製 2 万分の 1 地形図（図 3-2）をみると，その範囲はほぼ「冬野村」にあたることがわかる。

42　第3章　和歌山平野南部の地形と土地開発

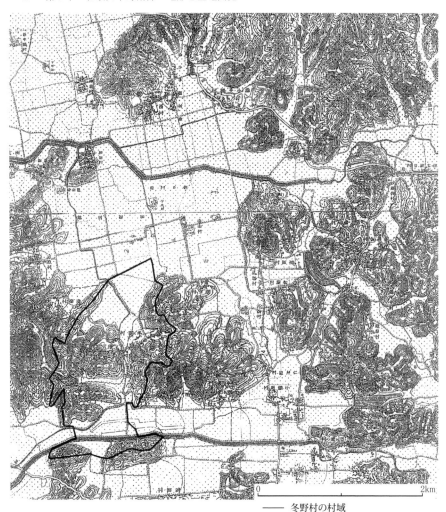

——　冬野村の村域

図 3-2　明治 19 年（1886）仮製 2 万分の 1 地形図

　すなわち，大治 2 年（1127）段階の岡田下村が元応 2 年（1520）以降の冬野郷・冬野村ではないかと考えられる。そうすると，岡田下村 10 町歩にあたる開発地は和田盆地内の和歌山市冬野の一部にあたり，和田川下流域の開発として説明がつきやすい。
　塩除堤を築造して和太荘内 79 町歩を開発したとすると，79 町歩は和田川流域

にあったと考えることが妥当と思われる。

　また，和太荘の冬野は，元応 2 年（1520）5 月 8 日付「和太御庄中分一方帳」（海津編，2006；国立史料館文書）に「冬野郷」とみえるのを初見とする比較的新しい地名である。標高 3m 以下の旧冬野村域の一部には条里型地割が分布し，塩入常荒田の開発地があったと推定される。これらのことから，中世の和太荘の開発地 79 町歩はすべて和田盆地（ほぼ中溝灌漑地域）内であったと思われる。塩除堤を築造して和太荘内 79 町歩を開発したとすると，79 町歩は和田川流域にあったと考える方が合理的である。

　西は日前宮領の毛見・内原との境である名草山の尾根から名草・海部郡境の大江，すなわち和歌川（旧紀ノ川）河口としている。これだけの記載では三葛が和太荘に含まれるのかわからないが，永仁検注帳・奉文帳（海津編，2006；日前宮文書）では和太荘に三葛郷が含まれることがわかる。

　北は条里坪付で示されており，岡前 4 図 3 里の 33 ～ 36 坪の 4 町（約 436m）と，小手穂尾ノ南前 6 図 2 里の 10 ～ 12 坪の 3 町（約 327m）の阡陌線で示されている。このことから和歌山平野の河南条里区および伊太祁曽条里区（中野，1989）にはその当時，すでに方格地割が施行されていたか，少なくとも計画図があったと考えられる。

3.　和歌山平野と和田盆地の地形概観

　紀ノ川沿いの山地は，わが国最大の活断層，中央構造線によって北側の内帯と南側の外帯の山地に分けられる。中央構造線は，長野県の諏訪湖から熊本県の八代に至る，総延長 1,000km 以上に及ぶ活断層帯である。和歌山県付近では，大きく分けて，五条谷断層・根来断層・鳴滝断層の 3 つの活断層が雁行する。それらはすべて右横ずれ断層で，ほぼ東西方向に連続する。

　紀ノ川北側の和泉山脈は，東西約 60km，南北約 10km の地塁性山地で，岩湧山（898m），葛城山（866m）など，山頂部には平坦面を残しているが，谷は深く侵食されている。ほぼ同じ高さの山々が東西に連続するが，山頂の高度は西側へいくほど徐々に低下し，和歌山市付近では山頂がおよそ 200 ～ 300m の高さで揃っている。

44　第3章　和歌山平野南部の地形と土地開発

　和泉山脈の地質は，中生代の白亜紀末に浅海底に堆積した砂と泥の互層，和泉層群によって構成される。同層は一般に和泉砂岩と呼ばれ，和歌山城の石垣などに使われ，コダイアマモやアンモナイトなどの化石を含むことがある。

　紀ノ川南側の紀伊山地は，龍門山地，長峰山脈，白馬山脈，果無山脈，大塔山地など中央構造線と平行する山脈群からなっている。最高峰は護摩壇山（1,382m）で，奈良県境に高い山々が並んでいる。空海の開いた高野山は，盆地状に侵食された標高約1,000mの平坦面で，樹枝状に分かれた谷には多くの伽藍が建ち並んでいる。

　紀伊山地の地質は，北側から順に三波川変成帯，湯浅層群，印南層群，日高川累層，牟婁層群で，北側ほど古く古生層からなり，南側ほど新しく中新世層となっている。

　紀ノ川河谷には，更新世初期以後，中央構造線に沿って東西に細長い湖沼が形成され，そこへ大阪層群下部に相当する菖蒲谷層が堆積した。同層は，紀ノ川右岸を中心に広く分布する丘陵を構成する地層である。同層は，大部分が周辺地域から湖沼へ流入・堆積した比較的細粒堆積物からなるが，最上流部では粗粒な河床堆積物も認められる。

　紀ノ川は，奈良県吉野郡川上村の大台が原（1,695m）に水源を発し，和歌山市湊の西部で，紀伊水道に注ぐ一級河川である。その流長は136kmで，熊野川に次ぐ和歌山県下第2の河川であるが，流域面積は1,660km^{2}と県下最大である。紀ノ川は，中央構造線に沿ってほぼ西へ流れ，上・中流域には三面の河岸段丘，下流域には県下最大の沖積平野が発達する。

　和歌山平野周辺では段丘地形の発達が悪く，まとまった高位段丘面の分布はみられない。中位段丘面は岩出市山（50〜30m）など和泉山脈南麓に断片的にみられるだけである。低位段丘面は，紀ノ川北岸では岩出市街〜和歌山市府中（30〜10m），府中〜園部（40〜5m）など中位段丘面の南側に分布する。紀ノ川南岸では岩橋山地北麓の船戸〜下三毛（25〜15m）に分布するが，それ以西には低位段丘面はみられない。

　そして，和泉山脈南麓や岩橋山地北麓には完新世段丘Ⅰ面がみられ，同Ⅱ面の日前宮付近などには方格地割や遺跡が多く分布する。

　紀ノ川河口部の平野は，まず砂州が形成されて湾口を塞ぎ，その背後のラグー

ンを河川が埋積して形成されたものである。和歌山市の磯ノ浦から水軒にかけて
の海岸には，形成時期が異なる 3 列の砂州・砂丘列が海岸線に平行してみられる。
内列のものが最大かつ最古で，そこに和歌山市街や多くの集落が立地する。吹上
1 丁目の和歌山県立博物館付近は最も内列の砂丘にあたり，その建設のために削
平されるまでは標高が 25m 以上あった。紀ノ川河口域の砂丘には，住友金属や
花王などの工場が立地する。砂堆背後の榎原～西庄および水軒川の東側には，標
高 3 ～ 1m のラグーン性低地がひろがっている。

　和歌山平野は全体に標高が 15m 以下で，和歌川・土入川・水軒川など紀ノ川
の旧流路が多数分布し，流路変遷が著しかったことが知られる。自然堤防は後背
低地からの比高が 1 ～ 2m とやや発達が悪く，島状に分布する。それは，紀ノ川
下流域では堤防が建設されるまで大規模な氾濫や洪水の発生が比較的少なかった
ことを物語っている。自然堤防には，松島・中之島・福島・北島・狐島などの島
地名が多くみられる。

4. 和田盆地周辺の地形

　図 3-3 は，1961 年国土地理院撮影の空中写真を，形態的な特徴を手がかりと
して成因的な観点から判読して作成した，和田川下流域の地形分類図である。以
下，地形ごとにその特徴を記載する。

(1) 山地・丘陵

　紀ノ川南岸の基盤山地あるいは孤立丘陵は，地盤変動によって沈降し，紀ノ川
が運搬してきた土砂によって埋積され，かつての山頂部だけが平野面に浮かぶか
のように点在している。その地質は，三畳紀～ジュラ紀に堆積した地層が白亜紀
に高圧変成作用を受けた，泥質片岩・砂質片岩を主体とする三波川結晶片岩類で
構成される。結晶片岩は，中央構造線に近い北側ほど変成の度合いが高い（日本
の地質『近畿地方』編集委員会，1987）。

　和田盆地北側の岩橋山地は，東の御茶屋御殿山（278.7m）から城ヶ峰（255.4m）
をへて西の大日山（141.8m）にいたる山地で，その地質は高圧変成作用を受けた
結晶片岩で構成される。とくに鳩羽山（265m）付近は超塩基性岩からなる。そ

46　第 3 章　和歌山平野南部の地形と土地開発

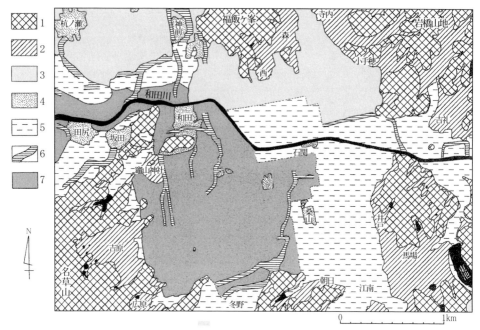

図 3-3　和歌山平野南部の地形分類図
1：山地・丘陵，2：山麓緩斜面，3：完新世段丘II面，4：自然堤防，
5：後背低地，6：旧河道，7：ラグーン性低地．

の周辺山地は構造運動によって沈降し，かつての山頂部のみが点在し孤立丘陵状になっている．和歌山平野南部には名草山（228.7m），章魚頭姿山（181m），船尾山（153.8m），福飯ヶ峯（102.8m），秋葉山（74m）などの緑色片岩からなる山々が点在するが，標高 300m 以上の山地はない．

(2) 山麓緩斜面

　山麓緩斜面は，崖錐・小扇状地など和田川支流の形成した緩傾斜地で，岩橋山地や名草山の山麓などに分布する．同面は高燥で洪水に対して安全な平坦地であるため，和田盆地周辺部の吉礼，森，小手穂，寺内，西，井戸，相坂，馬場，江南，広原，吉原，竃山神社付近などに集落が立地する．

(3) 完新世段丘II面

4. 和田盆地周辺の地形　47

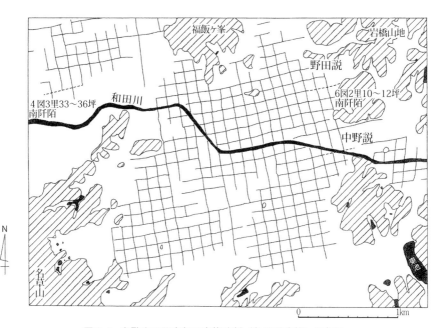

図 3-4　和歌山平野南部の方格地割（条里型地割）分布図

　和歌山平野では宮井川（和歌川上流）を境として，その北側が沖積低地，南側は完新世段丘Ⅱ面となっており，両者では地形環境が大きく異なっている。
　後者は，音浦から日前宮付近をへて津秦・神前（こうざき）にかけてひろがる，かつての三角州性低地である。同面は紀ノ川の旧氾濫原であったが，現在は紀ノ川から離水した地形面となっている。同面は緩く南西へ傾斜し，和田川の氾濫原に潜り込むような形になっているが，その境界は不明瞭で，図 3-3 では森小手穂付近など点線で示したところがある。同面上には，音浦を頂点として放射状に旧河道が分布し，その一部は用水路として利用されている。
　同面が段丘化した時期を推定する資料として，永暦 2 年（1161）の「紀伊国在庁官人等陳状案」（和歌山市史編さん委員会，1977；『平安遺文』3153 号）がある。それには，その前年の台風による洪水で綾井（中世の宮井）の堰口が押し流され深く侵食されて淵となり，用水が水田面まで揚がらなくなったため，本堰から上流へ遡って幅一段（約 10.9m）・長さ 2 町（約 218m）の畑地を掘り落として新た

な堰口を設けたという。この洪水時の侵食作用によって紀ノ川の河道は下刻され，完新世段丘II面が段丘化したと考えられる（額田，1987）。音浦分水工から鳴神集落北側にかけての段丘崖は，比高が約3mに達している。

日前宮周辺の完新世段丘II面は，縄文海進期には浅海底となり，海成層の堆積した地域にあたるが，比較的早くに陸化した。そこには弥生時代以降の遺跡が数多くみられ，黒田，太田，秋月，鳴神などの集落が立地する。同面には自然堤防や旧河道の一部を除いて，一面に方格地割（条里型地割）が分布する，図3-4の左上部分がその一部にあたる。中野（1989）は，そこを日前宮条里区と呼び，その規模は435町と和歌山県下最大であるという。

宮井は，日前宮条里区の耕地を潤しているが，発掘調査によって古墳時代には開削されていたことが明らかとなっている（小賀ほか，1970；小賀・吉田，1971）。その取水口は，初め音浦付近（図3-1A）にあったが，和佐井ノ口（同B），吐前（同C）から上三毛竜ノ鼻（同D）へと三遷し，次第に上流部へ移動したという（薗田，1967）。それは，紀ノ川が洪水後に河床低下したため，取水口を上流へ移動させなければ取水できなくなったことを意味している。

この洪水による河床の低下した時期が，完新世段丘II面の段丘化した時期にあたる（額田，1987）。そして，宮井の音浦分水工付近の鳴神IV遺跡・鳴神V遺跡や太田・黒田遺跡など完新世段丘II面に立地する遺跡において，鎌倉時代以降に洪水などによる堆積量が少なく，安定した地形面とする遺跡の発掘調査結果と調和する（額田，1994a）。

完新世段丘II面の自然堤防は，紀ノ川のかつての氾濫・堆積によって形成されたものと考えられ，神前・杭ノ瀬などの集落が立地する微高地となっている。その自然堤防の比高は約1mと小さく，構成物質は砂質シルト〜シルト質細砂である。神前付近の完新世段丘II面の後背低地には条里型地割が分布する。また，岩橋山地・福飯ヶ峯の南麓には山麓緩斜面との間に小扇状地性の低地がひろがり，和田川流路付近にまで達している。

（4）沖積低地

紀ノ川等の形成した沖積平野は，自然堤防，後背低地，旧河道，ラグーン性低地に分類される（図3-3）。

4. 和田盆地周辺の地形　49

①自然堤防　　自然堤防は，河川が溢流堆積して形成された微高地である[3]。和田川の旧流路に沿っては自然堤防が分布せず，和田川は氾濫してもほとんど土砂の堆積がなかったと思われる。図 3-3 にみられる微高地には，和田・坂田・田尻など集落が立地し，紀ノ川流域と同規模の微高地となっている。これらは，紀ノ川が和歌浦へ注いでいた時期に形成された微高地で，小雑賀付近と同様の河口州と推定される。

②後背低地　　後背低地は，河川の堆積作用が直接及ばなかった低地で，自然堤防等の微高地周辺に位置する。後背低地は水田等に利用され，紀ノ川・和田川流域では集落の立地は少ない。

③旧河道　　旧河道は，かつての紀ノ川および和田川の流路であったところで，周辺の地形より若干低くなっている。表層地質は粘土質で，低湿な水田のところが多い。その大半は，弥生時代から中世初頭にかけて機能していた流路跡と考えられる。和田川右岸には，吉礼の字広見から北へ向かい，字南沖田から西の字淀奥に至る旧河道がみられる。その旧河道は，森小手穂と桑山の大字界を東西に流れ，和田川左岸の朝日へ連続するものと思われる。旧河道は字大坪から南へ字蟹田・字烏帽子に至り冬野の字所雁・字三ツ又で方向転換して北上し，広原の字樋ノ浦，和田の字稗田・字佃田・字仲沖に繋がり，和田集落付近は当時の河口近くに位置したものと思われる。その最下流部は，2 〜 3 本の流路に分岐する形態を示す。これは和歌浦干潟などに形成される地形と類似した形態である。このことから，中世初頭における開発当時の和田川河口付近は干潮時に現れる干潟と類似の景観を呈していたと推測される。

　野田（2006b）は，「和太郷検田取帳」に「川成」[4] がみられないことと耕地の小字分布・比定から，永仁 3 年（1295）以前には和田川の流路変遷はなく，和田川は旧流路を本流としていた可能性が高いとする。しかし，同時に「この旧流路を利用しながら中溝水路が整備されていった」[5] とし，矛盾した記載がみられる。当時，和田川は旧流路が本流であったとすると，同流路は感潮河川のため灌漑に利用することはできなかったはずである。宮井用水の中溝は，鳴神の音浦分水工で分水され，有家・津秦・神前へと南下し，和田川を越えてその南岸の和田・吉原・広原・冬野・朝日を灌漑している（図 3-2）。和田川以南への延伸は大治 2 年（1127）の塩除堤の築堤後と考えられるが，当時，流路変遷がなく和田川が旧流路を流れ

ていたとすると，中溝用水の掘削以外に 79 町歩に及ぶ塩入荒野を開発するための灌漑用水を確保することはできなかったと思われる。宮井や六箇井では，旧河道を用水路として利用する箇所が多い。当時の和田川が旧流路を流れていたとすると，蛇行する流路間を縫って灌漑用水を整備することは不可能に近いと思われる。

　また，野田（2006b）は，旧流路を流れていたとする根拠の 1 つとして，「新堤」5 カ所をあげている。しかし，その 5 カ所のうち「上馬」と「佃給真坪」以外は旧河道に沿った場所ではあるが，連続した堤防とは考えにくい。そのうえ旧河道の東側のみの築堤で，西側の稗田・高柳東坪には堤防の記載がみられない。さらに，大治 2 年（1127）の開発から 168 年も後の永仁 3 年（1295）に「新堤」ということは，その間は旧河道沿いに堤が必要なかったことを意味し，塩入荒野の開発方法と灌漑方法の説明ができない。

「北籠西坪」と「南籠」では淵と新堤 [8] が同一坪内に記載されていることから，灌漑に利用できる真水が湧出する淵，または旧河道（三日月湖）を利用した溜池の堤を築造したと考えることができる。

　これらのことから，大治 2 年の日前宮の開発に伴って，和田川は蛇行した旧流路ではなく，直線的に西流する現流路に付け替えられたと考えられる。

④ラグーン性低地　　和歌山平野は，紀ノ川河口部に砂州が発達し，その背後には極めて低湿なラグーン性低地が形成されていたことは前節で述べたとおりである。南部の和田川流域では，和田盆地中央部にラグーン性低地がみられ，その大半を占めている（図 3-3）。標高は，2 ～ 0m で極めて平坦な低地である。表層地質は三田小学校付近では盛土の下から約 -6m までは細砂～砂質シルト，それ以下は -20m 付近まで暗灰色～暗青灰色のシルト・粘土層で，途中の -6.2 ～ -9.2m には貝殻片が混入するラグーン性堆積物と考えられる（日下，1980）。

　和田盆地には方格地割が一面に広く分布する（図 3-4）。中野（1989）は，北側の日前宮条里区とは別に和田条里区を設定している。和田条里区は 412 町の規模で，日前宮条里区の 435 町・御坊条里区の 430 町に次ぐ，和歌山県下第 3 の方格地割が広くみられる地域である。

5. 和田盆地のラグーン性低地の開発

前節では，和田盆地の大半がラグーン性低地にあたり，和田川の旧河道が現流路の両岸に分布することを述べた。本章では，ラグーン性低地の陸化時期とその開発過程を明らかにしたい。

（1）開発の範囲

和太荘の北限は，「岡前」4図3里33・34・35・36坪の南阡陌と小手穂尾ノ南前6図2里10・11・12坪の南阡陌と記されている。中野（1989）が指摘するように，「慶長検地後の岡崎荘は，のちに分村して西・森・寺内・小手穂の各村になる」が，「四至に記される地名に小手穂があることから「岡前」は岡崎でなく神崎と考えられ」る。しかし，神前は6図の小手穂の西側にもかかわらず4図となっている。和田盆地東端の小手穂が「六図二里」となるのは，その東側の「伊太祁曽盆地の東端，山東中付近を一図として西へ数えると六図は小手穂に相当する」ためとされる（中野，1989）。若干，納得できない点もあるが，両条里区の接合部に「余剰帯」があり，神前の「4図3里」はそこから西へ坪付けされているため，小手穂付近より数が小さくなると理解しておきたい。

神前の「4図3里」付近は，日前宮付近から南西にゆるく傾斜する完新世段丘II面と和田川の後背低地が接する地域にあたっている。小手穂の「6図2里」の10〜12坪は，中野（1989）の条里復原図（147頁，図35）によると，西から東へ連続する10〜12坪の南阡陌に該当することになる。図3-3地形分類図の南沖田に分布する和田川旧河道の北岸は，ほぼ完新世段丘II面と和田川の後背低地との境界付近と考えられ，中野（1989）の比定する6図2里10・11・12坪の3町北側，野田（2006a）の3町南側にあたる。いずれにしても3町（327m）のずれがあるが，これをどう考えるかは今後の課題としたい。

また，明治19年（1886）発行の仮製地形図「秋月村」「日方浦」をみると，そこは森小手穂村と桑山村の村落界にあたっている。岡崎荘と和太荘の境界は，その両条里界線を直線で結ぶものではなく，和田川流路や方格地割に沿うものであったと考える。

（2）環境変遷

　和田盆地は，縄文海進の頂期（約 6,000 〜 5,000 年前）にはほぼ全域にわたって海域となった（日下，1980）。その後，和歌山平野は，弥生海退による海面低下と紀ノ川の活発な沖積作用によって，弥生時代の初めには三角州平野がかなり拡大し，ほぼ現在の地形配置に近くなったと考えられる。しかし，和田盆地は紀ノ川の氾濫が及ばず内湾からラグーンへと変遷したが，水域を残したままであったと推定される。

　ラグーン東端の吉礼（標高約 5m）には，縄文時代前期から後期にかけての吉礼貝塚が立地する。同貝塚からはハイガイ，ハマグリ，カキなどが出土し，当時，半鹹半淡のラグーンに面した貝塚であったことがわかっている（和歌山県史編さん委員会，1983）。このことから，和田盆地は，静穏な堆積環境の下で湖から内湾，ラグーンへと変化し，細粒物質がラグーンを埋積して陸化したものと考えられる。

　ラグーン性低地の陸化時期は，海面変動と連動するため，完新世段丘 II 面の段丘化時期とほぼ同じ中世初頭と思われる。

（3）紀ノ川の変遷

　紀ノ川下流域の地形環境を示す中世ころの地形環境復原図（日下，1980）をみると，和歌山平野はほぼ現在の地形配置に近くなっている。しかし，紀ノ川は現在のようにまっすぐ西流せず，南の雑賀崎の方へ流れて大浦に注いでいる。また，和歌浦付近は紀ノ川の旧河口にあたり，奥深くまで湾入している。それは，古代の紀ノ川主流が楠見付近から西へ流れ土入川・和歌川の川筋をとり和歌浦へ注いでいたからである。その後，紀ノ川は 11 世紀末の洪水によって主流が内側の砂丘列（砂堆 I 面・砂堆 II 面）を一気に突破し，現在の水軒川付近の流路に流れを変えたという（日下，1980）。

（4）神前遺跡の発掘

　和田川に近い標高約 2m の神前遺跡では，弥生時代前期〜中期（約 2,400 〜 2,200 年前）に掘削された北東から南西方向の溝が多数検出され，灌漑用水が整備され稲作が開始されていたことが報告されている（和歌山県文化財センター，2012）。

しかし，大治 2 年（1127）の「紀伊国在庁官人等解案」によると，和田川下流域は中世初頭に塩入常荒田となっていたようである。その原因は，①弥生海退以降，一度は陸化したが古代の小海進によって水没した，あるいは②和田盆地まで紀ノ川の堆積作用が及ばず低湿な環境のままであった，という 2 つが考えられる。

(5) 旧河道説の批判

　野田（2006b）は，和田盆地内に数詞地名など条里坪付がみられることから「大治二年の塩除堤による開発は，塩入により荒地となった地域の再開発」とした。これは，古代小海進によって可耕地が一時的に水没したが，その後の海退によって陸化したところを再開発したとする①の原因によるものと解することができる。しかし，神前遺跡では，標高約 1m にもかかわらず，海進による水没を示す証拠は検出されていない。このことから，筆者は②の可能性が高いと考えている。すなわち，古代には紀ノ川の堆積が神前から丈六山（標高 32.1m）付近にまで達したが，盆地の口を塞ぐ形となったため，和田盆地は埋め残されラグーンが残っていたと推定される[7]。

　野田（2006b）は，和田盆地には方格地割がみられ，永仁 3 年（1295）の「和太郷検田取帳」等の分析結果よって，当時の和太郷の耕地分布と灌漑状況を明らかにした。そして，和田川旧流路に沿って堤防が形成され，「和田溝」（中溝水路の前身）によって灌漑されていたとした。また，野田（2006b）は「このときの開発は旧流路に対して築堤し，現名草川などを使って排水し，塩入り荒野を耕地化するという方法が取られた」とした。しかし，旧流路に対して築堤したとすると，長さ 40 余町の築堤は蛇行・分流する和田川旧流路のどの部分に施工したのであろうか。また，和田川旧流路の部分的な築堤で塩害を防ぐことができたのか疑問である。耕地開発には，それに先立って用水の確保が必須と考えられる。しかし，野田氏は開発主体がいつ，どこから，どのようにして用水を確保したのか明らかにしていない。

　筆者は，これまで紀ノ川流域を中心として，段丘面の開発と灌漑を研究対象としてきた。そして，耕地の開発と灌漑用水の開削がほぼ同時期に行われたことを明らかにした。例えば，梶田荘の段丘面と文覚井の開削，井上本荘の段丘面と溜池・井手，日根荘の荒野と井川の開削などである（額田，1994b；額田，

54 第3章 和歌山平野南部の地形と土地開発

1998；額田，2004)。

(6) 中溝と新溝

最後に，「紀の川左岸土地改良区管内図」(1993) によって，和田盆地を灌漑する中溝用水と新溝用水の各灌漑地域をみてみると，中溝用水路は音浦分水工を起点として南西にひろがっている。同用水路は，有家・津秦・北出島・小雑賀・手平・新中島・杭ノ瀬・西・神前を灌漑し，殿橋の東側にて和田川をフキビ（伏越し）で渡している（野田，2006b)。さらに，中溝水路は和田集落東側の和田川旧流路西端を南下し，吉原分水工・広原分水工で吉原水路・広原水路を分派し，吉原，冬野，朝日，桑山など和太荘の範囲を灌漑し，余水を米田川に落としている。

これに対して，新溝用水路は音浦分水工から分水する最も東側を流れる用水路で，花山西麓から福飯ヶ峰と岩橋山地間の標高約 10m 地点を通過し，寺内・森小手穂をへて字広見付近にて和田川を伏越しで渡し，桑山・井戸・馬場に達し，和田盆地東部の江南まで安原荘の範囲を灌漑している。

このように和田盆地の東部は新溝用水，西部は中溝用水の灌漑受益区域となっている。和田盆地は和田川が感潮河川であるため，その河水を基本的に灌漑に利用することができなかった。また，和田盆地は集水面積が狭いため，紀ノ川から取水する長距離灌漑用水路を開削することによって，はじめてラグーン性低地を耕地化することができたといえる。

これまで，和田盆地において大治2年 (1127) 以前に中溝・新溝両用水が開削されていたことを示す記録や，考古学的な発掘調査の成果は知られていないが，和田盆地の開発は，中世初頭に日前宮による低湿地の干拓と灌漑用水の開削をセットとした大規模な開発計画によって初めて可能となったものと考えられる。

6. 塩除堤と紀州流土木工法

森小手穂の字広見から和田川右岸を北に流れる旧河道は，和田川左岸の朝日から冬野にて U ターンして北へ向かい，広原・和田をへて現和田川に収束する。旧河道が北流する起点と田尻の現和田川に戻る終点の和田川流路間の距離は約 2.2km である。

大治 2 年（1127）8 月 17 日付「紀伊国在庁官人等解案」では，岡前村・和田南村・安原村，そして岡田下村の塩入荒野の開発に「築堤四十余町」をして行ったことが記されている。塩除堤を築き塩入地の開発を行うというと，海岸線に対して平行に築堤し干拓するイメージがある。また，野田（2006b）は和田川が現在の旧河道を流れていた流路に対して築堤したとする。しかし，和田盆地では内陸に取り残されたラグーンという閉じた空間の干拓であった。筆者は，蛇行・分流していた旧流路を締め切って，直線化した新流路に付け替えるための築堤であったと考えている。すなわち，付け替えられた現和田川堤防両岸の総延長の約 4.4km が，大治 2 年の開発時に築堤された「四十町余」の塩除堤と考えられるのである。

しかし，和田川は感潮河川であるので，和田川の水を灌漑に利用することができなかった。宮井の新溝は福飯ヶ峯の東側を掘り継いで，字広見にて和田川を渡し和田盆地東部の低地を灌漑している。日前宮の開発計画は，それと同様に宮井の中溝を延長し，殿橋東側にて「フキビ（吹樋）」で和田川の下を伏越しにして渡し，南岸の耕地を灌漑するものであったと考えられる。そして和田盆地の用水路網は，大治 2 年の立券後，徐々に整備されていったと思われる。

このように，日前宮は和田川両岸の不安定な塩入荒野を可耕地とし，荘園化していったと考えられる。開発にあたっては，律令期を 200 年余り過ぎているが，周辺地域と調和する条里型地割を踏襲した土地区画を施工して耕地管理を行ったものと思われる。これらについては，異論も多いと思われるが，古代史・中世史研究の諸賢のご批判・ご意見を仰ぎたい。

和歌山平野では，塩除堤が築堤された結果として，和田川旧河道が締め切られ和田川が現流路に一本化された。その締め切られた旧河道は，現在，宮井の中溝用水路として利用されている。

和田川下流の塩除堤については，その土木的な工法等がまったくわかっていない。しかし，河川の両岸を連続堤防で囲み，河道を直線化して，両岸の低湿地を干拓する土地開発方法は紀州流の土木技術と類似するように思われる。

和田盆地の開発については，今後の松島本渡線の発掘調査等の成果をみて考察することとしたい。

56　第3章　和歌山平野南部の地形と土地開発

(注)

(1) 本稿では，以下『和歌山市史』第4巻から引用する．なお，和歌山市立博物館の常設展示室中世のコーナーには，同史料のレプリカを展示している．

(2) 和歌川下流域の低地に対して，近年「安原盆地」の名称を用いる論文もみられるが，これまでの論文や『和歌山市史』第1巻（p.29）が「和田盆地」を採っていることから，本稿では「和田盆地」を統一して使用する．

(3) 本稿では，おもに空中写真判読に基づいて地形を分類し，堆積物の粒度分析等は行っていないので，河口州・旧中州・ポイントバーを含め，形態的に微高地を総称して，自然堤防と表記している．

(4)「川成」は，田畠等であったところが洪水によって河川敷となったところである．ここでは，開発当初に和田川の流路を固定してから干拓地を造成したと考えられ，新たに「川成」となることは少なかったと思われる．

(5) 野田（2006b）は，「新堀」は中溝に連なる「和田川北岸から安原盆地内へ流入する堀」とし，その場所は2カ所とも小字九反田に比定している．しかし，「溝」ではなく「新堀」が2カ所あるだけで，中溝につながるとは思われない．そこは現和田川南岸に沿った場所で，破堤時に形成される押堀の可能性がある．押堀は，伊藤（1987）の詳しい報告があるが，河川堤防では用水の取入口や旧河道の部分などが破堤しやすく，その箇所に形成された破堤地形である．栃木県の小貝井（利根川支流）下流域の押堀には字絵図に「新堀」と記されている．小字九反田の「新堀」は，中溝のフキビが河床や堤防の下に埋設されている箇所で破堤が起きやすく，そのため形成された可能性がある．

(6)「北籠西坪」では新堤100歩・淵小，「南籠」では新堤半，淵大とあり，新堤は長さが1町（約109m）連続していたと仮定すると，100歩＝109m×3m，半（180歩）＝109m×5.4mで，堤防敷の幅は3〜5.4mと，和田川本流としては小規模なものになる．

(7) 和田付近の微高地について，今回は堆積物の分析を行っていないが，松島本渡線付近の発掘調査の際には土壌分析を行って，その起源を判明したい．

(参考文献)

伊藤安男（1987）：破堤地の歴史地理学的研究ーとくに押堀を中心にー．菊池万雄先生古稀記念論文集『災害の地理学』古今書院，223-234.

紀の川左岸土地改良区（1993）：「紀の川左岸土地改良区管内図」.

海津一朗編（2006）：『和歌山平野における荘園遺跡の復元研究』，p.385.

中野榮治（1996）：和田川周辺．紀の川水の歴史街道編集委員会編：『紀の川ー水の歴史

街道－』建設省和歌山工事事務所, 390-394.

日下雅義（1980）:『歴史時代の地形環境』古今書院.

小賀直樹ほか（1970）:「近畿自動車道和歌山線関係遺跡第1次発掘調査概報」和歌山県教育委員会.

小賀直樹・吉田宣夫（1971）:「昭和45年阪和高速道路遺跡発掘調査概報」和歌山県教育委員会.

薗田香融（1967）:岩橋千塚と紀伊国造. 末永雅雄ほか編:『岩橋千塚』和歌山市教育委員会.

中野榮治（1989）:和田川流域の条里と開発.『紀伊国の条里制』古今書院, 144-150.

日本の地質『近畿地方』編集委員会（1987）:『日本の地質6 近畿地方』共立出版, 70-75.

額田雅裕（1987）:太田城付近の地形環境. 和歌山市立博物館研究紀要, 2, 24-41.

額田雅裕（1994a）:鳴神V遺跡の地形環境.「鳴神V遺跡発掘調査概要報告書」和歌山市教育委員会, 49-52.

額田雅裕（1994b）:泉佐野平野の地形とその変化. 和歌山地理, 14, 31-44.

額田雅裕（1998）:井上本荘絵図の水系と地形表現. 和歌山市立博物館研究紀要, 12, 29-50.

額田雅裕（2004）:慶安三年賀勢田荘絵図に画かれる灌漑用水と耕地の立地環境. 和歌山市立博物館研究紀要, 18, 56-68.

野田阿紀子（2006a）:中世日前宮領の研究－百姓と職能民の世界－. 海津一朗編:『和歌山平野における荘園遺跡の復元研究』, 9-13.

野田阿紀子（2006b）:中世雑賀の塩入荒野開発－日前宮領和太荘の堰堤・新溝－. 和歌山地方史研究, 51, 1-19.

野田阿紀子（2006c）:日前宮所蔵「諸国奉分畠別当注文」. 和歌山大学紀州文化史経済史研究所紀要, 27, 57-65.

和歌山県史編さん委員会（1983）:吉礼貝塚.『和歌山県史』考古資料, 420-421.

和歌山県文化財センター（2012）:「神前遺跡現地説明会」資料.

和歌山市史編さん委員会（1977）:紀伊国在庁官人等解案. 紀伊国在庁官人等陳状案.『和歌山市史』4, 207-209, 242-244.

第4章 南部平野における地形面の区分について

1. はじめに

　筆者は，これまでおもに沖積平野の発達史および古地理の変遷について調査・研究してきた。それは濃尾平野や大阪平野という大規模な沈降性の平野を中心に行ってきたものである。濃尾平野では微地形が重なり合い，平野が前進する型で平野が発達している。また，大阪平野ではラグーンを埋積する型で平野が形成されている [1] が，山麓には沖積段丘が認められる [2]。一般に，大規模な沈降性の平野においては沖積段丘がみられないといわれるが，大阪平野の例をみてみると，一概にそうとはいえないようである。

　一方，和歌山県内の主要な平野をみると，前面にまず砂州が形成され，その背後のラグーンを埋積する型で平野が形成されてきていることに気がつく。そして，田辺平野においては沖積面の段丘化が報告されている [3] ほか，和歌山平野においても，筆者は本流性の沖積段丘を確認している [4]。このようにしてみると，大河川の形成した平野だけでなく，わが国に普遍的な中小河川の形成した平野において微地形や平野の形成過程を調査しておく必要があると考えられる。

　南部平野においては，こうした沖積段丘が知られていなかったように，沖積段丘の形成は，完新世後期という比較的近い過去でありながら，従来あまり研究されてこなかった。その研究は完新世後期の地史を明らかにするだけではない。沖積段丘の形成は人類の居住や耕作に強い影響を及ぼしているため，その研究意義は高いと考えられる。南部平野は，わが国において一般的な中小河川の下流域に発達する平野であり，かつ紀伊半島西海岸における模式的な平野の形成過程を示すものと思われる。

　以上の点から本章では，南部平野における地形面の区分と条里型土地割の分布について報告し，平野の地形発達・古地理の変遷を考察したい。

2. 地域の概観

　和歌山県は，山地・丘陵の占める割合が非常に高く，全体の95％以上に達する。県の最北部には，わが国第1級の断層である中央構造線が東西方向に連続しており，それは北側の内帯と南側の外帯とに西南日本を2つに区分している。地質構造はその中央構造線に平行する帯状構造を呈している。すなわち，中央構造線の北側には中生代白亜紀の和泉層群が分布し，その南側は古生代の三波川帯，秩父累帯とつづいて，仏像構造線を挟んでさらに南側は，中生代白亜紀の日高川帯，白亜紀から新生代始新世の音無川帯（印南累層），古第三紀と後期中新世とからなる牟婁帯が，北から南へ順に配列している。外帯における地質は北側ほどその年代が古く，南側ほど新しい。

　南部平野の周辺における地質 [5] は，北部および西部の山地が白亜紀の印南累層，東部の南部梅林付近の山地・丘陵が古第三紀の牟婁層群，海岸部における南部川両岸の丘陵が新第三紀の田辺層群となっている。

　和歌山県内の平地は，紀ノ川，有田川，日高川，南部川，会津川，富田川の河口といった，海岸地帯にわずかに認められるにすぎない。そうした中で南部平野は，南部川が形成した県内で数少ない沖積平野の1つである。

　調査対象とした地域は，海岸部では南部川右岸の目津崎から左岸の埴田に至る海岸地域，およびそこから上流側へ西本庄・五味付近にある狭窄部までの沖積平野とした。本稿ではその範囲を南部平野とする。

　南部平野は，南部川がほぼ北から南へ流下するが西に片寄って流れているため，右岸は狭く左岸は広くなっている。河口部には南東から北西へ砂州が発達している。前述の紀伊水道に面した各河川の海岸部では，砂州が北西から南東へ形成されており，南部平野とはまったく逆方向になっている。それは沿岸流の方向が逆のためである。南部平野はその砂州の背後に抱かれたラグーンを埋積する型で発達してきたと考えられる。

3. 地形面の区分

南部平野は，おもに南部川によって形成された沖積平野である。この平野は南西側を紀伊水道に臨み，海岸部には砂州などの海成・海岸地形が見られるが，ここでは一括して南部平野の地形として扱うこととする。

地形面の区分は，国土地理院発行の 1970 年および 1982 年の 2 万分の 1 空中写真を判読して予察図を作成し，現地調査によってこれを補った。その際，2,500 分の 1 国土基本図より作成した 1m 等高線図（図 4-1）などを基にして，微地形の標高・連続性・比高などを地形面区分の指標とした。このようにして，南部平野の沖積面を 2 面に区分し，9 つの地形に分類した。そうして，図 4-2 の地形面区分図を完成させた。以下に，各地形面・微地形について，簡単な説明を加えておくことにする。

段丘は，左岸では南部川村（現：みなべ町）中島・南部町（現：みなべ町）東吉田付近など，右岸では南部川村野原・前谷などに断片的に分布するにすぎない。段丘の形成時期はよくわかっていないが，同面は米倉伸之（1968）[6] のいう紀伊半島西岸の低位段丘 II 面ないし III 面にあたると思われる。

（1）沖積 I 面

沖積 I 面は上位面と下位面とに区分できる。

上位面はかつての砂州と考えられる。同面はラグーンの前面に形成されたもので，埴田から北西へ南部湾の湾口を塞ぐように発達していたと思われるが，現在，南部川の河口部分は侵食されて残っていない。砂州の幅は 500m 以上とかなり広い。標高は 6 ～ 7m を示すが，かなりフラットな面となっている。それは，同面上に南部町の市街地が広がっているため，平坦化されたものと思われる。紀伊半島西岸の砂州は，前述したとおり，一般に北西から南東の方向へ形成されているが，南部湾では反対方向を示し，南東から北西へ伸びている。

下位面は，おもに南部川左岸の五条から南へ徳蔵の田中神社付近にかけて広く分布するほか，右岸の西本庄付近にもまとまって認められる。左岸のそれは，標高 15 ～ 5m の南南西へ傾斜した地形面である。その平均勾配は約 4.1‰とかなり

第4章 南部平野における地形面の区分について

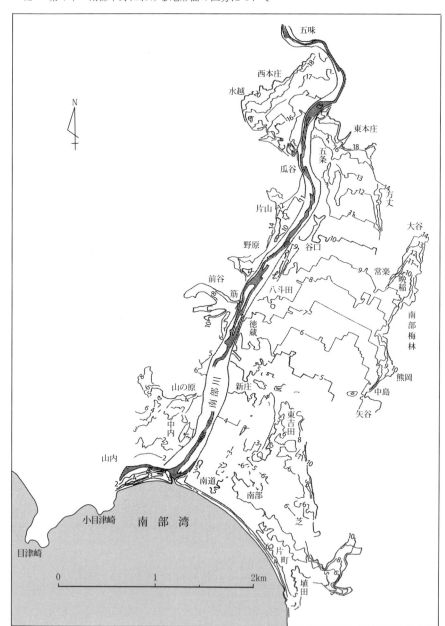

図4-1 地域概念図（1m等高線図）

3. 地形面の区分　63

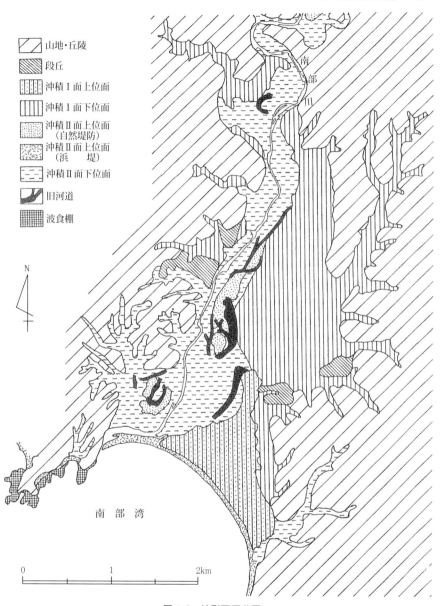

図 4-2　地形面区分図

64 第 4 章 南部平野における地形面の区分について

急傾斜を示す。同面上には条里型土地割 [7] が全面にわたって検出される。しかし，旧河道や自然堤防はまったく認められず，同面はラグーン性の堆積面と考えられる。右岸の下位面は，標高約 20 〜 16m の南東へ傾斜した扇状地性の地形面で，末端部を南部川によって侵食されている。同面上には条里型土地割は認められない。

(2) 沖積Ⅱ面

　沖積Ⅱ面は上位面と下位面とに区分される。

　上位面はさらに海成の浜堤と河成の自然堤防とに区分できる。前者は，南部川の河口部に発達した浜堤である。南部川は前面をそれに塞がれているため，ほぼ直角に右折し，小目津崎の方へ流れている。その標高は 2 〜 4m である。南部町南道では，沖積Ⅰ面上位面と沖積Ⅱ面上位面（浜堤）との比高が約 3m あり，急傾斜面をもって接している。後者の自然堤防は発達があまり顕著ではなく，島状に分布する。上位面（自然堤防）と下位面（後背低地）との比高はすべて 2m 以下と小さい。上位面（自然堤防）には谷口・八斗田・徳蔵・新庄などの集落が立地している。南部平野における集落の立地は，沖積Ⅰ面下位面にはほとんど見られず，沖積Ⅰ面上位面や沖積Ⅱ面上位面（自然堤防），段丘の縁辺，丘陵と平野との傾斜変換点付近に限られている。それは，沖積Ⅰ面下位面が水田等に利用され，丘陵の斜面が梅等の果樹園となってきたためであろう。

　下位面は，現河道に沿う細長い後背低地と，砂州や浜堤の背後に形成される潟性低地に区分されるが，図 4-2 には一括して示した。

　旧河道は現河道にほぼ並走しており，ほとんどが南流している。その幅はおよそ 20 〜 40m あり，明瞭な凹地をなしている。旧河道の間には上位面（自然堤防）が島状に分布する。

　南部湾に面しては，目津崎付近などに波食棚（wave cut bench）などの海岸地形が形成されている。今回は海岸部の侵食地形について十分調査することができなかったので，詳細は改めて報告することにしたい。

4. 条里型土地割と沖積段丘

　1982 年撮影の 2 万分の 1 空中写真から，およそ 1 町（約 109m）四方の方格地割を示す道路・水路・畔畔などを抽出し，1 万分の 1 地形図上に投影した。このようにして図 4-3 の条里型土地割分布図を作成した。

　それによると，条里型土地割は正方位を示さず，方位が N30ºE を示す。それは，地形面の最大傾斜方向とほぼ一致する。条里型土地割は東西 10 町余，約南北 20 町にわたって認められるが，南部川村の方丈以北においては検出されない。坪並等の復原について中野榮治（1982）[8] は，南部平野には整然とした条里型土地割が遺存するが，数詞坪名と文献を欠くため困難であるという。したがって，その施行時期等についてはよくわかっていない。

　条里型土地割の分布傾向をみると，南部川に沿っては条里型土地割が分布せず，シャープな形で河川に削られた形態を示している。そこで，図 4-2 の地形面区分図と対照して，沖積段丘と条里型土地割との対応関係を考察してみた。そうすると，左岸の沖積 I 面下位面と条里型土地割の分布・残存とはほぼ一致し，両者には非常に密接な関係があることがわかる。すなわち，条里型土地割は本流からみて段丘化した地形面にのみ分布することになる。

　こうした沖積段丘面と条里型土地割との関係を最初に論じたのは，高木勇夫（1970）[9] である。それによると，茨城県の久慈川下流域では形成時期を異にする沖積面が 3 面に区分され，条里型土地割はそのうち最上位面にのみ分布するという。そして，日本各地の沖積平野を検討した結果，沖積面は同様に 2 〜 3 面に区分でき，条里型土地割は主として最上位面に分布する傾向が見出せる [10]。南部平野では沖積面が 2 つに区分され，そのうち上位面にのみ条里型土地割が認められることから，類似した傾向が認められるとみてよかろう。

　海水準変動の研究からは，6,000 年 B.P. ころの高海水準と 2,000 年 B.P. ころの低海水準が，日本においてかなり一般的な現象として認められるという [11]。また，発達史的な地形分類を行った臨海沖積平野における研究報告 [12] では，縄文海進によって形成された地形面が共通して認められることから，南部平野における沖積 I 面上位面は縄文海進の最高位海水準に対応して形成された地形面，同下位面

第4章　南部平野における地形面の区分について

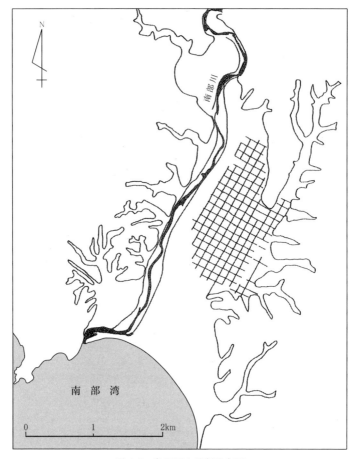

図 4-3　条里型土地割分布図

はその背後に形成されたラグーンを埋積した地形面と一応推定することができる。

5. おわりに

　本稿では，南部平野における微地形について述べ，地形面と条里型土地割との関係を論じた。その結果，以下のことが明らかとなった。
　南部平野は，平野の前面を砂州に塞がれて形成されたラグーンを埋積する型で

形成された。沖積Ⅰ面は，上位面（砂州）と下位面（ラグーン性低地）とに区分される。縄文海進以降，相対的に海面が低下し，南部川によって開析されたため，同面は段丘化した。その後，現在の海水準に対応する沖積Ⅱ面が形成された。同面は上位面（自然堤防・浜堤）・下位面（後背低地）・旧河道に区分される。そのうち，条里型土地割の分布は方丈から徳蔵付近にかけての沖積Ⅰ面下位面に限られる。

　本稿では，地形の形成時期をユースタシーとの関係によって，日本各地の沖積段丘の形成時期からみた推定で論じてきた。しかし，これはあくまで推論でしかないので，南部平野において沖積層を発掘調査などで露頭観察し，^{14}C 年代測定試料を採取して絶対年代を明らかにしたい。こうした沖積平野の形成は海水準変動と密接な関係があり，今後は沖積平野と海岸地形の両方を兼ね備えた地域において調査研究を行うことが肝要である。

　また，条里型土地割は沖積段丘面にのみ分布することが多いことから，地形面区分をするにあたって氾濫原面と沖積段丘面とを区分する基準として応用することができないか，他の平野においても検討を重ねていきたいと考えている。

（注および参考文献）

(1) 大矢雅彦や海津正倫らの研究は，微地形の組み合わせのタイプから沖積平野の区分・類型を試みている．それらは日本の代表的な平野を対象としている．筆者は，それらは有効な方法と評価しているが，まず第1に平野の前面に砂州が形成されるか否か，次いで平野の地盤運動の様式が，海水準変動の安定した後期完新世における平野の発達過程に最も影響を与えるのではないかと考える．また，中小河川の形成した平野をも対象としていかなければならないが，ここでは詳述を避け，あらためて論及したい．

　　大矢雅彦（1971）：沖積平野の類型に関する試論．早稲田大学教育学部学術研究，20，53-64．

　　大矢雅彦（1973）：沖積平野における地形要素の組合せの基本型．早稲田大学教育学部学術研究，22，23-43．

　　海津正倫（1981）：日本における沖積低地の古地理．愛媛大学教育学部紀要自然科学編1，39-79．

　　海津正倫（1981）：日本における沖積低地の発達過程．地理学評論，54，142-160．

(2) 山川雅裕（1986）：大阪府・砂遺跡の立地環境．1986 年度人文地理学会大会研究発

68　第4章　南部平野における地形面の区分について

表要旨，54-55.

(3) Mii, H.（1962）: Coastai geology of Tanabe Bay. *Sci.Rep.Tohoku Univ.*, 2nd Ser.（Geol.），Vol.34，1-93.

　　Takahashi, T.（1973）: Formation and Evolution Shore Platforms around Southern Kii Peninsura. *Sci. Rep. Tohoku Univ.*,7nd Ser.（Geogr.），Vol.23，63-89.

　　長沢良太（1982）:紀伊田辺平野における先・原史時代の遺跡立地とその古地理. 人文地理，34，276-287.

　　長沢良太（1983）:田辺湾沿岸の海岸地形の形成過程と後期完新世海面変化. 東北地理，35，11-19.

(4) 額田雅裕（1987）:太田城付近の地形環境－太田城水攻めとその周辺の地形に関する地理学的再検討－. 和歌山市立博物館研究紀要，2，24-41.

(5) 地質については，内外地図発行の20万分の1「和歌山県地質図」と，徳岡・原田・鈴木・八尾共編20万分の1地質図「田辺」地質調査所1982などによる.

(6) 米倉伸之（1968）:紀伊半島南部の海岸段丘と地殻変動. 地学雑誌，77，1-23.

(7) 条里型土地割とは，大化の改新後において口分田班給のために施行された条里制による耕地区画の遺制とは必ずしも限らない.

(8) 中野榮治（1982）:紀伊半島南部の条里制. 立命館大学文学部地理学教室・立命館大学地理学同攷会編:『地表空間の組織』古今書院，243-253.

(9) 高木勇夫（1970）:沖積平野の微地形と土地開発－茨城県久慈川・那賀川下流域－. 日本大学自然科学研究所研究紀要，5，55-70.

(10) 高木勇夫（1975）:河内平野における条里地域の自然立地基盤について. 日本大学自然科学研究所研究紀要，10，19-30.

　　高木勇夫（1975）:関東地方における河川下流域の地形面と条里について.『日本大学地理学科五十周年記念論文集』，91-101.

　　高木勇夫（1977）:沖積平野の地形面に関する若干の考察. 日本大学自然科学研究所研究紀要，12，51-63.

　　高木勇夫（1979）:沖積平野の地形面分類に関する整理と検討. 日本大学自然科学研究所研究紀要，14，21-30.

　　高木勇夫（1985）:『条里地域の自然環境』古今書院.

(11) 井関弘太郎（1978）:日本における海水準変動の展望. 地理学評論，51，188-195.

(12) 海津正倫（1976）:津軽平野の沖積世における地形発達史. 地理学評論，49，714-735.

　　貞方　昇（1976）:足柄平野の地形，特に沖積段丘について. 地理科学，24，9-17.

阿子島　功（1977）：低地の微地形と海水準変動（1）－宮城県南部白石川沿岸低地の自然堤防様微高地と縄文期以降の海水準変化－．徳島大学学芸紀要（社会科学），26，17-34.

阿子島　功（1978）：低地の微地形と海水準変動（2）－吉野川下流平野および四万十川河口平野－．地理学評論，51，643-661.

高橋　学（1979）：先史・古代における雲出川下流域平野の地形環境．人文地理，31，54-68.

高橋　学（1982）：淡路島三原平野の地形構造．東北地理，34，138-150.

長沢良太（1979）：房総半島夷隅川沖積平野の地形発達史．立命館文学，412-414，124-146.

長沢良太（1983）：田辺湾沿岸の海岸地形の形成と後期完新世海面変化．東北地理，35，276-287.

第5章　南部平野の地形と条里型地割

1. はじめに

　南部平野には，南部川右岸から古川流域にかけて条里型地割が整然と分布する。
同遺構は従来，漠然と古代の水田区画としてとらえられてきたが，その起源については十分に明らかにされてこなかった。平成10年（1998）度，和歌山県文化財センターによって行われた徳蔵地区遺跡の発掘調査では，鎌倉時代と15～16世紀の水田跡が検出され，条里型地割の起源は少なくとも中世前期まで遡れることがわかった。しかし，今のところ古代にまで遡らせることはできないと考えられる。南部平野には承安5年（1175）に成立した高野山領南部荘が所在し，条里型地割は高野山勢力による中世の開発によって施行されたとも推定できる。

　地形学の立場からみると，条里型地割は特定の地形面にのみ限られて分布する場合のあることが知られる（高木，1985）。同地割は，一般に現在も河川の氾濫が可能で侵食・堆積が起こる沖積低地面上にはあまりみられず，段丘化した地形面上に広範に分布するようである。そこで，筆者は本稿において南部平野における地形と条里型地割との関係，遺跡の立地環境等を明らかにしたい。

2. 南部平野周辺の地形分類

　南部平野およびその周辺の地形は，図5-1に示したとおりである。本稿では，沖積平野の地形についてのみ記載し，山地・丘陵，河岸および海岸段丘，波食棚等の地形については，その記載を省略する。

　南部平野はおもに南部川が形成した沖積平野であるが，地形の標高・連続性・比高などから，沖積面は2つに区分される（額田，1987）。古い上位の地形面を完新世段丘面，それより新しい時期に形成された下位の地形面を沖積低地面とする。

72　第5章　南部平野の地形と条里型地割

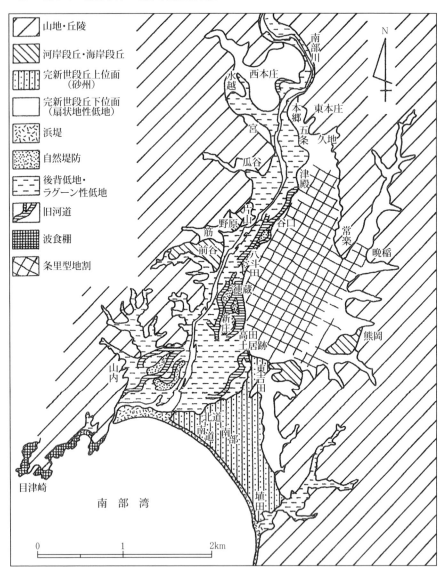

図 5-1　南部平野の地形分類図

(1) 完新世段丘面

完新世段丘面は，上位面と下位面とに区分される。

上位面は，南部町（現：みなべ町）埴田から北西へ延び南部湾の湾口を塞ぐ，かつての湾口砂州と考えられる。紀伊半島西海岸では平野の前面に砂州が形成され，その背後に抱かれたラグーンを中小河川が埋積する形で平野が発達してきたところが多い。砂州は，そのほとんどが北西から南東方向に延びているが，南部平野ではその反対方向に発達している。その標高は 6 ～ 7m（額田，1987，1m等高線図参照）で，最大幅は 1km 余と広大である。

上位面の形成時期は，南部平野において絶対年代の測定結果が得られていないので明らかではないが，南隣の田辺平野（長澤，1982）や全国的な砂州の形成時期から判断すると，今から約 5,000 年前頃の縄文海進頂期の最高海水準に対応してその基礎が形成された地形面と考えられる。

南部町北道の上位面（砂州）上には三鍋（南部）王子社が位置し，その南側を熊野古道が南東に走っている。熊野古道はそこから 2 つに分岐し，海沿いのルートは北道から埴田まで砂州の頂部を通過している。山越えのルートは，三鍋王子社から 150m ほど東で左に折れ，北道から同町東吉田まで同様に砂州上を通り，完新世段丘下位面・河岸段丘面をへて灰坂峠を越える。

下位面は，上位面の背後，南部川左岸の南部川村（現：みなべ町）五条から同村徳蔵の田中神社付近にかけて広く連続して分布する。その標高は五条で約 15m，田中神社で約 5m となっており，同面は南南西方向に傾斜する。その平均傾斜は約 4.1‰と，沖積面としてはかなり急勾配をもつ地形面である。同面の表層地質をみると，地表面下 1 ～ 3m には砂礫層があり，それを粘土層および砂質シルト層が覆っている。同面には，旧河道や自然堤防がまったく認められない。これらの特徴から，同面はかつての扇状地性低地と考えられる。

南部川左岸の扇状地性堆積面には，条里型地割が全面にわたって検出される。同面の段丘崖沿いには南部川村本郷，五条，久地，津殿，谷口の集落が連続的に分布するが，その背後の扇状地性堆積面には集落がまったく立地せず，専ら水田として利用されている。

南部川右岸では下位面の分布が断片的で，その面積のほとんどが南部川村西本

庄，水越，宮，瓜谷，片山，野原，筋の集落によって占められている。このこと
は，左岸と比べて極めて対照的である。

(2) 沖積低地面

　沖積低地面は，南部川等が完新世段丘面を侵食した河谷に形成した堆積面で，
上位面と下位面とに区分される。

　上位面は，さらに海成の浜堤と河成の自然堤防とに細分される。

　浜堤は波浪の大きな海岸において，波によって打ち上げられた砂礫が堤状に堆
積した地形である。完新世段丘上位面（砂州）の前面や南部川の河口部では，標
高 2 〜 4m に発達する。南部町南道における完新世段丘上位面と浜堤との比高は，
約 3m である。

　自然堤防は島状に分布し，顕著な発達をみない。それと下位面（後背低地）と
の比高は 2m 以下であるが，南部川村八斗田・徳蔵・新庄などでは自然堤防上に
集落が立地する。

　下位面は，さらにラグーン性低地と後背低地とに細分される。

　ラグーン性低地は，砂州の背後に形成されたラグーンが南部川等によって埋積
されてできた，標高 2 〜 4m の低地である。

　後背低地は，南部川沿いの自然堤防背後に形成された細長い低地で，標高は
4m 以上である。

　旧河道は，南部川左岸に多く，現河道に並走して分布する。その幅は 20 〜
40m で，明瞭な凹地を形成している。旧河道間には自然堤防が島状（中州状）に
形成されている。

3. 南部平野の条里型地割

　国土地理院発行の 2 万分の 1 空中写真（1982 年撮影）を観察すると，南部川
左岸の完新世段丘面には広く条里型地割が検出される。同面上には自然堤防な
ど微高地が認められず，条里型地割は圃場整備をした後のように整然としており，
ほとんど乱れがなく残存している。しかし，南部川左岸の自然堤防沿いや南部川
村東本庄，同村晩稲付近の古川沿いには条里型地割の撹乱が若干だけ認められる。

中野（1989）は，当地域の条里型地割を南部条里区と呼び，「数詞地名を欠くが整然とした条里地割が残存」し，「『和名抄』の南部郷に比定できる条里区」とした。しかし，現段階では，この条里型地割の起源は鎌倉時代までしか遡ることができないことは前述したとおりである。その規模は東西10町余，南北約20町で，173町が認められるという。その付近は通称「八丁田圃」と呼ばれ，広大な耕地が広がることが知られるが，八町四方よりはるかに規模は大きい。坪内地割は，長地型とその変形をとっている。条里型地割の阡陌はN30°Eと傾いているが，これは地形面の傾斜方向と調和するものである。坪名は南部川村に10カ所，南部町に3カ所が残存するが，数詞地名が遺存していないので条里界線の復原は困難であるという（中野，1989）。

南部川左岸の完新世段丘面には，整然とした条里型地割がほぼ全面的に残存し，一町方格地割内にはほぼ1つの小字名が残っている。これらの土地区画・地名は，是非とも保存すべき文化財と考えられる。

4. 遺跡の立地と地形環境

南部平野における中世以前の遺跡は，ほとんどが完新世段丘面に立地している。ここでは，南部川村徳蔵の徳蔵地区遺跡と南部町気佐藤の高田土居遺跡を取り上げる。

徳蔵地区遺跡からは，弥生前期の竪穴式住居跡，弥生後期と鎌倉時代（13世紀）の水田跡などが検出された。同遺跡は現在，完新世段丘下位面に位置している。一般に縄文海進頂期の海面に対応して形成された完新世段丘面は，その直後の海退期に段丘化したと考えられているが，南部平野では弥生前期の竪穴式住居跡が立地する調査区⑤の微高地のすぐ東側から，南部川の旧河道幅とほぼ同じ川幅をもつ河川流路跡が検出されることから，完新世段丘面は当時まだ段丘化していなかったと推定される。条里型地割は調査区①・②で検出された鎌倉時代の畦畔の方向と一致し，その起源は少なくとも鎌倉時代まで遡ることが発掘調査の結果としてわかった。また，完新世段丘下位面は，堆積量が少なく鎌倉時代には段丘化した，安定した地形面になっていたと推測される。

現在の集落は，沖積低地面の自然堤防のほかに，完新世段丘上位面（砂州），

76　第5章　南部平野の地形と条里型地割

段丘面，丘陵と沖積平野の地形変換点付近に分布し，条里型地割が分布する完新世段丘下位面および自然堤防以外の沖積低地面にはほとんどみられない。弥生時代の住居跡が検出された徳蔵地区遺跡は現在の完新世段丘下位面に位置するが，同遺跡は当時の氾濫原（沖積低地）の微高地に立地したものと考えられる。

　中世在地領主の城館跡，高田土居遺跡も完新世段丘下位面の南端付近の標高約5mに位置する。堀を含めた同遺跡の範囲は，空中写真から判読すると，東西約90m，南北約70mの長方形で，土地の区画は条里型地割の方向と一致する。ただし，東堀の外側の線は条里型地割を区画する境界線にほぼあたるが，その他は境界線に合致しない。堀幅はすべて約10mである。北部と東部の堀跡は完新世段丘面に掘削されているが，南部と西部の堀跡は沖積低地面に形成されている。城館跡の区画は，きれいに整形されており，その南西部は盛土地の可能性がある。高田土居遺跡は，扇状地性低地が段丘化した地形面（完新世段丘面）の末端に位置することから，扇端のように湧水が豊富で，当時ラグーンの港に面していたと考えられ海陸の交通の結節点にあたるなど，城館としてすぐれた立地条件を備えていたものと思われる。

5.　完新世段丘面の段丘化の時期

　高田土居遺跡は完新世段丘面末端の地形を利用して立地しており，野辺氏が長禄～寛正（1457～66年）頃に建てた城館跡であるということからみて，完新世段丘面は遅くとも15世紀中頃には段丘化していたと考えられる。次に条里型地割の分布・残存状況をみると，同地割は南部川左岸の完新世段丘下位面に限られ，南部川沿いの沖積低地面にはまったく分布していない。このような条里型地割と地形面との対応関係が認められるのは，次の3通りの形成過程が考えられる。①条里型地割は南部平野の全体に施行されたが，施行後まもなく南部川の下刻作用によって沖積面が段丘化したため，その後に形成された沖積低地面には同地割がみられず，完新世段丘面にだけ残存する。②条里型地割の施行当時，完新世段丘面はすでに段丘化しており，南部平野全体に条里型地割が施行された。その後，沖積低地面は河川の侵食作用を受けて同地割が消失したが，完新世段丘面のものは侵食されずに残った。③完新世段丘面の形成後，条里型地割は完新世段丘面に

のみ施行されたため，同面にだけ分布する。いずれも，完新世段丘面は段丘化後に条里型地割を掻き乱すような南部川の氾濫をほとんど受けなかったものと思われる。

　条里型地割は完新世段丘面の段丘化以前に施行されたのか，段丘化以降に施行されたのかは重要な問題である。しかし，筆者はこれまでに南部平野における発掘調査の現場において地層を直接観察することができなかったので，今後，徳蔵地区遺跡等において発掘断面を観察・調査しなければ，完新世段丘の形成時期は解明できないと考えている。作業途中の仮説として，筆者は条里型地割が完新世段丘下位面の末端においてシャープな形で削られたような形態を示すことから，①のように同地割は南部平野の全体に施行されたが，その後の段丘化によって沖積低地面が形成され，完新世段丘面にだけ残存したと推定している。そうすると，完新世段丘面は条里型地割の施行後，高田土居遺跡の立地までの間に形成されたことになる。

　田辺平野では沖積面が 3 面に区分されたが，南部平野では 2 面にしか区分できなかった。後者の完新世段丘上位面は全国的な砂州の形成時期からみて約 5,000 年前の縄文海進頂期に対応して形成された地形面と考えられるが，同下位面の段丘化の時期は中世前期頃と推定される。このギャップは，本来 2 面に細分される完新世段丘面が，南部平野では 1 面にしか区分できないことにあると考えられる。その原因は，南部平野が小規模で地形面が未分化なためと，完新世段丘 II 面の時期の堆積物が同 I 面を覆って堆積したためとの 2 通りが考えられる。今後の詳細な調査によっては，地形面が細分できる可能性もある。

6.　今後の課題

　今後は南部平野の発掘調査現場において，微地形・沖積層の露頭観察を行い，地表面の条里型地割の施行時期，それに先行する埋没条里の有無およびあるとすればその時期を ^{14}C 年代などの絶対年代でおさえたい。さらに，遺構・遺物と層序との関係からも完新世段丘面の形成時期をとらえる必要がある。また，高速道路・インターチェンジの建設によって地形や景観が大きく改変される前に，現存する灌漑水利系統の調査を行い，完新世段丘面の段丘化に伴う灌漑システムの変

化などを緊急に調査しておかなければならない。今後に残された課題は多いと思われる。

（参考文献）

高木勇夫（1985）：『条里地域の自然環境』古今書院.

長澤良太（1982）：紀伊田辺平野における先・原史時代の遺跡立地とその古地理. 人文地理, 43(3), 84-95.

長澤良太（1983）：田辺湾沿岸の海岸地形の形成過程と後期完新世海面変化. 東北地理, 35(1), 11-19.

中野榮治（1982）：紀伊半島南部の条里制.『地表空間の組織』古今書院, 243-253.

中野榮治（1989）：『紀伊国の条里制』古今書院.

額田雅裕（1987）：南部平野における地形面の区分について. 和歌山地理, 7, 37-43.

額田雅裕（1997）：田辺平野・芳養平野の地形. 田辺市史研究, 9, 1-21.

和歌山県文化財センター（1990）：『和歌山県埋蔵文化財包蔵地所在地図』.

渋谷高秀ほか編（2005）：『徳蔵地区遺跡－近畿自動車道松原那智勝浦線（御坊－南部）建設に伴う発掘調査報告書』和歌山県文化財センター.

第6章 南部平野の地形と沖積層

　本稿では，徳蔵地区遺跡が立地する南部平野の地形と地質を中心に述べることにしたい。なお，本稿に出てくる地名はとくに記載のない限り和歌山県日高郡みなべ町のもので，煩雑になるので同町名は省略する。

1. 南部平野の地形

　南部平野およびその周辺の地形は，図6-1に示した。

(1) 山地・丘陵

　南部平野は東・西・北を山地に囲まれ，南は南部湾に臨む。平野の東側は高津山（170m）など南部梅林が広がる低い丘陵状の山地で，西側は高田山（222.4m），北側には行者山（422.4m），三里が峰（768.9m），虎が峰（789.5m）などの山々が連なっている。平野の北側・西側の山地および東側の丘陵状の山地は，おもに砂岩・泥岩などからなる始新世前期の音無川層群で構成される。南部川両岸の海岸部における標高50m前後の台地（L1面）を米倉（1968）は最終間氷期（約13万年前）に形成された南関東の下末吉面に対比したが，その地質を日本の地質近畿地方編集委員会（1987）はおもに中新世の海成層である田辺層群からなるとしている。

(2) 海岸段丘・河岸段丘

　段丘面は南部川左岸では中島・東吉田付近など，右岸では野原・前谷など標高15～40mに断片的に分布するにすぎない。その形成時期はよくわかっていないが，同面は米倉（1968）の紀伊半島西岸に位置する低位段丘（L2面・L3面）にあたると思われる。

（3）完新世段丘面

　南部平野は主として南部川が形成した沖積平野であるが，地形の標高・連続性・比高などから，2 つの地形面に区分される（額田，1987，1999）。上位の地形面を完新世段丘面，それより新しい時期に形成された下位の地形面を沖積低地面とする。完新世段丘面と沖積低地面については第 5 章でも述べたが，再掲しておく。

　完新世段丘面は，さらに上位面と下位面とに区分される。

　上位面は，埴田から北西へ延び南部湾の湾口を塞ぐ，かつての湾口砂州と考えられる。紀伊半島西海岸では平野の前面に砂州が形成され，その背後に抱かれたラグーンを中小河川が埋積する形で平野が発達してきたところが多い。そのほとんどの砂州は北西から南東方向に延びているが，南部付近では沿岸流の方向が逆のため，その発達が反対方向となっている。砂州の標高は 6 〜 7m（額田，1987：図 6-1 参照）で，その最大幅は 1km 余と広大である。

　上位面の形成時期は，南部平野において絶対年代の測定値が得られていないので明らかではないが，南隣の田辺平野（長澤，1982，1983）や全国的な砂州の形成時期からみて，今から約 5,000 年前頃の縄文海進頂期の最高海水準に対応してその基礎が形成された地形面と考えられる。

　上位面の北道には三鍋（南部）王子社が位置し，その南側を熊野古道が南東に走っている。熊野古道はそこから 2 つに分岐し，海沿いのルートは北道から埴田まで砂州の頂部を通過する。山越えのルートは，三鍋王子社から 150m ほど東で左に折れ，北道から東吉田まで同様に砂州上を通り，完新世段丘下位面・河岸段丘面をへて灰坂峠を越えている。

　下位面は，上位面の背後，南部川左岸の五条から徳蔵の田中神社付近にかけて広く連続的に分布する。その標高は五条で約 15m，田中神社で約 5m となっており，同面は南南西方向に傾斜している。その平均傾斜は約 4.1‰と，沖積面としてはかなり急勾配の地形面である。同面の表層地質をみると，地表面下 1 〜 3m には砂礫層があり，それを粘土層および砂質シルト層が覆っている。同面には，旧河道や自然堤防がまったく認められない。これらの特徴から，同面はかつての扇状地性低地と考えられる。

　国土地理院発行の 2 万分の 1 空中写真（1982 年撮影）を観察すると，南部川左岸から古川流域にかけての完新世段丘面下位面には条里型地割が広く検出され

1. 南部平野の地形　81

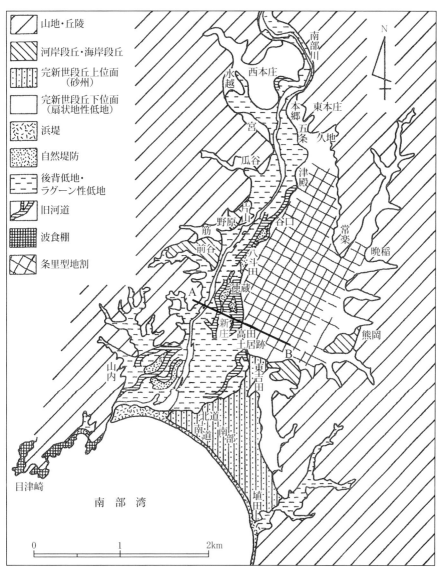

図 6-1　南部平野の地形分類図（額田，1999）

82　第6章　南部平野の地形と沖積層

る。同面上には自然堤防など微高地がほとんど認められず，条里型地割がほぼ全面にわたって乱れなく整然と分布する。しかし，東本庄付近，南部川左岸の自然堤防沿いおよび晩稲付近の古川沿いには条里型地割の撹乱が若干認められる。

　条里型地割の規模は東西10町余，南北約20町で，173町が認められる。その付近は通称「八丁田圃」と呼ばれ，広大な耕地が広がることが知られる。一町方格の地割内にはほぼ1つの小字名が残っており，坪内地割は長地型とその変形をとっている。坪名は旧南部川村域に10カ所，旧南部町域に3カ所が残存するが，数詞地名が遺存していないので条里界線の復原は困難である（中野，1989）。条里型地割の阡陌はN30°Eと傾いているが，これは地形面の傾斜方向と調和する。

　次に条里型地割の分布・残存状況をみると，同地割は南部川左岸の完新世段丘下位面に限られ，南部川沿いの沖積低地面にはまったく分布していない。地形学の立場からみると，条里型地割は特定の地形面にのみ限られて分布する場合のあることが知られ，一般に現在も河川の氾濫が可能で侵食・堆積が起こる沖積低地面にはほとんどみられず，段丘化した地形面に広範に分布するようである（高木，1985）。

　南部平野の条里型地割は，完新世段丘下位面の末端においてシャープな形で削られたような形態を示している。このような条里型地割と地形面との対応関係が認められることから，①条里型地割は南部平野の全体に施行されたが，施行後まもなく南部川の下刻作用によって完新世段丘面が段丘化した，あるいは②段丘化に伴って荒廃した完新世段丘面に灌漑用水を引いて再開発した時に条里型地割が施行されたため，その後に形成された沖積低地面には同地割がみられず，完新世段丘面にだけ残存すると考えられる。

　中野（1989）は，当地域の条里型地割を南部条里区と呼び，「数詞地名を欠くが整然とした条里地割が残存」し，「『和名抄』の南部郷に比定できる条里区」とした。このように，同遺構は漠然と古代の水田区画としてされてきたが，平成10年（1998）度に和歌山県文化財センターによって行われた徳蔵地区遺跡の発掘調査では，鎌倉時代と15～16世紀の水田跡が検出され，条里型地割の起源は少なくとも中世前期まで遡れるが，今のところ古代にまで遡らせることはできないと考えられる（渋谷，1999）。南部平野には承安5年（1175）に成立した高野山領南部荘が所在することから，筆者は現存する条里型地割は高野山勢力による

中世の再開発によって施行されたものと推定する（額田，2002）。

完新世段丘面は，条里型地割の施行後に地割を掻き乱すような南部川の氾濫を
ほとんど受けなかったと思われる。同面の段丘崖沿いには本郷，五条，久地，津
殿，谷口の集落が連続的に分布するが，その背後の扇状地性の堆積面には集落が
まったく立地せず，水田として利用されている。

南部川右岸では下位面の分布が断片的で，その面積のほとんどが西本庄，水越，
宮，瓜谷，片山，野原，筋の集落によって占められている。このことは，左岸と
比べて極めて対照的である。

（4）沖積低地面

沖積低地面は，南部川等が完新世段丘面を侵食した河谷に形成された堆積面で，
上位面と下位面とに区分される。

上位面は，さらに海成の浜堤と河成の自然堤防とに細分される。浜堤は波浪
の大きな海岸において，波によって打ち上げられた砂礫が堤状に堆積した地形で
ある。完新世段丘上位面の前面や南部川の河口部では，標高2～4mに発達する。
南道における完新世段丘上位面と浜堤との比高は，約3mである。自然堤防は島
状に分布し，顕著な発達をみない。それと下位の後背低地との比高は2m以下で
あるが，八斗田，徳蔵，新庄などの集落は自然堤防上に立地する。

下位面は，さらに後背低地とラグーン性低地とに細分される。後背低地は，
南部川沿いの自然堤防背後に形成された細長い低地で，標高は4m以上である。
ラグーン性低地は，砂州の背後に形成されたラグーンが南部川等によって埋積さ
れてできたもので，標高2～4mの低地となっている。

旧河道は，南部川左岸に多く，現河道に並走して分布する。その幅は20～
40mで，明瞭な凹地を残しているものが多い。旧河道間には自然堤防が島状（中
州状）に形成されている。

（5）波 食 棚

波食棚は，安定した海水準のもとで波の侵食作用によって海食崖が削られてで
きた，ほぼ水平の平坦な岩床面で，主として潮間帯に形成される。その形状から，
ベンチ（bench），あるいはプラットフォーム（shore platform）とも呼ばれる。南

84 第6章 南部平野の地形と沖積層

部湾に面しては，目津崎付近などに波食棚などの海食地形が分布している。

2. 南部平野の沖積層

わが国の臨海沖積平野における基本的な沖積層の層序は，形成順に下位から上位へ沖積層基底礫層（BG），沖積下部砂層（LS），沖積中部泥層（MM），沖積上部砂層（US），頂部陸成層（T）となっている（井関，1980）。その堆積時期は，主として BG が最終氷期最盛期（18,000 年 B.P. 以前），LS が晩氷期（18,000 〜 10,000 年 B.P.），MM が縄文海進期（10,000 〜 5,000 年 B.P.），US が 5,000 〜 3,000 年 B.P.，T が 3,000 年 B.P. 以降とされる。BG・LS は更新世，MM・US・T は完新世の堆積層である。

図 6-2 は，近畿自動車道南部地区のボーリング・データに基づいた，前谷から東吉田付近に至る南部平野の地質横断面図である。現在の南部川は西側の山際に沿って沖積層の浅い部分を流れているが，平野の中央部，国道 424 号を境として東側と西側では沖積層の堆積構造が異なっていることがよくわかる。南部平野は直接外洋に面していないので，沖積層が比較的薄い地域で，BG が東側では −20m 以深にあるが，西側ではそれよりも浅く −10m 以深に約 5m の厚さで堆積している。BG 上面を下刻する深い谷地形はみられない。日本道路公団・東建ジオテック（1996）は西側の平坦にみえる BG の堆積面を埋没段丘面としている。そして，国道 424 号の東側では −20 〜 −15m に LS，−15 〜 −5m に MM が堆積しているが，西側では MM が BG を直接覆って −10 〜 −5m 付近に堆積している。西側の層厚は東側の半分程度と薄い。それは，東側では更新世末期から南部平野東部へ海が入ってきたが，西側ではそれより遅れて完新世になってから縄文海進の海面上昇によって浅海底になったためである。

MM 層の上部には −5m 付近に薄いガラス質火山灰層が挟まれているところがある。これは浅海底に二次堆積した火山灰で，層位的にみて南九州の鬼界カルデラから噴出されたアカホヤ火山灰（6,500 年 B.P.）と推定される。MM を覆って砂礫層が約 5m の厚さで堆積している。これは US 期に相当する時期に堆積した砂礫層と考えられる。南部川はほかの河川より砂礫の運搬が活発であったため，南部平野ではほかの平野に発達する US に砂礫が多く混じっているものと思われる。

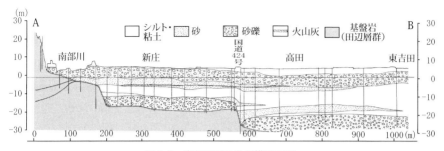

図6-2 南部平野の地質横断面図
『近畿自動車道南部地区第二次構造物基礎調査報告書』，1996より作成．

　図6-2の地質断面図をみると，BGの堆積面の段差ほどではないが，MMとUSの堆積面は国道424号の東側の方が西側より若干低いレベルに位置し，Tの層厚も東側の方が西側より厚い．その原因は，国道424号の地下に推定断層があり，BG堆積後も断層活動が継続しており，その影響がMM・USの堆積にもみられると解することが，西側の堆積面を埋没段丘面とみるよりも妥当と思われる．現在の地表面では，国道424号を挟んで東側が1～2m高く完新世段丘面，西側は相対的に低い沖積低地面となっており，地形が逆転している．

　1つの地質断面図だけでは，この推定断層が活断層かどうか判断できない．また，断層の走向や活動の周期等もわからないが，BGの堆積を約2万年前，垂直変位量を約10mとすると，変位速度は約0.5mm／年となり，活動度がB級の活断層と推定される．その解明には，今後さらに南部平野のボーリング・データを収集・解析する必要があるだろう．

(参考文献)
井関弘太郎（1980）：『沖積平野』東京大学出版会，49-58，71-91．
高木勇夫（1985）：『条里地域の自然環境』古今書院，182-183．
長澤良太(1982)：紀伊田辺平野における先・原史時代の遺跡立地とその古地理．人文地理，34(3)，84-95．
長澤良太（1983）：田辺湾沿岸の海岸地形の形成過程と後期完新世海面変化．東北地理，35(1)，11-19．
中野榮治（1989）：『紀伊国の条里制』古今書院，189-193．

86　第6章　南部平野の地形と沖積層

日本道路公団大阪建設局田辺工事事務所・㈱東建ジオテック（1996）:「近畿自動車道南部地区第二次構造物基礎調査報告書」.

日本の地質近畿地方編集委員会（1987）:『日本の地質6　近畿地方』共立出版.

額田雅裕（1987）:南部平野における地形面の区分について. 和歌山地理, 7, 37-43.

額田雅裕（1999）:南部平野の地形と条里型地割. くちくまの, 115, 44-50.

額田雅裕（2002）:空中写真で方格地割（条里型地割）発見. 和歌山地方史研究, 42, 61-64.

米倉伸之（1968）:紀伊半島南部の海岸段丘と地殻変動. 地学雑誌, 77, 1-23.

渋谷高秀（1999）:発掘された中世水田面. くちくまの, 115, 38-43.

Ⅱ．ラグーン性低地と台地における環境変遷と荘園絵図

第7章　紀伊日高平野北部の地形環境
－紀伊国高家荘絵図の地形学的検討－

1. は じ め に

　日本各地で荘園の立地環境を調査してきた結果，その開発時期と地形には密接な関係のあることがわかってきた [1]。それは，稲作が灌漑用水を必要とし，開発には用水の確保が絶対条件であるので，中世以前の土木技術からみると連続した平坦な土地，すなわち地形面ごとに開発されることが多かったためと考えられる。

　例えば大阪府の泉佐野平野では，下位段丘面に古代の上之郷が位置し，条里型土地割が分布する。そして，中位段丘面には中世前期に井川用水（ゆかわ）が開削され，長滝荘や日根野荘が開発された。上位段丘面では，溜池灌漑による一部の開発が中世以前からあったものの，用水不足のため正和5年（1316）の「和泉国日根野村絵図」には大半が荒野に画かれ，全面的な開発は近世の俵屋新田の開発を待たねばならなかった。また，和歌山県の紀ノ川中流域でも下位段丘面を中心に条里型土地割が若干分布するが，明徳4年（1393）の「紀伊国井上本荘絵図」に示される耕地の大部分は中位段丘面にあたっている。このように，日根野荘や井上本荘付近では，地形面ごとに開発が行われている。すなわち，荘園として新たに開発された所は，古代まで水利の便や土地条件の悪い場所であって，中世の土木技術の発展に伴って開発が可能になった段丘面がその主体と考えられる。

　ところで，条里型土地割の分布をみると，沖積平野のすべてに均等にみられるわけではない。河川の氾濫する低地（広義の氾濫原）では条里型土地割はかき消されて残存しないが，その施行後に段丘化した土地や段丘背後の地域では氾濫から守られて条里型土地割が残りやすい。例えば，紀ノ川下流の日前宮（にちぜんぐう）周辺の低地は，条里型土地割が一面にひろがる紀伊国最大の穀倉地帯で，古墳時代に開削された今日の宮井用水（新溝）の原形にあたる水路が発掘されている（小賀，1970；小賀・吉田，1971）。その地形面は，当時の氾濫原（広義）で，中世初頭に段丘化した沖積II面にあたる（額田，1987a）。現沖積面（沖積III面）は紀ノ

第 7 章 紀伊日高平野北部の地形環境

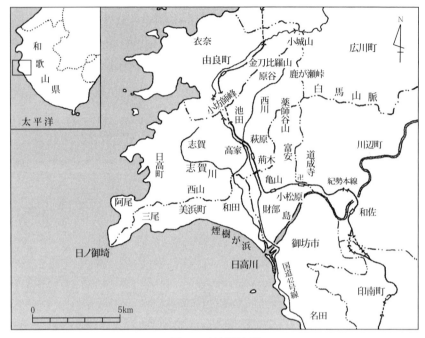

図 7-1 地域概念図

　川の蛇行する氾濫地帯で，条里型土地割は消失しているが，河北条里区の紀伊や山口では一部に条里型土地割が残存する（額田，1988）。したがって，沖積平野では，①完新世段丘と②段丘背後の沖積低地の 2 つが条里型土地割の残りやすい所と考えられる。筆者が調査した和歌山県内の地域では，南部平野の沖積Ⅰ面（額田，1987b）が前者，今回調査した日高平野が後者にあたる。

　このように，条里型土地割の分布を平野地形との関係でみると，水利の便がよい沖積低地で，しかもラグーン性低地のような低湿でない「古い沖積面」（谷岡，1963）にひろくみられる。日高平野は，日高川・西川などが形成した沖積平野で，海岸の砂礫堆，煙樹が浜の背後には「和田の不毛」と呼ばれるラグーンが残っていた。その北側には条里型土地割が分布する。本稿では，中世の荘園絵図が遺存する日高平野北部を対象に高家荘の地形と開発時期との関係や立地環境をとらえてみたい。

　おもな調査方法は，国土地理院撮影の 4 万分の 1 と 2 万分の 1（1965・1968 年撮影）

の空中写真の判読によって地形分類図を作成し，現景観から間接的に過去へ遡る方法と，葛川絵図研究会の上原・小川（1984）に基づく絵図の分析によって直接的に中世の景観を復原する方法をとった。

　高家荘の歴史をたどる上で複雑な所領関係は，第1節に高家荘の概観をまとめた。高家荘の現地比定は，すでに西岡（1953）によって行われており，和歌山県日高郡日高町高家を中心とする地域で異論ない。しかし，作成時期・目的については諸説があるので，第2節で先学の研究を整理した。第3節では地形の分類，第4節では，「紀伊国高家荘絵図」（以下，高家荘絵図と記す）の分析を行い，高家荘の立地環境を考察するため，地形分類図と高家荘絵図を対比して現地がどのような地形環境にあったか考察した。

2. 高家荘の概観

　高家荘は，日高川支流の西川の上流から中流に位置した荘園である。古代の当地域は，『和名類聚抄』にみえる紀伊国日高郡内原郷の一部に比定される。同荘には，中央の西川沿いに熊野古道がとおり，沿道には九十九王子が数多くあった。日高町原谷の山口には沓掛王子，中村には馬留王子，同町萩原の内の畑には内ノ畑王子，東光寺には高家王子があった [2]。

　高家荘は，最初，藤原実明領として平安末期に成立したが，元暦から文治（1184〜89年）ころ東部と西部に分割され，西部はそのまま実明領であったが，東部（田30町・畠20町）は実明から園城寺（三井寺）末寺の真如院に一円進止の所領として寄進された。その後，鎌倉初期に東部は真如院領から聖護院領となる。また西部は，実明からその子孫に相伝され亀山天皇皇子の守良親王領となったようである。西部はさらに東荘と西荘に二分され，東荘は嘉暦2年（1327）守良親王から大徳寺大燈国師に寄附され，翌年の綸旨によって安堵された。

　西荘・池田・原村は元亨2〜3年（1322〜23）守良親王から宣旨局に一時期譲られたが，嘉暦4年（1329）大徳寺に寄附された。建武政府は，土地所有権の変更には綸旨による裁断を必要としたので，元弘3年（1333）後醍醐天皇の綸旨によって高家荘4カ村が大徳寺と再公認される。高家荘4カ村とは，東荘，西荘，原村，池田村の4つをさす。

寄進後まもなく，足利尊氏が熊野新宮に高家荘をはじめ安富荘，切目荘，樔原荘など紀伊国の荘園を預け置き，大徳寺は新宮と高家荘をめぐって訴訟となるが，貞和5年（1349）に大徳寺が勝訴する。また，康永〜貞和年間（1342〜49年）にも宣旨局と大徳寺の間で西荘，池田，原村の領知権をめぐる争いが起こり，大徳寺が勝訴する。

　このように南北朝期は，大徳寺の高家荘経営がとくに不安定な時期であった。建武元年（1334）には森目堂武蔵坊盛順が高家荘内の千住名に，延元元年（1336）には梶原四郎左衛門尉が同じく長力名に，池田孫六が池田村にと，新興武士が相次いで濫妨狼藉をはたらく事件が起こる。しかし，雑訴決断所や南朝は大徳寺の安堵を認め知行を継続させている。

　正平10年（1355）には，後村上天皇が湯浅氏の一族藤並氏に高家荘3分の1を安堵し知行させる。それは高家荘のどこか判明しないが，南北朝の内乱で京都から遠い荘園は領主の手から次第に離れていったと考えられる。その頃，大徳寺領高家荘は室町幕府から守護不入の地の特権が与えられたが，室町期の長禄2年（1458）幕府は高家荘を新宮領と認定し，翌年には寄進状などによって安堵する。しかし，幕府の統制力が徐々に弱まるにつれて，新宮の領知権も薄弱化する。

　長禄3年（1459）には，勝伊州の軍勢が荘内に乱入し，社家・代官等が討死する事件が起きる。幕府は守護畠山氏に，その退治をすぐに命令する。大徳寺領の東・西荘は幕府に接収され，熊野の土豪山本氏に預け置かれるが，文明4年（1472）にはもとどおり大徳寺へ返還される。しかし，次第に大徳寺の領知も有名無実化し，北方から湯浅氏一族の崎山氏，南方から湯川氏の勢力が高家荘に入り支配する。

　大永2年（1522）には，守護畠山高国が河内へ帰ったすきに，三好義長が阿波・淡路の兵を率いて紀伊を攻め，池田村の西小坊子嶺に城郭を構えた。崎山家政はこれに対抗し，原村東部の長尾に築城し，合戦に及んだが落城する。

　戦国期には湯川氏が有田・日高・牟婁郡の旗頭となり，紀伊国守護代となる。本拠地を日高郡富安荘（現：御坊市）とし，亀山城・小松原館を構えて高家荘全域をも支配した。天正13年（1585）湯川氏は秀吉の紀州征伐に対抗するが，翌年和睦し本領は安堵される。そして関ヶ原の戦い後，慶長5年（1600）に紀伊国は浅野氏の支配下に入り検地が行われ，荘園制は完全に壊滅する。

3. 高家荘の荘園研究史

　西岡（1953）は，大徳寺文書等によって，高家荘の成立から分化，消滅に至るまで荘園の歴史を明らかにした。そのなかで，暦応年間(1338 ～ 41年)に新荘(原村・池田村）をめぐり聖護院と大徳寺との堺相論が起こり，この争いの訴訟に対して大徳寺が勝訴するが，高家荘絵図はその相論の際に作成されたのではないかとしている。

　西岡（1953）は，東・西荘を合わせた大徳寺領高家本荘と聖護院領高家本荘の2つの高家本荘があり，大徳寺領高家本荘に対して原村と池田村を新荘とするが，佐藤・樋口（1976）は，高家荘が聖護院領高家荘（本荘）と大徳寺領高家荘（新荘－東荘・西荘）に分かれていたとする。それ以後の研究で両説が入り混じって引用されたため誤解を生じ，高家荘の歴史をたどる上で相論の内容が理解しにくい原因となった。

　高家荘絵図の作成時期について，佐藤・樋口（1976）は，貞和5年（1349）3月14日の光厳院院宣に原・池田両村の記載がなく，相論時に絵図が未提出であることから西岡説を否定した。そして佐藤・樋口説は，康永・貞和年間の大徳寺と宣旨局との相論の際作成されたとする。しかし，京都国立博物館（1984）は，作成時期を暦応年間に東隣の聖護院高家本荘と新荘との間に堺相論が起こった際として，西岡説を支持する。高家荘絵図はこの二度の相論の際，いずれかに作成されたと考えられてきた。

　これらに対して黒田（1987）は，ⓐ堺相論図としてはランドマークや文字記載など堺の地点となるものがないこと，ⓑ聖護院領と新荘とは直接堺を接しないので通常は堺相論となり得ないこと，ⓒ裁判では絵図を提出するまでもなく正文だけでけりがついたので絵図作成の必要がないことの3点から，高家荘絵図を堺相論図とする両説を否定した。そして，黒田説は絵図がおもに画いているのは大徳寺領池田と原村であって絵図の4分の3近くを占めること，嘉暦4年（1329）から建武元年（1334）まで池田村が大徳寺領でないことから，高家荘絵図は大徳寺が池田村を回復するために作成したとする。

　このように，作成時期と作成目的については3説がある。文書史料が断片的に

94　第 7 章　紀伊日高平野北部の地形環境

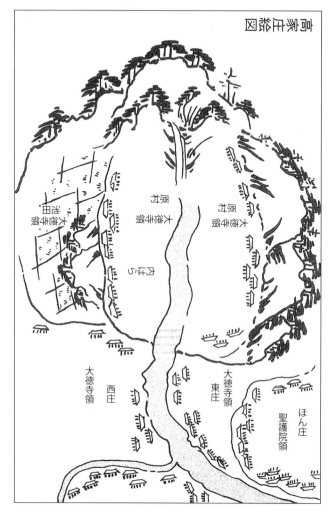

図 7-2　紀伊国高家荘絵図 (額田作成)

しか残っておらず，専門外の筆者は判断しかねるが，いずれにせよ畿内から遠い地域にあたり知行が不安定な荘園であったことがわかる。

　黒田 (1987) は，絵図がどの程度の正確さで現地空間を表現しているか疑問を提示し [3]，現地景観との比較から絵図の特徴を読み取る必要性を解いている。しかし，それは現在の現地景観であって，中世の景観ではない。とくに集落は，

現集落の現地調査によって絵図の描写と異なることから「絵図は現実の景観を表していない」（黒田，1987）とすることはできない。筆者は，文書や絵図からだけでは中世の荘園を復原することは困難と考え，中世の地形環境を復原するため，まず高家荘周辺地域の地形分類から始めることにしたい。

4. 高家荘の地形環境

　日高平野の地形に関して最初に取り扱ったのは，野田（1960，1962）であろう。それは，水田面1筆ごとの標高や灌漑用水路の位置などによって旧河道を推定し，日高平野の流路変遷を考察した。その結果，主流路は3回移動し，第1期には平野北辺の山裾を西流していたが，第2期には御坊市湯川町小松原から島善明寺の東を流れ，第3期には建仁元年（1201）の後鳥羽院熊野御幸ころの主流路を経て，現流路になったとする。流路は図示され，北から南へと変遷したことがわかる。しかし，その時期決定は第3期の『後鳥羽院熊野御幸記』のほか説得力にかける上，平野の地形分類図も付けられていない。また野田（1963）は，砂州・砂嘴について経年変化の観察を行うなど，むしろ河口州の形成過程に主眼があった。

　次に三坂（1972）は，日高川下流域の日高平野全域の地形分類を行い，歴史時代における河道の変遷や地形発達を論じた。それは，旧河道の切りあい関係，中世・近世文書の検討などから旧河道を5期に区分して河道変遷を明らかにしたが，結論的には元和6年（1620）の洪水で現河道に移動・固定化されるまで数本に分流し，非条里地域は乱流帯の様相を呈していたという。そして地形分類図では，沖積平野を扇状地・デルタファン・三角州上位面・三角州下位面・ラグーン跡・後背低地などに細分したが，おもに土地利用や水害など低地の分類に主眼を置いて作成されたため，段丘面は一括されている。また，高家荘は日高川右岸に位置するが，その支流，西川沿いに発達する下位段丘は見落されている。

　水田（1984）は，紀州の荘園絵図の地図学史的な比較検討の中で，高家荘付近の地形分類図を示し，谷底平野，三角州平野，扇状地，山麓緩斜面，自然堤防に分類したが，三坂（1972）の地形分類を簡略化したもので，段丘面は同様に1面だけである。

　中世の高家荘の立地環境を考察する前に現在の集落立地を簡単にみておくと，

高家・萩原・荊木の各集落は段丘面を中心に分布し，沖積平野には西川の微高地に向集落が立地するだけで一様に条里型土地割がひろがる。筆者は荘園の立地に重点を置いて，1965年・1968年の国土地理院撮影の2万分の1および4万分の1空中写真をもとに地形分類を行った結果，段丘面は3面に区分した。

以下，各地形について簡単に記述する。

(1) 山地・丘陵

西川流域の山地は，北が小城山（411m），東が薬師谷山（367m），西が小坊師峯（300m）・西山（329m）となっている。高家荘絵図で荘園を取り囲むように画かれる山地は，ほぼこれらの山地にあたる。また，高家荘絵図の範囲の南側，日高平野のほぼ中央には入山（76m）が孤立丘陵状に残っており，荊木の南側には，同様の向井山（109m），亀山（121m）がある。

これらの山地は，北側が由良から白馬山脈に至る仏像構造線と南側が日高川左岸の王子川から果無山脈に至る御坊—萩構造線に挟まれた地域にあり，地質はすべて中生代白亜紀からジュラ紀にかけて堆積した，おもに砂岩と頁岩との互層からなる日高川層群によって構成される。

八幡山（74m），亀山の南縁をとおり東西方向に続く直線的な丸山—矢田構造線（リニアメント）は，入山の南側を経て美浜町本の脇で煙樹が浜と西山南麓との間に至る。その南側は沈降，北側は隆起傾向にあり段丘面が発達する。

(2) 上位段丘

上位段丘は，西山の東麓や下志賀から小中にかけて分布する。段丘は，山麓側の標高約60mから低地側へ急傾斜し，約10mまで分布する。平坦面は侵食によってほとんど残っておらず，丘陵状を呈する。御坊市（1981）は，この段丘を海成段丘とするが，堆積物を観察すると亜角礫を含むソーティングの悪い砂礫層で，筆者は崖錐性の河成段丘と考える。

(3) 中位段丘

西川右岸の中位段丘面は，小中付近を中心として標高40mから約10mまで分布する。同面を構成する中位段丘礫層は角礫層からなり，北側の山地から流出し

た河川が形成した崖錐あるいは沖積錐が，その後開析されたものと考えられる。土地利用は果樹園・普通畑が卓越する。

　西川左岸の萩原から荊木にかけての中位段丘は，富安川が上出から南西方向へ流れていたころ形成された扇状地性の堆積面で，その後に侵食されたものである。段丘面は急傾斜し，上出付近で標高50m，西川に侵食された扇状地末端部では10mとなっており，約3%の勾配をもつ。段丘礫層は円礫で構成される。段丘面は，旧河道を利用する用水路によって開発された水田が多い。

（4）下位段丘

　小坊師峯の南麓から萩原の北部にかけては内原構造線がはしり，その南側の高家集落付近には上位・中位段丘が発達する。下位段丘は，その前面にあたる西川右岸の標高約20mから5mにひろくみられる。それらは志賀川・西川の側方侵食によって削られているが，段丘面は平坦で水田面がひろがる。

（5）自然堤防

　自然堤防は，西川沿いのJR内原駅西側や向集落付近などに断片的に分布するだけで，極めて発達が悪い。とくに西川と志賀川との合流点以南には，自然堤防がまったく分布しない。

（6）後背低地・谷底平野

　後背低地はほぼ標高10m以下の現沖積低地であるが，条里型土地割が極めてよく保存されている。紀伊国の条里制を明らかにした中野（1989）はその中で日高郡条里も復原しているが，日高川流域は紀ノ川流域に次いで分布密度がとくに濃いという。図7-3をみるとよくわかるが，条里型土地割は地形とよく対応し，ほぼ後背低地だけに分布する。その阡陌線はN15°Wを示し，面積は430町に及ぶ（中野，1989）。

　西川が平野部へ出る内原小学校付近は標高が約12mで，向集落付近の約6mまではやや扇状地性の低地をなし，約0.5%と緩い勾配をもつ。これは，三坂（1972）のいう西川扇状地にあたる。谷口集落付近までの志賀川の谷底平野も同様の地形である。その扇状地性の低地では，旧河道が密に分布し条里型土地割が消失し

98 第7章 紀伊日高平野北部の地形環境

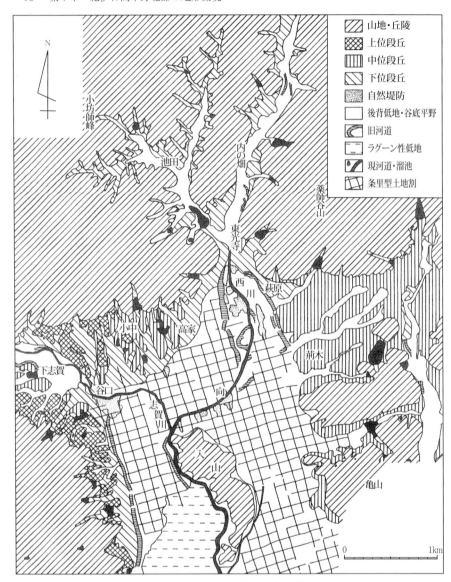

図7-3 紀伊国高家荘付近の地形分類図

ており，氾濫の激しかったことが知れる。しかし，傾斜変換線が明瞭でないため，筆者は低地面の細分は行わなかった。日高平野の条里型土地割は，「はじめに」で述べた②タイプの段丘背後にあたり日高川の氾濫が及ばず，また西川の氾濫が小規模なため，扇状地性の低地を除いた後背低地にのみ残存したと考えられる。

(7) 旧 河 道

旧河道は西川扇状地上の高家－萩原の間に集中的に分布する。また志賀川沿いにもみられ，谷口集落から南流する流路が極めて明瞭である。入山西側の両河川の合流地点以南には明瞭な旧河道があり，入山の東側にも有力な旧河道がある。西川は，かつて JR 紀勢本線より東側の旧河道をとおり，入山の東側を流れていたと考えられる。

(8) ラグーン性低地

ラグーン性低地は，煙樹が浜の砂礫堆の発達によって日高川河口部が内湾状態からラグーン（潟湖）となり，そこが次第に埋積されて形成された低地である。西川の左岸の後背低地には条里型土地割が広く分布するが，右岸の美浜町和田の不毛を中心とするラグーン性低地にはまったく分布しない。

5. 絵図の図像分析

高家荘絵図は，巻子装で縦 35.3cm× 横 54.9cm あり，信濃国伴野荘文書一通とともに「紙本墨書中納言奉書並高家庄図」一巻として昭和 9 年（1934）1 月 30日重要文化財に指定されている。所蔵者は絵図作成当時の荘園領主大徳寺で，現在は京都市北区紫野にある臨済宗大徳寺派の大本山である。中世には，播磨国小宅荘・信濃国伴野荘など多くの所領を有し興隆を極めていた。

高家荘絵図は，大徳寺領を大きく画き，またその記載内容が大徳寺に有利な点や大徳寺に伝来することからみて，大徳寺側が作成したものと考えられる。そして，その作成時期は，古くても高家荘 4 カ村が大徳寺領となる嘉暦 4 年（1329）で，貞和 5 年(1349)11 月 27 日付『大徳寺諸荘園文書目録』の紀伊国高家荘の項目に「絵図壱通」[4] とあることから，嘉暦 4 年から貞和 5 年の間と考えてよいであろう。

100 第7章 紀伊日高平野北部の地形環境と高家荘絵図

高家荘絵図の読解は，すでに西岡虎之助・黒田日出男などによって行われた。西岡（1953）は，おもに山川の現地比定と作成目的を明らかにするため詳細な読解を行い，画かれた絵図の内容を率直に記述している。例えば，集落の立地では，原村が山地の裾に立地し，東・西荘は河岸に立地するというように荘園絵図の描写をそのまま読み取ろうとしている。これに対して，黒田（1987）は，「家々の描写は現実の景観を表現している訳ではなく，荘・村の中心＝文字記載を囲んで描写されることで境界線と共に荘なり村の領域的な表現をする役割を果たす」とした。また，高家荘絵図は山地・河川・家・水田・境界線・文字記載の6種類の記号に限られ，中世荘園絵図に一般的な道や寺社がまったく画かれていないことも指摘している。筆者は，絵図の観察とともにそれをトレースしてみた（図7-2）。見ているだけではよくわからない画き方や製作過程なども考察できたので，ここでもう一度絵図の記載内容を整理しておきたい。

（1）地　　形

①山　　地　　高家荘絵図は，本来画面が北を上にして画かれ，その中央に北より南へ河川が流れ，その周辺の北・東・西に山並みを配置するという構図をとる [5]。山地はそれぞれ金刀比羅山 [6]，薬師谷山，小法師峯にあたる。絵図北東部の山地の鞍部は，熊野古道が通過する鹿が瀬峠であろう。高家東・西荘からみて南側の入山，東側の向井山，西側の山地は画かれず，絵図の範囲は向集落以北と考えられる。

②河　　川　　絵図中央の河川は現在の西川で，河口で日高川と合流する。「西川の上流は滝」（西岡，1953），「滝川のような表現」（黒田，1987）とされるが，そこには現在，滝のような地形が見当たらないので，おそらく原谷の山口以北の狭くなった谷の状態を表わすものであろう。

西川は，全長約14kmの小河川であるが，絵図では大河のように画かれる。流路はほぼ南流するが平野部では東へ若干屈曲しており，西へカーブする現流路とは異なる可能性が高い。西岡（1953）は，絵図の「南部において西方からそそいでいる支流が志賀川」とした。しかし，絵図を見るかぎり，両河道は鈍角で合流することになり，それは沖積平野において極めて不自然な流路形態といわねばならない。筆者は，その流路が志賀川ではなく，西川の分流と考えた。その細い方

の分流は，西川の現流路の可能性が高い。当時の旧河道・本流は今日のように河道が1本化されておらず，自然の状態では分流ないし網状流であったと考えられる。すなわち，当時の西川は現流路を流れておらず，図7-3で最も東側の旧河道を流れていた可能性が高い。河道変遷の時期について，詳細は不明であるが，水田（1984）は「西川は14世紀以降現代までに流路を変え」たとしている。

（2）人 工 物

①田　　畠　　田畠は，池田に大きな井桁で示され，その中に草状の表現がある。高家荘絵図では，池田のみに耕地を示す記号があり家屋のないことから，西岡（1953）は「出作の状態にあることを物語るものかもしれない」と推定している。

②家　　屋　　西岡（1953）は，絵図では荘内に家屋が点在して画かれ，当時の荘園村落の様相を推察させると指摘した。集落は集村というより列状村の形態をとり，東・西荘の家屋は河川沿いに分布する。池田には家屋がまったく画かれず，本荘16宇，東荘9宇，西荘8宇，原村右岸12宇，同左岸8宇，その他10宇の合計63宇が画かれている。家屋は墨で側面形が画かれ，切妻風の家屋も6宇みられる。

絵図中の境界記号は境界線だけであるが，間接的には建物も境界的な意味をもつ（黒田，1987）。聖護院領本荘では荘園の境界線に沿って建物が画かれ荘園の内側から見たような描写となっている。原村の集落は，細長い谷底平野の河川両岸に位置し，洪水ののらない安全な山麓の傾斜変換線付近から河岸段丘面に建ち並んでいる。このことは，西川が原村を分断する障壁とならず，むしろ原村の交通・農業用水などの中心的役割を果たしたことを示唆する。

これらを現在の集落に比定すると，原村が原谷，下垣内，内の畑などの諸集落，池田は池田，東荘は萩原，西荘は高家・小中，聖護院領本荘は荊木にあたる。

また，西川の分流する地点以南の家屋は南側面形で，聖護院本荘・高家荘4カ村とは別方向から画かれている。この集落は，現在の日高町高家の向集落に比定できるが，当時は双方の集落に属さない集落と絵図からは読み取れる。

（3）植生その他

①樹　　木　　山並みの尾根部には，幹が直線的で，枝（葉形）が墨ベタ[7]

で画かれた針葉樹（スギ，ヒノキ）または常緑広葉樹の照葉樹（シイ，カシ，クスノキ，ツバキ）と思われる樹木で覆われる。所どころにある幹の屈曲した立ち枯れ状の樹種は松であろうか。環境庁（1975）によると，西川流域の山地ではアカマツ－モチツツジ群集，スギ－ヒノキ植林，シイ－カシ萌芽林の順に卓越する。スギやヒノキは戦後を中心とする植林で，シイ，カシなど照葉樹林がこの付近の原植生と思われる。アカマツ－モチツツジ群集は，その伐採後の二次林と考えられる。

②境界記号　　聖護院領本荘と大徳寺領高家荘4カ村との境界を示す線が，本荘と東荘，東荘と原村，西荘と原村，原村と池田，西荘と池田の各間の5カ所にある[8]。

　高家荘絵図では，東荘と西荘との間に境界線がなく，建物が西川を挟んで対称的に画かれ，西川が両荘の境界線と考えられる。最初に高家荘を分割した際に東部と西部に分けたが，その境界は西川ではなかった。すなわち，西川は平野部でも地形的にそれほど大きな障壁とはならない小河川といえよう。

③文字注記　　高家荘絵図は，淡墨による景観描写と墨による文字注記8カ所のみで，ほぼ単色の比較的単純な絵図である。「高家庄絵図」のほか文字注記は，荘園名と所領関係を示す「聖護院領ほん庄」・「大徳寺領東庄」・「大徳寺領西庄」・「大徳寺領原村」（2カ所）・「大徳寺領池田」と地名の「内はら」だけで，相論に関するような記載はとくにない（黒田，1987）[9]。文字注記は，最後に濃い墨で記入されたと考えられ，黒田（1987）は作成過程を4段階に分けた，その第4作業としている。

　そのほか，絵図には道路がまったく画かれていない。中世の熊野古道は，北東部の山地の鞍部，鹿が瀬峠から高家荘へ入り，内ノ畑王子を経て高家王子から東へ折れ，萩原・荊木方面から富安へぬけるルートをとっていた（和歌山県教育委員会，1979）。現在の地形配置ならば，高家王子からまっすぐに南進して，財部で日高川を渡るコースをとるのが最短距離である。萩原で左折して向井山・亀山をわざわざ迂回するのは，当時の西川が段丘崖のすぐ西側（現在最も東側の旧河道）を流れていたため，高家王子以南の地域が不安定な状況下にあったからと推察される。

　条里型土地割430町は日高平野の後背低地に分布するのに対して，高家本荘・

東荘の耕地は西川左岸の荊木から萩原の中位段丘面，高家西荘は右岸の高家から小中の中位・下位段丘面，原村・池田は谷底平野を中心に後背低地とは異なる地形に位置した。

このように高家荘絵図は，道路や寺社を画いていない単純な絵図であるが，現地の地形・景観がよく読み取れる絵図と思われる。

6. おわりに

第4・5節を中心に述べてきたことは，次のようにまとめられる。

1. 高家荘付近の段丘面は，3面に区分でき，すべて河成の段丘面と考えられる。

2. 地形的にみて，用水確保の容易な後背低地に古代に施行されたとみられる条型土地割が分布する。中世の高家荘の耕地は，聖護院領本荘が荊木付近の中位段丘面，大徳寺領東荘が萩原付近の中位段丘面，西荘が高家・小中付近の下位・中位段丘面にあたり，山麓の豊富な用水で開発されたと考えられる。原村・池田は現在の原谷・池田で，その耕地は西川・池田川の谷底平野にあたる。

3. 日高平野では，原谷の谷底平野や後背低地が古代に開発され，荊木・萩原・高家など段丘面は中世の荘園開発として行われた。ここでは，日根野荘のような段丘面ごとの開発は面積が狭小なためみられず，とくに長距離の用水路も必要としなかった。

4. 高家荘絵図の西川は現在の流路ではなく，図7-3の最も東側にあたる段丘崖下の旧河道を流れていたと思われる。したがって，高家荘絵図の西側の流路は，西川に流入する志賀川ではなくて，西川から分派した支流と考えられる。

5. 高家以南は西川が氾濫する不安定な土地条件のため，熊野古道は萩原から荊木方面の河岸段丘上を通過していた。

6. 高家荘絵図の植生は，絵図の図像分析，現在の植生からみて，スギを中心とする針葉樹と常緑の照葉樹林と考えられる。

7. 絵図はシンプルな割に適確に現地をとらえており，筆者は正確な地形・景観を画いた絵図と考える。

104　第7章　紀伊日高平野北部の地形環境と高家荘絵図

（注）

(1) 荘園の地形環境については，和歌山市立博物館（1990），額田（1992）で述べた．個別の荘園については，紀伊国井上本荘・桛田荘は第Ⅲ部第11章〜第16章で，伯耆国東郷荘・越後国奥山荘などは第Ⅱ部第10章で述べる．

(2) 黒田（1987）は，現在萩原の東光寺にある内原王子を内の畑王子としたが，それはは高家王子の誤りである．

(3) 黒田（1987）は，「絵図というのは作成者が一体現地をどのくらい観察した上で作成されるのだろうか」と絵図の写実性に関して疑問を投げかけている．そして，高家荘絵図は不正確で現地空間を表現していない，現地へは行かずに画いたとしている．しかし，絵図と現地景観を見比べると，歪みは当然あるが，実に適確に地形や景観を表現していると筆者には思えてならない．地図も写真もない時代に景観の説明をいくら聞いても鳥瞰的な地図を画くことは不可能に近い．例えば，自分の家から最寄りの駅までの地形や道路を他人に話して略地図を作成してもらっても，すぐに何点かの間違いを指摘できるだろう．

　そうすると，黒田（1987）の55頁②の池田・原村間の山並みの表現ミスなど取るに足らない絵図描写と現地景観のギャップといわざるをえない．同じく①の原谷が東西に幅広く画かれている点は，井上本荘絵図でも南北に細長い荘域を約2分の1に圧縮して画いており（水田，1984），同様に解釈することができる．③の原村・池田間の山並みの表現が不十分という指摘も，周辺山地に比べて低い130m程度の丘陵状の山地で，絵図の描写を理解できないことはない．④の東・西荘の山地も同様に100m以下で山のイメージはない．⑤の西川が極めて太く画かれている点と，⑥の絵図の東・西荘の家々が河岸に並んでおり現地景観と違う点は，第4節で詳述するが，絵図の西川の流路が現在の位置と違う上，黒田（1987）が現地調査の結果から絵図と現地景観のギャップを指摘したが，中世と現代では集落立地が当然異なってもおかしくない．

　反対に絵図が現地景観を表現しているとする（ロ）の西川と志賀川が合流することは，現在西川が西へカーブして入山のすぐ北側で合流するのに対して，絵図では東へカーブして聖護院領の方へ流れているので，絵図と異なるとすべきであった．第4節で述べるが，志賀川が合流するのではなく，西川が扇状地性低地で分流する河川地形の表現と考えられる．

　筆者は，絵師が現地の地形・景観をよくみて画いた，でも絵図に間違いがないとは限らないと考える．もし，現地景観を見ないで画いたならば，有名な熊野古道を書き落すことはかえってないであろう．

(4) 必ずしもこの絵図をさすとは限らないが，ここでは一応今日の高家荘絵図とみたい．

(5) 高家荘絵図の作成目的および文字注記8カ所のうち,「聖護院領ほん庄」「大徳寺領東庄」「大徳寺領西庄」の3つは北を上にし,その他の5カ所は東を上にしていることから,黒田（1987）は東が絵図の上とした.しかし,作成目的は十分解明されたとはいえず,むしろ筆者はその作成過程・絵図の構図からみて北が上と考える.
(6) 西岡（1953）などは,小城山（411m）とする.しかし,黒田（1987）の54頁では金刀比羅山と指摘する.筆者も,現地の原谷で谷の方向（N18°E）の真正面にあたり,特徴的な山姿（写真7-1）をしていることから金刀比羅山と考える.しかし,金刀比羅山は海上から目印になったというが,筆者が日高平野からみた限りその山は目に入らなかった.

写真7-1　西川と金刀比羅山（中央）

(7) 下坂・長谷川・吉田（1988）の植生分類のA1型（常緑針葉樹）にあたる.
(8) 黒田（1987）のように,絵図が現実の景観を示さないと仮定すれば,本荘と新荘は堺を接しないので堺相論は発生しないともいえない.なぜなら,絵図の表現が不正確で,本当は両荘は接していたが誤って両荘が隣接せずに画いたとも考えられるからである.
(9) 「内はら」は,単に転訛して原村内の地名「内の畑」になったのではなかろう.古代の内原郷の一部であった高家荘全体をさす地名の可能性もある.

（参考文献）
上原秀明・小川郁弘（1984）：絵画と言語－絵図を読む.地理,29(5),109-119.
環境庁（1975）：「和歌山県現存植生図」.

京都国立博物館（1984）：紀伊国高家荘絵図．『古絵図の世界』，55p.

黒田日出男（1987）：絵図と現地景観のギャップ－大徳寺領紀伊国高家荘絵図の読解．歴史評論，442，45-62.

小賀直樹(1970)：「近畿自動車道和歌山関係遺跡第1次発掘調査概報」和歌山県教育委員会．

小賀直樹・吉田宣夫（1971）：「昭和45年度阪和高速道路遺跡発掘調査概報」和歌山県教育委員会．

御坊市（1984）：自然編．『御坊市史』1，1-81.

佐藤和彦・樋口州男（1976）：大徳寺領紀伊国高家荘絵図．西岡虎之助編：『日本荘園絵図集成 上巻』東京堂出版，231-232.

下坂　守・長谷川孝治・吉田敏弘（1988）：葛川絵図－絵図研究法の例解のために－．葛川絵図研究会編：『絵図のコスモロジー　上巻』地人書房，48-109.

谷岡武雄（1963）：『平野の地理』古今書院，241p.

中野榮治（1989）：日高郡の条里．『紀伊国の条里制』古今書院，183-196.

西岡虎之助（1953）：中世における一荘園の消長．『荘園史の研究　上巻』岩波書店，539-570.

額田雅裕（1987a）：太田城付近の地形環境－太田城水攻めとその周辺の地形に関する地理学的再検討－．和歌山市立博物館研究紀要，2，24-41.

額田雅裕（1987b）：南部平野における地形面の分類について．和歌山地理，7，37-43.

額田雅裕（1988）：和泉山脈と和歌山平野．和歌山地理，8，11-24.

額田雅裕（1994）：日根野荘の地形環境と絵図．大阪府埋蔵文化財協会編：「日根荘総合調査報告書」，39-82.

野田三郎（1960）：沖積地における流路の変遷（一）－紀伊日高川口の州の形成－．和歌山県高等学校社会科研究協会会報，14，1-18.

野田三郎（1962）：沖積地における流路の変遷（二）－紀伊日高平野の形成－．和歌山県高等学校社会科研究協会会報，16，1-8.

野田三郎（1963）：日高川口の砂嘴と砂州．和歌山県高等学校社会科研究協会会報，17，1-3.

日高町（1975）：『日高町誌』資料集1，415-428，993-1004.

三坂廣介（1972）：歴史時代における日高川下流域平野の発達．立命館文学，324，590-617.

水田義一（1984）：紀州の中世荘園絵図．紀州経済史文化史研究所紀要，4，1-17.

和歌山県教育委員会（1979）：「歴史の道調査報告書（I）－熊野参詣道とその周辺－」．

和歌山市立博物館（1990）：『荘園絵図の世界－紀ノ川流域を中心として－』，p.77.

第8章　泉佐野平野の地形とその変化
－天和三年日根野村上之郷村川論絵図と完新世段丘－

1. はじめに

　日根野荘は五摂家の1つである九条家領として，天福2年（1234）の立券から16世紀初頭までの約300年間，和泉国日根郡にあった荘園で，正和5年（1316）の「和泉国日根野村絵図」などにみられる中世荘園の景観をよく残す地域として有名である。筆者は，平成元年（1989）度から2年間その日根野荘の立地環境を明らかにし，景観復原を行うため，泉佐野平野の地形調査を進めてきた[1]。それらでは，泉佐野平野における日根野荘の地形環境と荘園絵図の分析を行ってきた。その結果，当地域には沖積低地が樫井川に沿う極めて狭い範囲に限られ，段丘面が広く分布していることがわかった。したがって，完新世とりわけ歴史時代においては，海岸付近を除いて地形変化の乏しい地域と考えていた。しかし，その段丘面の中には，形成時期の新しい完新世段丘も含まれていることがわかってきた。

　完新世段丘の形成については，完新世における①海面の変化，②侵食基準面の変化，③局地的な地盤運動の3つがおもな原因と考えられる。高木勇夫（1970，1977）は，基本的には完新世後期における海面の微変動に対応して沖積面が段丘化するとした[2]。筆者も臨海沖積平野に分布する完新世段丘は，大半がその原因によって形成されたと考えている[3]。

　その形成時期について考察すると，条里型土地割と段丘面との関係からみて，意外と新しい時期に段丘化した地形面のあることがわかってきた[4]。それらの形成時期には，条里型土地割の施行後で中世初頭頃に集中するものがかなりあると考えられる。しかし，本章で調査の対象地域とした泉佐野平野の完新世段丘は，臨海沖積平野ではあるが，縄文海進など高海水準に対応する地形面とはみられず，極めて新しい時期の地形面と考えられる。したがって，ここの完新世段丘の形成要因は直接的に海面変動と関係するものではない可能性がある。そうした

108　第8章　泉佐野平野の地形とその変化

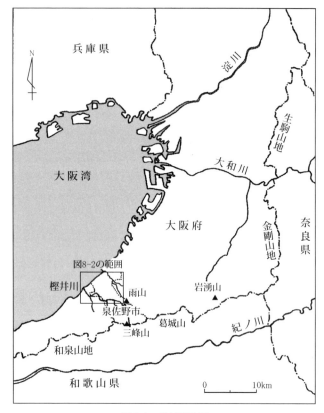

図 8-1　地域概念図

折に，地形面の形成を知る上で有益な絵図資料が発見された。

　絵図は，「天和三年（1683）日根野村上之郷村川論絵図」（慈眼院所蔵，以下「川論絵図」と略す）といい，関西国際空港連絡道路の建設に伴う遺跡の調査等を含む日根荘総合調査と同時期に行われた泉佐野市教育委員会の寺院悉皆調査によって，日根神社の神宮寺慈眼院に保存されていたものが発見されたのである。この1枚の絵図と関係史料によって，日根神社付近の地形面が段丘化した時期をほぼ解明することができたので報告したい。

　江戸時代に地形面が段丘化した事例は，関東地方の元禄地震（1703年）時に隆起した元禄段丘面が当時の古記録などから知られ，すでに松田時彦ほか（1974）

や横田佳世子（1978）[5]らによる関東地方の房総半島などの報告がある。それは，海成の侵食面であったが，泉佐野平野では河成の堆積面である。当地域では，地形面に対応する直接的な地震の記録はまだ判明していないが，すでに筆者が，この絵図は日根神社南西部に比定でき，現河床との比高が約7〜8m ある元の中州であることを報告している[6]。そこは，花崗岩山地から段丘への移行部にあたり，急激な河床低下が起こったものと考えられている。しかし，そこでは詳細な地形の検討について述べられなかったので，本章では川論絵図の範囲付近の地形分類を1,000分の1地形図を用いて行い，地形面を再検討した。

　川論絵図は，樫井川の中州を中心とした極めて狭い地域を画いたもので，現地形と著しく異なっていること，また記載内容への疑問や現地比定が困難な河道内の地形であることなどから，発見当初あまり注目されていなかった。しかし，絵図は地形分類図と照らし合わせることで正確な対比が可能となり，その内容を読み進むにつれて非常に重要な絵図であることが判明した。それは，河床低下・地盤の隆起によって極めて短期間に地形変化が進行したため，絵図と現地形とが著しく異なる原因となったが，段丘形成の速度を知ることができる貴重な事例となるからである。天和3年（1683）以降に起こった河床低下によって，樫井川は地形面（現在の下位段丘Ⅱ面）を下刻し，当時の河道であった旧河道が約8m も隆起して完新世段丘面上に旧河道として残っている。このことは，段丘が極めて短期間に形成される1つの実例ということができるのである。

2. 泉佐野平野の地形と地質

　日根野荘域の古環境を復原し，古地理変遷を明らかにするため，まず基礎となる地形分類図を作成した。その作成にあたっては，1万分の1空中写真（1961年および1974年撮影）を実体観察し，1万分の1地形図のコンターなどを参考にして，地形の連続性・比高などを重視して行った。図8-2は，それをもとに，現地調査によって修正し完成した泉佐野平野の地形分類図である。

　それをみると，泉佐野平野の地形は，樫井川に沿う狭い範囲のみが現在の沖積面で，大部分が段丘地形であることがわかる。以下，簡単に各地形の特徴を記載しておく。

110　第8章　泉佐野平野の地形とその変化

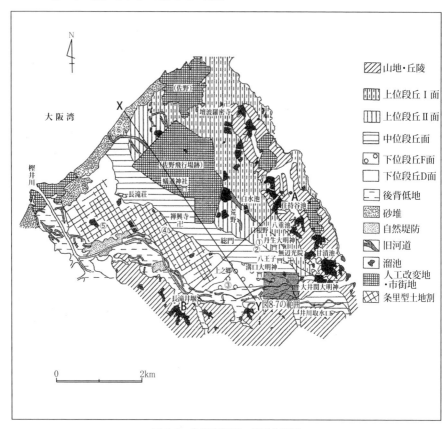

図8-2　泉佐野平野の地形分類図
①～⑥は図8-3のボーリング地点，X－Yは図8-4の断面位置，A－Bは図8-5の断面位置.

(1) 山　　地

　泉佐野平野の南側には，和泉山脈より一段低く，その前山をなす山地がある。そのおもな山地は，樫井川両岸に位置する雨山（310m）と小富士山（260m）である。雨山は「和泉国日根野村絵図」にその山体が特徴的に描かれているが，それは日根野村にとって段丘面を灌漑する用水源として重要な山であったためであろう。前山山地の地質は，中生代白亜紀前期～後期に噴出した泉南酸性火砕岩類や同期に貫入した領家花崗岩類からなっている[7]。
　その南側は東西約60kmに及ぶ和泉山脈で，同山脈のほぼ中央部が泉佐野市域

にあたる。和泉山脈は近畿トライアングルの南縁を構成し，その南縁は西南日本を内帯と外帯とに二分する中央構造線によって限られる。和泉山脈は岩湧山（898m）を最高峰とするが，山頂高度は東から西へ徐々に低くなり，泉佐野市域では高度が 300 ～ 600m の山地が多い。起伏量は最高で 400m に達するが，一般に 200 ～ 300m である。和泉山脈の地質は，最上部白亜系の和泉層群，砂岩・泥岩の互層によって構成される[8]。

和泉山脈と前山山地との間は，信達六尾－滝の池－稲倉池－下大木にかけて，細長い地溝帯を形成している。

(2) 丘　　陵

丘陵は，東部の土丸から北部の中庄にかけてと南部の母山から新家にかけて泉佐野平野を取り囲むように分布する。丘陵地形は侵食が進み平坦面をほとんど残さないが，背面がはっきりと認められる。同面は，大阪湾南東地域に分布する H 面（信太山面）に対比できると考えられる[9]。丘陵には開析谷が発達し，そこを堰止めて十二谷池（住持谷池）などの溜池が多数築造され，段丘面が灌漑されている。

丘陵を構成する大阪層群は，鮮新世末期から更新世中期（約250万年前から30万年前）にかけて堆積した，未固結の砂礫・シルト・粘土からなる互層で，大阪湾周辺から瀬戸内海沿岸の地域に広く分布する。同層群は，十数枚に及ぶ凝灰岩層（火山灰）が知られ，また Ma0 から Ma12 までの内湾性粘土層 13 枚を含んでいる[10]。それらは，降下・堆積の時期がほぼ判明しており，対比の指標となっている。泉佐野平野の周辺では，海成粘土層 Ma1 とその上位にピンク火山灰が検出され，鮮新世末期から更新世初期と比較的早い時期に堆積した大阪層群によって構成される[11]。大阪層群は和泉層群・領家花崗岩類を不整合に覆い，段丘層によって不整合に覆われている。

(3) 河岸段丘

地形図の等高線の配列をみると，コンターが日根神社付近を中心として，北西へ傾斜する隆起扇状地的な同心円状を示しているが，同時に樫井川の位置する南側が相対的に低い段丘の形態が読み取れる。河岸段丘面は上位・中位・下位の3

112　第8章　泉佐野平野の地形とその変化

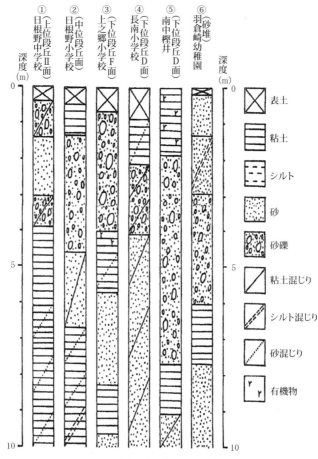

図8-3　ボーリング柱状図
ボーリング地点は図8-2の①〜⑥の位置.

面に大別できる.

①上位段丘面　　上位段丘面は，ほとんどが樫井川右岸の丘陵南側に認められる．等高線は日根神社を中心に扇状地的な配列を示す．東上では標高約70mであるが，北西へ向かって低下し，市場町付近では約20m，泉佐野市街地では5〜10mとなる．また，中位段丘面との比高は約3mとさほど大きくない．日根野中学校のボーリング資料（図8-3の①）では，表土の直下に未固結の砂礫層がある．それは更新世の河床礫層，その下位の粘土層は大阪層群と考えられる．

上位段丘面は，同面上の明瞭な旧河道を境に，Ⅰ面とⅡ面の2つの面に細分できる。

②中位段丘面　中位段丘面は，慈眼院・日根神社付近から北西へ南中岡本にかけて分布する。日根神社社務所付近では標高約50m，長滝では25m，南中岡本では5〜10mとなる。樫井川付近では，コンターが河川と平行に近くなり，樫井川が谷中谷を形成していることがよくわかる。中位段丘Ⅱ面上の日根神社（54.7m）と樫井川河床（38.0m）とは比高が約17mで急崖を形成するが，母山付近では沖積面（39.8m）が発達し，河床（33.7m）との比高が約6mと崖が急に低くなる。下位段丘面と河床との比高でも約9mと，わずか約700mの距離で同一河川の景観は大きく変化する。この区間の樫井川は河床縦断面形が6‰とかなりの急勾配を示す。その付近では，下位段丘面が約7.5‰，中位段丘面が約9.5‰，上位段丘Ⅰ面が約13.2‰，上位段丘Ⅱ面が約17.3‰と，上位面ほど急勾配である。その原因は，土丸付近を東西に走るリニアメントの活動の継続期間が上位面ほど長いためと考えられる。また，樫井川の下流側（西）より上流側（東）の隆起量が大きいことから，和泉山脈の東高西低の傾動運動的な影響が推定される。そのため，東側にあたる樫井川上流部の隆起が著しく，上位面ほど隆起量が蓄積されて傾斜が急であると考えられる。

図8-4は，関西国際空港連絡道路予定地で連続的に行われたボーリング資料による地質断面図である（断面の位置は図8-2のX−Y）。それをみると，段丘礫層は約5mの厚さをもち，それ以下は大阪層群によって占められ，段丘礫層は比較的薄いことがわかる。大阪層群は，基盤岩類の地塊運動によって，褶曲・断層を生じている。上之郷付近には大阪層群の背斜軸が東西方向に走っており，樫井川が南側へ追いやられたおもな原因と考えられる。

本地域の上位段丘面および中位段丘面は，泉南地方の段丘地形を分類した八木浩司氏の段丘面区分図によると，大阪湾南東地域のM1面に対比できると考えられる[12]。M1面は，M1a面・M1b面・M1c面の3面に細分され，それぞれ本地域の上位段丘Ⅰ面・上位段丘Ⅱ面・中位段丘に対比できると思われるが，詳細な対比は未検討である。M1a面は大阪層群の海成層Ma11の堆積面で，最終間氷期の海成地形面であるという[13]。

③下位段丘面　下位段丘面は，上之郷から田尻町にかけて分布する。同面は，

114　第8章　泉佐野平野の地形とその変化

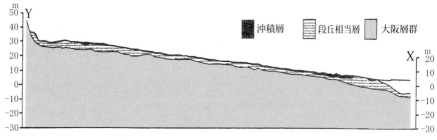

図8-4　空港連絡道路に沿う地質断面図（「日根荘総合調査報告書」より，一部改変）
　　　　断面位置は図8-2のX－Y．

　八木浩司氏の地形面区分によるM2面に対比できると考えられるが[14]，当地域ではさらに扇状地性のF面とデルタ性のD面とに細分できる．
　机場から中村にかけてのF面は，2～5mの礫層が堆積し，扇状地状に急傾斜する．下村（約30m）付近には傾斜変換線があり，そこから下流側は緩勾配となる．傾斜変換線から田尻町（約5m）にかけてはD面で，勾配がF面よりかなり緩い平坦な地形面となる．同面には，条里型土地割がひろく連続的に検出される．泉佐野平野の条里型土地割の分布については，荘園の立地した更新世段丘よりも一段地形的に低い沖積地に条里地割が広汎に展開しているという説がある[15]．しかし，図8-2の地形分類図をみると，条里型土地割の分布は地形面（下位段丘D面）とよく対応しており，沖積面とは段丘崖で境される最も下位の段丘面にあたることがわかる．同面の南中樫井（図8-3の⑤）付近などでは，表層に完新世の堆積物とみられるルーズなシルト・粘土層が2～5m堆積し，その下位に段丘礫層が分布している．
　条里型土地割の分布地域を潤す長滝用水（田尻川）は，下村橋上流約200mにある長滝井堰から取水し，ほぼ等高線に沿って水路が走っており，用水を下位段丘面へのせている．これは下位段丘面の段丘化以前，樫井川から直接的に灌漑用水を引いていたためと考えられる．下位段丘面と沖積面との比高は1～2mと小さく，下位段丘面上に用水をのせることは容易と推定される．下位段丘面の形成時期については後述するが，完新世しかも歴史時代に形成された段丘面の可能性が高い．南中樫井付近では自然堤防が発達し，下位段丘崖の一部を覆っているようである．
　図8-5は，十二谷池と樫井川の下村橋付近を結ぶ線の地形断面図で，段丘面の

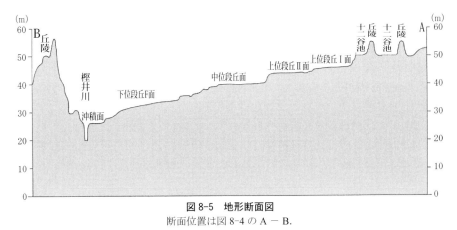

図8-5 地形断面図
断面位置は図8-4のA－B.

配列を顕著に示している（断面の位置は図8-4のA－B）。上位段丘Ⅰ面とⅡ面の比高はほとんどないが，上位段丘Ⅱ面と中位段丘面には，日根野小学校と同中学校の間の段差に相当する明瞭な崖のあることがわかる。中位段丘面と下位段丘面，下位段丘面と沖積面は複数の小崖で限られている。また，樫井川が沖積面を深く刻み，南側の丘陵寄りを流れていることも読み取れる。

(4) 沖 積 面

　泉佐野平野には，沖積面があまり発達せず，樫井川に沿って細長く沖積低地がみられるだけである。そこは大半が後背低地で，網状の旧河道と自然堤防状の微高地がわずかに発達する氾濫原となっている。また，日根野平野の地下には完新統がほとんど堆積せず，その大部分は鮮新－更新統の大阪層群からなっている。

(5) 砂　　堆

　大阪湾に面しては，樫井川の河口部を除いて，幅200～300mの砂堆が細長く発達する。泉佐野平野前面の砂堆には，佐野，嘉祥寺，吉見など古くからの集落が立地し，孝子越街道がそれらをつないでいる。砂堆は形成時期の異なる数列に分岐する形態ではなく，砂層が一列に重なり合って垂直的に厚く堆積している（図8-3の⑥）。したがって，縄文海進以降，海岸線の水平移動はほとんどなかったと考えられる[16]。

(6) 人工改変地・市街地

　佐野飛行場跡地は，第二次世界大戦末期に滑走路が造成されたため，削平・盛土されているので空中写真による微地形の判読が行いにくいところである。飛行場は，おそらく中位段丘面から上位段丘面にかけて立地していたと推定される。飛行場跡地の地形改変はわずかであるから，地表面下の旧地形を読むこともある程度は可能であるが，ほか地域と同一レベルで判読することはできないので，図8-2では人工改変地とした。

3. 川論絵図の内容と樫井川の付替え

(1) 川論絵図の内容

　まず，最初に川論絵図に画かれている図像を順にみていこう。

　①寺社と参道　　絵図に画かれている寺社は，ほとんどが現在の日根神社と慈眼院にあたる。

　日根神社は，「大井関大名神」「和泉五社」「住吉四社」とある社のすぐ西側に鳥居と建物があり，直線的な参道が西へ延びている。参道は現在約320mある。この絵図に画かれる道路は，この参道だけである。井川の悪水を落とす水路を橋で渡り，さらに松並木を伴う参道が続いている。その途中には中ノ鳥居が画かれている。「ほうとう」と注記のある塔は，石造の奉灯で献灯をさす。

　三重塔と金堂風に画かれた建物には，「かいたい院」と注記があり，現在の慈眼院にある文永8年（1271）建立の三重塔（国宝）および金堂（重要文化財）と考えられる。そのほか，寺社の建物には，「上之坊」「中之坊」「下之坊」「びしゃもん堂」「神主」「下御せん社」の注記がある。「中之坊」には，寛文5年（1665）に仁和寺から慈眼院の院号が与えられているが，注記は旧のままである。「いんよう坊」「山の坊」は，建物が画かれず，右上の松林の中に注記のみ記されている。

　②河川と中州　　川論絵図をみると，当時の樫井川は大井関大明神の南側，「神渕」付近で分流している。その南側の河道は，中位段丘崖下のすぐ北を流れる本流（図8-7の下位段丘II面の旧河道）で，北側の河道は，ほぼ現河道にあたる新流路である。2つに分流した河道は，「日根野之内溝之口」と「上之郷村母山」

3. 川論絵図の内容と樫井川の付替え　117

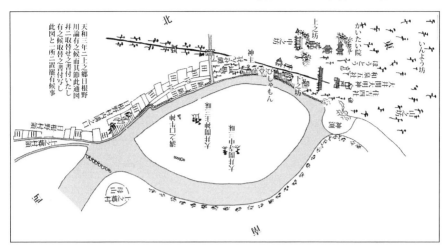

図8-6　天和三年（1683）日根野村上之郷村川論絵図（トレースは著者）

の2つの集落の間で再び合流していたことがわかる。その間は，中州の地形になっており，現在も「中嶋」という小字が残っている。そこには，三昧，牛神，石列の記載がある。

「大井関寺中三昧」「大井関神主三昧」と注記される塚状の小マウンドの上には，それぞれ松と思われる樹木が1本ずつ画かれている。中州は日根野・上之郷両村の境界にあたり，墓地となっていたようである[17]。石碑状のモニュメントには，「溝之口牛神」とあり，溝ノ口の牛神が当時中州にあったものと思われる。南側の流路に沿う6個の石列の意味は，何のためかよくわからない。

　川論絵図でみる中州の土地利用の状態からみて，この中州は日根野村の所領地と思われるが，現在この土地は上之郷に属している。

　再び両分流が合流する地点のすぐ下流では，流路に石を並べてダムアップし，堰を築いていることがわかる。すなわち，樫井川を堰止めて，右岸の上之郷へ用水[18]を取水しているのである。その地点は，ちょうど現在のウアナダ用水が左岸から右岸へ渡されている付近にあたる。

　2つの流路に分流する地点で，「大井関大名神」の南側には露岩が表現されており，「神渕」と記された岩場はすでに深い渕となっていたようである。そこは今日，鸕鷀渓と呼ばれている。現在は日根神社がのる中位段丘面と河床との比高

が約 17m あるが，当時は今ほど深くなかったと考えられる。

北側の新流路の右岸は樫井川の攻撃斜面にあたり，侵食に対する処置として，石組みによる護岸が画かれている。

③耕　　地　　その石組みと帯状の「岸」との間には「新田」が開かれている。「岸」の部分は，現在の下位段丘 I 面の崖地形として残っている。「岸」は崖の誤記か当時の川岸の意味であろう。その北側は下位段丘 I 面となっており，その地形面上に区画された「田」の記号が並んでいる。

日根野村にあたる樫井川の右岸には，四角形の枠の中に「田」の注記が 9 カ所，「新田」の注記が 2 カ所にあるが，上之郷側には耕地の記号は記されていない。下位段丘 I 面の崖の上（北）は「田」と記されるが，その下は「新田」となっており，新たに形成された下位段丘 II 面を開発した新田と田とは区別されている。

④植　　生　　植生は，針葉樹と広葉樹などの 3 種類が画き分けられている。

日根神社の参道の樹木は，神社における現在の植生などからみて，松並木と思われる。また，同種の絵図表現であることから，絵図右上の「いんよう坊」「山の坊」付近は松林となっていたようである。樫井川南岸の堤あるいは崖の上には，広葉樹の樹木列があり並木状に画かれている。樫井川北岸（新流路の右岸）は，前述したような石組みによる護岸だけのところと，「下之坊」-「びしゃもん堂」-「神主」にかけてのように，護岸の石組みがあり，さらに樹木で覆われた崖の部分とがある。後者は竹や広葉樹が画かれ，「和泉国日根野村絵図」の樹木表現と類似する。当時から急傾斜の段丘崖となっていたことがわかる。溝ノ口の集落の南側の河岸には，護岸用の石組みがなく同種の樹木で覆われているだけである。

「かいたい院」「上之坊」「中之坊」を円弧状に取り囲む広葉樹，「中之坊」と日根神社参道の間には，巨大な独立した 1 本の広葉樹が画かれている。それは，クスノキか，何かの目印になった樹木と思われるが詳しくはわからない。

⑤集落（家屋）　　北側の流路の右岸に沿って「日根野村内溝ノ口」と注記があり，3 宇の家屋が画かれている。2 本の分流が合流する付近の左岸には，円形の中に「上之郷村母山」とだけ記されている集落がある。相論箇所に最も近い日根野村と上之郷村の 1 村ずつが絵図に示されているだけで，集落や家屋の記載が少ない絵図である。

⑥境　　界　　境界をあらわす線等の記号は具体的に示されていないが，両分

3. 川論絵図の内容と樫井川の付替え　119

流が合流するところから取水す
る用水路（現在のウアナダ用水
路）の北側に「上之郷村領」，さ
らにその北側の水路（道？）を
挟んで，「日根野村領」と注記
され，その水路（道？）が両村
の村境となっていたことがわか
る。そこは，日根野の小字安女
寺から久ノ木・溝ノ口にかけて
の道路にあたり，現在でも上之

> **史料一**（川論絵図添書、慈眼院所蔵）
> 天和三年ニ上之郷日根野
> 川論有之候而其節此通図
> 并ニ取替せ之書付いたし
> 有之候取替之書付写し
> 此図と一所ニ置罷有候事

郷との大字界として地図上で確認できる。日根野領側には，区画された「田」の
表現があるが上之郷村領側には何も画かれていない。

　このように，上之郷村側は母山が円形で示されるだけであるが，日根野村側は
溝ノ口の集落や寺社を詳細に画いていることから，この絵図は日根野村側を主体
として作成されたと考えられる。

(2) 川論絵図の添書と瀬替え関係文書

　天和 3 年（1683）の樫井川の瀬替えに関する文書は，天和三年日根野村上之
郷村川論絵図の添書と関係文書がすでに知られている[19]。川論絵図の添書には，
絵図の北を上にした場合，左上に史料 1 のように書かれている。

　それによると，天和 3 年に上之郷村と日根野村との間で川論があり，その際に
この絵図と瀬替えの文書をかわした。その文書を写し，この図といっしょに保管
したという。川論絵図だけでは，相論の箇所が明確ではないが，次の 2 点が論争
点として考えられる。

　1 つは，中州部分の土地の領有についてである。河道が移動した時には，新し
い河道と古い河道の間の土地が古い河道側の領地となるか，もとの新しい河道側
の旧領地のままであるかである。河川を境界として定めていた場合は，かつての
対岸の地域に組み込まれることになるが，多くの居住地や重要な田畑がある時に
は相論となるだろう。

　もう 1 つは，用水の取水に関することである。河道が放棄され，直接的にその

候ハ、両村立会見分之上
ニ而水あかり申所迄井
関上ケ可申候事

ニ而　有之候事

一日根野村はからい川之義
ハ大川へ直ニ堀通シ申筈

右之通證文之取詮候上
ハ互ニ後々迄違乱在間
敷候為後日證文仍而如件

天和三年亥　上之郷村庄屋
　月　日　　　誰
　　　　　　同村年寄
　　　　　　　同
　　　　　　　同
　　　　　　日根野村庄屋
　　　　　　同村年寄

河川から取水できなくなる場合も深刻であるが，ここでは洪水後の河床低下によって，水面が下がり，樫井川から用水の取水が困難になったとみられる。そこで，取水口を上流に求めることになるが他領に入ると相論が起こる。

　具体的には，絵図の井堰の位置で取水できなくなると，樫井川右岸の上之郷の耕地を潤す用水が取水できなくなる。そこから百数十ｍ遡ると日根野領となるため，上之郷村側が樫井川右岸から取水することは難しい。その耕地は，現在のウアナダ用水によって灌漑されているが，ウアナダ用水は前述したとおり，樫井川の上流で取水して左岸を流下し，母山橋の東側約200mで右岸へ渡っている。このことからも，日根野領の樫井川右岸から取水することはできず，また天和3年（1683）以降に現在のウアナダ用水のシステムが整えられたことがわかる。

　川論の詳細な内容はこの絵図や添書からは不明であるが，その川論に関係する文書としては同年付の史料2が知られる。その他に慈眼院には川論・用水相論に関する文書がみあたらないことから，この文書が絵図の添書の中に出てくる瀬替え文書で，いっしょに保管されてきたものと思われる。

　この文書は上之郷村庄屋・年寄と日根野村庄屋・年寄がとりかわしたもので，その内容からわかることは以下のとおりである。

　文書は樫井川の河道付け替えに関する証文で，「日根野大井関川（樫井川）は南北両方へ流れるが，このたび御公儀様より川瀬替えを仰せ付かり，川島の真ん中に新川筋を幅25間（約45m）双方から掘り付けるようにいわれた。以後，も

史料二（慈眼院文書）
大井関川瀬替證文

之事

一日根野大井関川両方へ流候
故今度従　御公儀様
川瀬替被為　仰付候付川
嶋之真中へ新川筋幅弐拾
五間　双方より堀付申候
以来若大水ニ而上之郷
方川堤欠候共日根の方
川堤欠候とも川幅弐拾五間ニ
御定被為成候上ハ　双方
より弐拾五間之内へハ少も
川除堤仕出し申間敷
候事

一上之郷井関之義者御
渕牛岩より百弐拾間下
ニ而井関仕水上ケ申候
自然此所大分川深ク
罷成井口へ水上り不申

し大水によって上之郷方の川堤が欠損しても，日根野方の川堤が欠損しても，川
幅 25 間に定められた上は，双方から 25 間のうちへは少しでも川除堤を出さない
こと」としている。

　これから，南北両分流の間に掘削された新川筋の川幅が約 45m であったこと
がわかる。1 万分の 1 空中写真を観察し，その旧河道の幅を測定すると，その幅
は約 5mm と実際の約 50m であるから，文書の数値とほぼ一致する。このことか
ら，この文書の記載内容が正確であることが裏付けられる。

　また，「上之郷の井関の件は，御渕牛岩より 120 間（約 218m）下流にて井堰を
つくり水をあげている。このところ自然に川がだいぶん深くなり，井口へ水があ
がらないというのならば，両村立会い見分けのうえで水があがるところまで井堰
を上げること」としている。

　取水口が深淵となってきており，短期間に鷁鵜渓付近の下方侵食が活発な様子
がうかがえる。現在樫井川と旧取水口の位置とでは 8m 以上の差があり，そこか
ら取水することは不可能に近い。上之郷村が取水できない場合，両村立会いの上
で水が段丘化した地形面にあがるところまで，樫井川を遡って井堰を設けること
ができると文書ではなっているが，今日，実際にはそうなっていない。日根野村
は上之郷村側の主張を認めなかったので，ウアナダ用水は土丸の稲倉橋西側の比
高約 6m の滝（N14°E の断層面？）があるところから取水している。用水は樫井
川の左岸，すなわち上之郷側を流れており，母山東橋の上流約 200m のところで

サイフォンによって右岸へ渡し，上之郷の耕地を潤している。したがって，急激な河床低下に対応して，用水の取水口を上流側へ移動させようとしたが，当時の井堰のすぐ上流側が日根野村領であったため了解が得られず，樫井川左岸の上之郷村地に水路を設けて用水を確保したものと考えられる。

最後には「日根野村が計画した川の件は，大川（樫井川）へ直接掘り通すはずである」とし，新川筋はもともと日根野村側が計画したことで，川島の真ん中から下流は直接樫井川へ流す予定であったこともわかる。この点も第4節の日根神社付近の地形分類とよく合致する。

4. 現地比定と工事目的

(1) 現地比定

川論絵図は，これまでに述べてきたように，その絵図に画かれた①「大井関大明神」など寺社の位置，②「上之郷村母山」「日根野村之内溝之口」の地名，③「日根野村領」と「上之郷村領」の境界が水路（道？）を境界線としており，現在も両大字界となっていること，④空中写真の判読による地形分類と現地形との対応関係，とくに天和頃の本流にあたる旧河道（凹地）の位置，⑤前述した絵図の添書および史料2などによって，詳細な現地比定が可能となった。川論絵図に画かれたおよその範囲は図8-7に示したが，中州は現在の樫井川左岸に位置し，上之郷の母山地区にあたっている。

(2) 工事の目的

樫井川は，稲倉川との合流点に比高6mの滝があり，その下流に鸕鷀渓を形成している。絵図では，そこに「神渕」と記されている。その下流の樫井川右岸は河川の攻撃斜面にあたり，侵食されやすいので，絵図には川岸に石積みを連続的に記載している。

工事の目的は，川論絵図の添書および史料2にあるように，2つに分流している樫井川の間，中州の中央部分に新しい河道を開削して，樫井川の主流路を南側へ移動させ，北流路の護岸を保全することにあった。そして，この新しく開削した流路以外の南北両流路をなくして河道を一本化しようとしたのが本来の目的で

はなかったかと思われる。

しかし，新しい流路を直線的に掘ったことと，樫井川上流側が隆起したこととがあいまって「神渕」付近では下方侵食が活発になり，結果的には南流路も段丘化してしまったと考えられる。

結論的には，日根神社南側の段丘崖は樫井川の攻撃斜面にあたり，そこの侵食作用が活発であったので，日根神社境内にも侵食のおそれがせまってきた。そのため，北流路を南側に計画した新川筋へ移して護岸をはかろうとしたが，南流路と中央の新川筋も段丘化してしまい，北流路だけが残った。結果的には御公儀・日根野村側の計画が失敗に終わったということになるのであろう。

5. 日根神社付近の地形分類と段丘化の原因

(1) 絵図付近の地形分類

現地調査および空中写真の判読によって，川論絵図に画かれた範囲の日根神社南側付近の地形を分類し，1,000 分の 1 地形図から地形分類図を作成した（図8-7）。以下，各地形を簡単に説明する。

①上位段丘Ⅱ面　　上位段丘面のおもな分布地域は，第2節で述べたとおりで泉佐野平野の北側に位置する丘陵の南麓にひろがる。図 8-7 の図幅では，上位段丘Ⅱ面が樫井川右岸の土丸付近の丘陵西麓の標高 66 ～ 61m に発達する。そこからは，北西にかなり傾斜し，白水池から泉佐野市街地方面に連続している。

②中位段丘面　　樫井川左岸の中位段丘Ⅰ面は山地に付随する形で分布する。表層は沖積錐あるいは崖錐堆積物で構成され，やや急傾斜である。右岸の中位段丘Ⅰ面は上位段丘Ⅱ面と約 3m の段丘崖で区切られ，その北西側にみられる。その標高は 59 ～ 57m で，分布面積は狭いがかなり平坦な面を有している。

中位段丘Ⅱ面は，樫井川が山間部から平野部へ移る鸝鵜渓まで，その両岸にひろくみられる。図 8-7 の図幅では標高 56 ～ 48m にかけて分布し，日根神社付近では最も広く一般的な地形面である。日根神社は標高約 55m で中位段丘Ⅱ面に位置している。

樫井川右岸では，日根神社の本殿がある面にあがる階段の部分が中位段丘Ⅱ面の段丘崖にあたり，本社殿は中位段丘Ⅱ面に，社務所から参道は中位段丘Ⅲ面に

124　第 8 章　泉佐野平野の地形とその変化

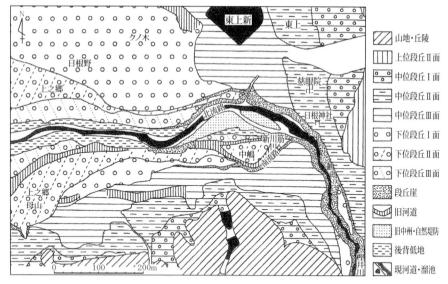

図 8-7　日根神社付近の地形分類図

位置する。

　東上新池の東側には上位段丘Ⅱ面から中位段丘Ⅱ面を侵食する開析谷が発達するが，中位段丘Ⅲ面には顕著な谷地形がみられない。

　③**下位段丘**　　下位段丘面は，中位段丘面とは明瞭な段丘崖で境界され，さらに 3 面に細分できる。

　下位段丘Ⅰ面は，樫井川左岸では付随的にしかみられないが，右岸の日根野付近では最もひろく分布する地形面である。川論で新しく開削した河道の南側は，河床低下により段丘化した下位段丘Ⅱ面となっている。小字「中嶋」の標高は約 43.6m で，現河床との比高は約 6.6m である。したがって，下位段丘Ⅱ面は天和 3 年（1683）以降に段丘化した極めて新しい完新世段丘といえる。下位段丘Ⅲ面は，さらにその後段丘化した地形面である。

　④**旧 河 道**　　川論絵図の南流路は，図 8-7 をみると，段丘面上の旧河道となっている。その旧河道は，下位段丘Ⅱ面上を流れていたものである。それは標高 43〜46m にあり，すでに埋積されている。樫井川の現河床は約 37m であるから，約 6〜9m の比高があることになる。中州の旧河道と西側の母山の旧河道とは，

かつて連続したものと思われる。

　⑤**新 川 筋**　　空中写真を観察すると，南北両河道の間には掘削されたとみられる直線的な流路が読み取れる。日根野遺跡調査に伴って作成された1/1,000地形測量図（1989年）によって，この旧河道の流路幅を測定すると，およそ40～50mある。これが，史料2にみられる「新川筋」にあたると考えられる。この新しく開削した流路（図8-7の旧河道）より北側は，侵食されて下位段丘Ⅲ面および沖積面となっている。

　⑥**現沖積面**　　下位段丘Ⅲ面の北側で現河道との間の地形は，現在の沖積面で，その標高は約38～40mである。現在は，護岸改修工事で地形がかなり改変されてしまった。その北側から樫井川までは，砂礫が堆積する中州であるが，離水しかけている地形である。

　⑦**現 河 道**　　川論絵図の北流路は現河道にあたる。北流路は江戸時代に新川筋への付け替えに努められたが，樫井川は北岸を激しく攻撃し，付け替えは成功しなかったとみられる。現在は下方侵食が旺盛で，段丘面を深く侵食している。鸕鶿渓から上之郷の母山集落付近までの河床勾配は，前述したように約6‰と，とくに急傾斜となっている。

　日根野村と上之郷村の境界は樫井川であったと考えられ，天和3年の川論以前は樫井川が南側の流路を流れていた。したがって，この中州は日根野領であったと思われ，南流路が古い流路で，北流路は新しい流路と考えられる。

　しかし，相論後は双方から新川筋を掘り，そこを新しい境界にしようとしたため，その段階で新川筋と河道ではさまれた地域（下位段丘Ⅱ面）は上之郷の領地となったとみられる。南流路は水が流れなくなり，下位段丘Ⅱ面は段丘化した。

　その後，樫井川は新川筋を流れなくなり北側の流路をとったため，下位段丘Ⅲ面も段丘化し，中州のすべてが上之郷領になったと考えられる。

（2）段丘化の原因

　このような日根神社南側の河床付近における隆起の原因については，断層，河川改修，洪水の3つが考えられる。

　第1は断層線に沿う地盤運動の影響である。意賀美神社の下のタブサ池北断層や土丸断層によって切られる地塊は，東の山地側が隆起，西の海側が沈降という

126　第8章　泉佐野平野の地形とその変化

傾動運動を示し，地形面が段丘化したことが考えられる。

　第2は河川改修である。樫井川流路を南北両支流から真ん中へ一本化・直線化によって流速が増し，下方侵食が活発になったことが考えられる。

　第3は海面変化に伴う洪水後の河床低下である。川論絵図が作成された当時は気候的に小氷期（1645〜1715年）にあたり，世界的に海面低下が起こったことが知られる。樫井川は洪水のたびに下刻し河床が下がったことが考えられる。

　その影響によって，河川から用水を取水することが困難になったとみられる。急激な河床低下によって用水の取水が困難となった場合，取水口を上流へ移動させることは一般的にとられた処置方法と思われる。紀ノ川下流域の宮井用水は永暦元年（1160）の洪水時に用水が耕地面へあがらなくなって取水口を上流側へ移動させ，さらにその後の河床低下で現在岩出統合井堰まで遡ったことはすでに報告したとおりである[20]。泉佐野平野ではウアナダ用水の取水口が，前述したとおり，川論絵図に画かれる母山付近の井堰の位置から，現在は上流の稲倉橋西側の一ノ井取水口へと上流側に移っている。

　日根野の鸕鷀渓付近における隆起量は少なくとも約8mに達し，隆起の期間を約300年間と長く見積もってもその平均隆起速度は約27mm／年となる。これは一般的な地盤運動による最大の隆起速度約1〜3mm／年よりかなり大きな数値といえる。このことは，隆起の原因が断層変位によることを裏付けていると思われる。段丘形成の完了した時期はよくわからないが，おそらく数回の洪水によって急速に段丘崖が形成されたものと考えられる。近世以降に樫井川流域では，急激で著しい地盤運動・地形変化が起こったものとみられる。

　この隆起傾向が500年前から継続して起こっていたと仮定すると，その間の隆起総量は20mに達することになる。井川用水路は「和泉国日根野村絵図」などに画かれていないが，中世当時すでに存在していた可能性の高いことが指摘されている[21]。井川の取水口は現在樫井川右岸における土丸の古川橋下流約60mの小字「別所前」にあるが，当初はもっと下流で取水できたことも考えられるので，今後も絵図・文書等をさらに調査し，井川取水口の移動についても検討していきたい。

6. お わ り に

　日根野は完新世の扇状地ではなくて，大部分が段丘礫層の薄い更新世段丘である。完新統が堆積するのは樫井川の氾濫原だけで，ごく狭い河川沿いに限られている。

　日根野付近の下位段丘面の形成は，おそらく近世以降におけるこの付近の断層活動・変位によって生じたものと考えられる。このような，歴史時代の地形変化，とくに中世・近世はあまり扱われてこなかったが，歴史資料を再検討していく中で，このような事例が浮かび上がってくることがある。各地域での丹念な資料調査の必要性を感じる次第である。

（注）

(1) ①古環境研究会（日下雅義・額田雅裕・古田　昇）（1990）：「日根野遺跡他発掘調査に係る歴史的環境（古環境）復元業務」（平成元年度報告書），1-11.
　　②日下雅義・額田雅裕（1991）：日根荘地域における自然環境変化．大阪府埋蔵文化財協会編：『シンポジウム　日根荘総合調査が語るもの』，6-7.
　　③額田雅裕（1994）：日根野荘の地形環境と絵図．大阪府埋蔵文化財協会編：「日根荘総合調査報告書」，43-86.

(2) ①高木勇夫（1970）：沖積平野の微地形と土地開発．日本大学自然科学研究所研究紀要，5，55-70.
　　②高木勇夫（1977）：沖積平野の地形面に関する若干の考察．日本大学自然科学研究所研究紀要，12，51-63.

(3) ①山川雅裕（1984）：濃尾平野東部における遺跡の立地と古地理の変遷．立命館文学，466-468，348-383.
　　②額田雅裕（1987）：太田城付近の地形環境．和歌山市立博物館研究紀要，2，24-41.
　　③額田雅裕（1993）：大阪平野北東部における遺跡の立地と環境の変遷．人文地理，45(4)，66-81.

(4) ①前掲注（1）②.
　　②高木勇夫（1985）：『条里地域の自然環境』古今書院，184-222.
　　③高橋　学（1988）：埋没水田遺構の地形環境分析．第四紀研究，27，253-272.

128　第8章　泉佐野平野の地形とその変化

④古田　昇（1989）：完新世後期における沖積段丘の形成について．立命館文学，510，222-244.

⑤前掲注（3）-②.

⑥前掲注（3）-③.

⑦額田雅裕（1994）：鳴神Ⅴ遺跡の地形環境.「鳴神Ⅴ遺跡発掘調査報告書」（財）和歌山市文化体育振興事業団，49-52.

(5)　①松田時彦ほか（1974）：元禄関東地震（1703年）の地学的研究.垣見俊弘・鈴木尉元編：『関東地方の地震と地殻変動』ラティス，175-192.

②横田佳世子（1978）：房総半島南東岸の完新世海岸段丘について．地理学評論，51，349-364（横田氏は，同面を瀬戸浜面とし，元禄関東地震の際に隆起し離水した波食台としている）.

(6)　1991年12月7日〜8日に開催された，シンポジウム「日根荘総合調査が語るもの」のパネル・ディスカッションの報告.基調報告の概要は前掲注(1)-②，天和3年日根野村・上之郷村川論絵図の写真・トレース図等は，同前掲書56-58頁に収められている.

(7)　両角芳郎（1977）：和泉山脈の地質.『和泉山脈の自然』大阪市立自然史博物館，6-10.

(8)　前掲注（7）.

(9)　八木浩司（1984）：大阪湾南東岸地域の最終間氷期海成地形面の位置に関する予察.日本地理学会予稿集，26，94-95.

(10)市原　実ほか(1991)：125,000分の1大阪とその周辺地域の第四紀地質図.アーバン・クボタ，30.

(11)　前掲注（10）.

(12)　前掲注（9）.

(13)　前掲注（9）.

(14)　前掲注（9）.

(15)　柴田　実編（1958）：『泉佐野市史』泉佐野市役所.

(16)　筆者らは，砂堆背後のラグーンから河岸段丘の開析谷に位置する大場遺跡（帝国産業第2工場跡地）において，花粉分析，珪藻分析，^{14}C年代測定などの資料を採集した．その分析結果などの詳細は前掲注（1）-③書に掲載されている.

(17)　墓地は集落の縁辺部に設けられることが多い．とくに河川が村落の境界となっている場合は，両村の墓地がその付近に位置する．日根野には近年まで両墓制が残っていた．そこは埋め墓と考えられる.

(18)　ウアナダ用水は，現在稲倉橋の西側の樫井川から取水し，左岸を一ノ井として流れ，

母山橋東側のサイフォンによって右岸へ渡され，ウアナダ用水に接続している．井田
寿邦氏の調査によると，一ノ井は古い用水路と考えられていたが，意外と新しい用水
路である可能性の高いという．

(19) 前掲注（1)-②・③掲載書.

(20) 前掲注（3)-②.

(21) 小山靖憲（1987)：荘園村落の開発と景観－和泉国日根野村絵図. 小山靖憲・佐藤
和彦編：『荘園絵図の世界』東京大学出版会，85-104.

第 9 章　日根野・中嶋遺跡の地形環境

1. は じ め に

　中嶋遺跡は泉佐野市日根野に位置し，JR 日根野駅南東側の土地区画整理事業に先立って，すでに平成 5 年（1993）1 月から三次にわたって発掘調査が行われてきた。おもな遺構としては，中世の水田遺構，銅銭埋納土坑などがあげられる。

　当地域は，九条家領として天福 2 年（1234）に立荘された日根野荘の一部にあたる。日根野荘は中世に作成された荘園絵図が 2 枚あり，そこに画かれる溜池や寺社などから構成される中世の景観がよく残り，荘園遺跡としては初めて国の史跡に指定された，全国的に有名な荘園である。中嶋遺跡の西約 150m にある泉池は，正和 5 年（1316）に作成された和泉国日根野村絵図（以下，村絵図と略す）における荒野の真ん中に画かれる「白水池」にあたり，中嶋遺跡の地形環境を明らかにすることは日根野荘を考える上でも重要である。

2. 泉佐野平野の地形と遺跡の立地

　泉佐野平野は，鮮新－更新統の大阪層群（約 250 〜 30 万年前に堆積した地層で，未固結の砂礫・シルト・粘土の互層）によって構成される丘陵で，その東部〜北部と南部が囲まれている（図 9-1）。平野周辺では海成粘土層（Ma1）とその上位にピンク火山灰がみられ，丘陵の地質は鮮新世末期〜更新世初期に堆積した地層で構成されることがわかる。丘陵には開析谷が発達し，そこを堰止めて十二谷池（住持谷池）や八重治池（八重池）などの溜池が多数築造されている。

　樫井川に沿っては，自然堤防や旧河道が分布する細長い沖積低地が発達するものの，平野の大半は傾斜のかなり急な河岸段丘（隆起扇状地）で占められる。河岸段丘は，形成時期の古い順に上位から上位段丘面・中位段丘面・下位段丘面の 3 面に大別される（額田，1995）。

132 第9章 日根野・中嶋遺跡の地形環境

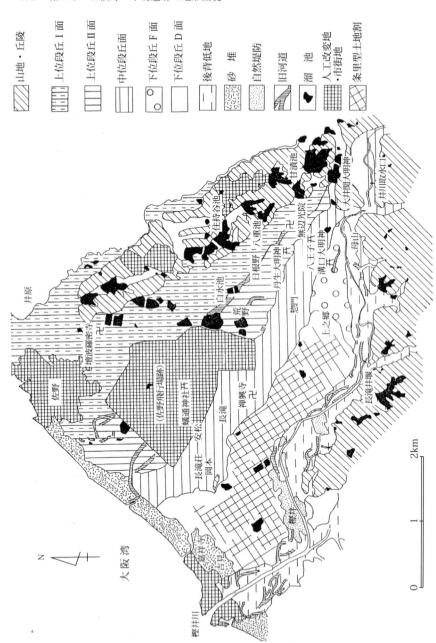

図 9-1 泉佐野・日根荘付近の地形分類図（額田，1995）

上位段丘面は，樫井川右岸における丘陵の南側に分布し，東上では標高が約70mであるが，北西に向かって低下し，中嶋遺跡付近では40〜36m，泉佐野市街地では10〜5mになる。同面は，泉池（白水池）へ続く明瞭な旧河道を境に，さらにⅠ面とⅡ面に細分できる。上位段丘Ⅰ面とⅡ面の比高は1.5m前後で，上位段丘Ⅱ面と中位段丘面の比高は約3mである。そして，中嶋遺跡・岡口遺跡・白水池北遺跡は上位段丘Ⅰ面に，小塚遺跡は上位段丘Ⅰ面〜Ⅱ面に立地する。泉池は，上位段丘Ⅱ面の旧河道西側を堰止めて築造されている。白水池北遺跡（6区・7区）は，その池域を中心に旧河道を含む範囲に位置する。

中位段丘面は，日根神社・慈眼院の位置する標高約50mから北西へ長滝（25m），南中岡本（5〜10m）にかけて分布する。日根神社裏の鸕鷀渓では，約17mに及ぶ急崖を形成している。

下位段丘面は，上之郷から田尻町にかけて分布する。机場〜中村は扇状地状に急傾斜する地形（F面）で，標高約30mの下村付近からは緩勾配となり田尻町（約5m）にかけては三角州性の地形（D面）となっている。後者には，条里型土地割がひろく検出される。そこは，沖積低地との比高が1〜2mであるので，樫井川から直接長滝用水を引いて灌漑している。

大阪湾に面した泉佐野市笠松〜田尻町吉見の海岸部には，幅200〜300mの砂堆が発達し，そこに嘉祥寺・吉見などの集落が立地し孝子越街道がとおっている。砂堆は一列で垂直に重なっているようで，縄文海進以降の海岸線の変化は小さいものと考えられる。

3. 中嶋遺跡付近の地質構造

河岸段丘は面積的に泉佐野平野の大半を占めるが，関西空港連絡道路に沿って連続的に行われたボーリング資料によって作成した地質断面図（図9-2）をみると，河岸段丘の礫層は約5mの厚さがあるだけで比較的薄く，それ以下には大阪層群が厚く堆積していることがわかる。遺跡の発掘調査区域において，最下部に検出される無遺物の砂礫層（地山）はこの段丘礫層にあたる。その上部で遺物を包含したり，水田面が検出される地層が沖積層である。

中嶋遺跡付近の地質資料は，今回得ることができなかった。図9-3は，中島遺

134　第9章　日根野・中嶋遺跡の地形環境

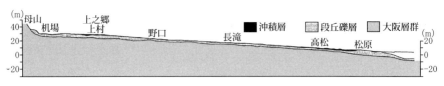

図 9-3　空港連絡道路沿いの地質断面図
(「日根荘総合調査報告書」，1994 より，一部改変)

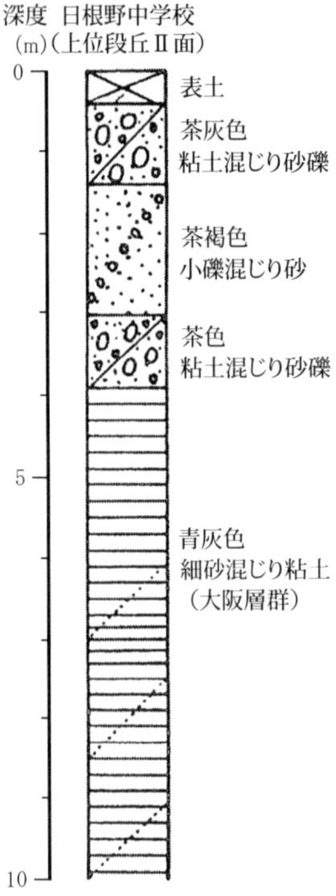

跡から約 800m 離れた同じ上位段丘 II 面に位置する，日根野中学校における地質を示すボーリング柱状図である。表土の直下には未固結の砂礫層が約 4m 続き，その下位には粘土層が 6m 以上の厚さをもって堆積している。前者は上位段丘を構成する段丘礫層，後者は大阪層群と考えられ，段丘礫層は薄く大阪層群が厚いことは図 9-2 でみたのと同様で，中嶋遺跡付近も大差ないと思われる。

4. 中嶋遺跡付近の地形

　日根野は古代頃まで未開の原野であったらしく，『日本書紀』の允恭天皇 8 年 (419) 条には天皇が日根野に遊猟したことが記されている。また，『日本紀略』の延暦 22 年 (803) 10 月 5 日条と『日本後略』の延暦 23 年 10 月によると桓武天皇が日根野に行幸し遊猟している。日根野は中位段丘面から上位段丘面にかけて位置し，用水が十分に得られなかったため水田開発ができず，荒野となっていたようである。荒野は荒廃した既耕地または開発予定地とされるが，泉佐野市の大場遺跡における花粉分析の結果からみると，荊棘地や放牧場というより未開の雑木林に近かったと考えられる（古谷・渡辺，1994）。村絵図をみると，古作（既開発地）は丘陵崖下や段丘面上の旧河道に分布し，溜池や湧水などで灌漑用水が得られる所に限られている。

　中嶋遺跡他の分布する JR 日根野駅東側の土地区画整理事業の対象範囲は，上

図 9-2　ボーリング柱状図

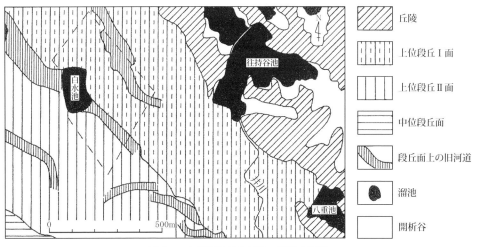

図 9-4　中嶋遺跡ほか付近の地形分類図
破線内は区画整理事業対象地範囲.

位段丘Ⅰ面～Ⅱ面にあたる（図 9-4）。村絵図に画がれる泉池は，段丘面上で比定できる唯一現存する溜池で，両面の境界付近に位置し，段丘崖に沿う旧河道を利用して築造している。また，中嶋遺跡付近には上位段丘Ⅰ面に旧河道が南東から北西方向に認められる。

中嶋遺跡は，上位段丘Ⅰ面に立地するため非常に用水が得にくい所である。13区・9区・1区・10区の発掘調査区は，小塚遺跡と岡口遺跡の間を南から北へ連続する上位段丘Ⅰ面の旧河道（浅い開析谷）にあたり，その水田は現在十二谷池の水掛かりとなっている。旧河道はそこから産業道路の北側に沿って北西流する。13区～10区は旧河道状の微凹地にあたるが，11区と12区は上位段丘Ⅰ面の一般面に位置している。

当地域は，村絵図の古作と荒野の境界付近にあたるが，10区や13区のような段差を設けた鎌倉時代～室町時代の耕作地は荒野を谷水や湧水で部分的に開発した所と考えられる。11区や12区の上位段丘Ⅰ面の耕地は，開発時期がかなり遅く，近世初頭以降，正保2年（1645）に起工し宝暦5年（1755）に完成した俵屋新田と同時期ころに荒野を開発したものと思われる。

5. トレンチ断面と観察の所見

発掘調査区におけるトレンチ断面は，平成 6 年（1994）年 11 月 30 日と翌年 3 月 3 日の 2 日間に，9 区・10 区・11 区・13 区を観察した。その他は発掘調査が終了していたので，発掘調査終了報告やトレンチ断面図に基づいて述べることにする。遺構名・地層名は筆者の用語とは異なるものもあるが，ここでは混乱を避けるため，井藤暁子（1993，1994，1995）を引用して用いることにしたい。

1 区と 2 区の基本層序は，上位から①盛土・耕作土（近現代），②耕作土（近世），③耕作土（室町時代），④耕作土（鎌倉時代），⑤中世以前の堆積土，⑥地山となっている。1 区は中央部が低く，中世以前の蛇行した小河川が検出されたほか，耕地の境に鎌倉時代後半の溝と杭跡が検出された。2 区は，1 区から続く河川と鎌倉時代後半および室町時代の段差が検出され，耕地面は高くなって西側へひろがる。

3 区は，JR 阪和線路沿いの字北尻の上位段丘 I 面に位置する。層序は昭和 39 年（1964）までの①耕作土，②床土，③褐色遺物包含層，④地山となっている。3A 区では，③層に 13 世紀後半〜 14 世紀前半の土師器・瓦器が含まれ，その上面が第 1 遺構面，④層上面が第 2 遺構面である。第 1 遺構面からは耕作地 2 枚，第 2 遺構面からは溝で区画された耕作地 3 枚が検出された。後者からは，鋤跡や人と牛の足跡も検出された。3B 区もほぼ 3A 区と同様で，第 1 遺構面からは耕作地・溝・土坑（鋳型出土）が検出され，第 2 遺構面もほぼ同様であるが区画溝は検出されなかった。

8A 区・9 区の基本層序は，上位から①耕作土（黄灰色シルト），②床土（褐色粘土），③黄褐色シルト，④にぶい黄褐色粘土の順で，その下が⑧地山であるが，9 区の田 1 のみその間に⑤にぶい黄褐色粘土，⑥灰黄褐色粘土，⑦にぶい黄橙色砂混じり粘土を挟む。

8 区では，③層上面と③層除去面に近世の遺構面が検出された。また，④層除去面（地山面）は中世の面で，両脇に溝がある畦道（A 田 1），幅 130cm の道（C 田 3），削平されてよくわからないが掘建柱建物跡と思われる柱穴 2 つ（C 田 2）が検出された。8A 区田 3 は，小字こち池の一部で，近世以降に水田となった所である。それを除く全域は，室町〜戦国時代（15 〜 16 世紀）に開発された水田で，

上位段丘 I 面に位置するため，それ以前は荒野であったと考えられる。耕作地は，水田形成時に水面が水平になるようにするため，段を形成したり畔をつくって整地を行っている。

9区では，③層上面（近世）と耕作具の痕跡が多い⑤層上面（近世），田1から銅銭埋納土坑（中世〜近世）3カ所，⑥層除去面の地山面（中世）が遺構面として検出された。9区田1は，浅い開析谷に位置するため用水が得やすく，鎌倉時代末期〜室町時代（14世紀）に開発され早くから耕地化された。出土遺物からは村絵図の古作か荒野か微妙であるが，既開発地か14世紀に開発された荒野と考えられる。浅い開析谷を除いた上位段丘 I 面が開発されるのは，現在のように十二谷池の水掛かり地区となった以降と思われる。9区田2は，8区（田3を除く）同様，室町〜戦国時代（15〜16世紀）の開発で，上位段丘 I 面に位置する。村絵図では，荒野にあたる所である。

10区では，上位から①耕作土，②床土，③黄色土層，④灰色土層，⑤紫色土層，⑥堆積土層，⑦段丘礫層の順に堆積している。②を除去した第1遺構面（中世）からは，銅銭が埋められた地鎮土坑が4つ，そのうち3つが沼状水田の西側部分から検出された。④層上面の第2遺構面は畝のある耕作面，⑤層上面の第3遺構面は鋤跡などが残る耕作面である。⑥層上面の第4遺構面は，沼状水田の検出面で，各水田の底面と畔が残る。これらは，段丘面上の浅い旧河道の伏流水あるいは湧水を利用して開発された水田と考えられる。⑦層上面の第5遺構面は地山面で，足跡や第4遺構面とは異なる南北地割が残存する。これらは，すべて鎌倉時代以降に開発された水田と思われるが，沼状水田に先行する地割が存在することは，沼状水田が再開発，あるいは鎌倉時代以降継続して営まれた水田であったことを示唆している。したがって，この付近が村絵図の荒野か古作のどちらにあたるか，これまでよくわかっていないが，少なくとも断続的に稲作が行われてきたことがわかる。

11区では，時期不明の須恵質・土師質土器破片が出土するだけで，基本層序は上位から①耕作土，②床土，③包含層，④地山である。第1・第2遺構面が検出されたが，詳細は省略する。

12区では，上位から①耕作土，②床土，③畝を埋める上位包含層，④畝を形成する下位包含層，⑤地山層の順に堆積している。④層の上面が第1遺構面で，

138　第9章　日根野・中嶋遺跡の地形環境

表 9-1　中嶋遺跡における各調査区の層序

13区(田3東壁) 上位段丘I面 旧河道	8A区・9区 上位段丘I面 一般面	9区田1 上位段丘I面 旧河道	12区 上位段丘I面 一般面	1区と2区 上位段丘I面 一般面	11区 上位段丘I面 一般面	10区 上位段丘I面 一般面	3区 上位段丘I面 一般面
①耕作土	①耕作土(黄灰色シルト)	①耕作土(黄灰色シルト)	①耕作土	①盛土・耕作土(近現代)	①耕作土	①耕作土	①耕作土(1964年まで)
②床土	②床土(褐色粘土)	②床土(褐色粘土)	②床土	②耕作土(近世)	②床土	②床土	②床土
③黄色土層(上:近世)	③黄褐色シルト	③黄褐色シルト	③畝を埋める上位包含層	③耕作土(室町時代)	③包含層	③黄色土層	③褐色遺物包含層
④黄色土層(下)	④にぶい黄褐色粘土	④にぶい黄褐色粘土く	④畝を形成する下位包含層	④耕作土(鎌倉時代)	④地山	④灰色土層	④地山
⑤灰色土層	⑤地山	⑤にぶい黄褐色粘土	⑤地山層	⑤中世以前の堆積土		⑤紫色土層	
⑥薄紫土層		⑥灰黄褐色粘土		⑥地山		⑥堆積土層	
⑦濃紫(黒褐色)土層		⑦にぶい黄褐色粘土				⑦段丘礫層	
⑧青黄色土層		⑧地山					
⑨段丘礫層							

畝のある耕作面である。⑤層上面の第2遺構面からは，数条の溝と土坑（1つは水口または水落），第1遺構面と異なる地割が検出された。

　13区では，地鎮土坑と思われるピットが17カ所も検出され，中から銅銭8枚が出土した。13区田3東壁の断面では，上位から①耕作土，②床土，③黄色土層（上：近世），④黄色土層（下），⑤灰色土層，⑥薄紫土層，⑦濃紫（黒褐）色土層，⑧青黄色土層，⑨段丘礫層の順に堆積している。③層以下は，耕作土と床土の互層である。③層上面の第1遺構面（中世）は，田1では床土がなく地鎮土坑が検出された。④層上面の第2遺構面は畝のある耕作面，⑤層上面の第3遺構面は鋤跡などが残る耕作面である。⑥層上面の第4遺構面は沼状水田検出面，⑦層上面の第5遺構面は沼状水田中位面，⑧層上面の第6遺構面は沼状水田下位面で，これらは10区同様，「上位段丘I面の旧河道状の浅い開析谷に位置する水田」と考えられる。水田は，すべて鎌倉時代以降の開発と思われる。第5・第6遺構面には無数の足跡と起耕痕などが残る。③からは近世陶磁器が出土し，沼状水田を構成する④〜⑦からは14世紀前葉頃の瓦器碗が出土した。このことは，村絵図の古作か荒野のいずれにあたるか，時期的にも地形的にも微妙な所で詳細な検討を要するが，上位段丘I面は少なくとも14世紀中頃には開発されていたことが明らかである。

　表9-1は，各発掘調査区の基本的な層序を南から北へ順に並べた。層序は，堆

積状況から 2 グループに分けられる。1 つは地山を含めて 4 〜 5 層に区分できる グループ，もう 1 つは 6 〜 8 層に区分できるグループである。各調査区は 1 本の 旧河道に沿っており，前者は上位段丘 I 面の一般面に位置する調査区，後者は旧 河道状の浅い開析谷に位置する調査区にあたる。一般面では上位から耕作土・床 土・遺物包含層・地山と単純な堆積構造を示すが，旧河道では湿地状で堆積した かあるいは堆積後地下水位の上がる環境の下で形成された紫色土層など，中世以 降の地層が厚く堆積し遺構面が多く検出できる。また，渡辺氏による 13 区東壁 南の花粉分析結果などをみると，紫色土層が上位段丘 I 面で最初に水田化された 耕作土と考えられる。

6. お わ り に

中嶋遺跡は，泉佐野平野の中で最も安定した上位段丘 I 面に立地する。そして，13 区〜 10 区は旧河道状の微凹地に位置するが，11 区と 12 区は段丘面上に位置し，出土遺物から近世初頭以降に開発されたと考えられる。今回検出された沼状水田・田 1 〜 3 は，上位段丘 I 面を浅く開析した谷に発達しており，13 区の⑥・⑦層はその開析谷の湿地・沼地状の凹地に堆積した地層と思われる。10 区・13 区の出土遺物からみると，その形成時期は 14 世紀前葉以降で，村絵図の作成された時期とほぼ一致することは興味深い。

泉池は上位段丘 I 面と II 面の境界の旧河道を堰止めて築造された溜池で，旧河道を流れる伏流水が地表へ湧き出る位置にあったと推定される。

泉池は十二谷池に次ぐ日根野荘の中で最も重要な溜池と思われるが，泉池だけが国の史跡指定からはずされ，今回の区画整理事業で埋め立てられて，その姿を消したことは非常に残念である。泉佐野市に分布する溜池は，市役所（布池），市立佐野病院（篭池），中央保育所・青少年センター・消防署西出張所（笠松池），新池中学校（新池），中央小学校（井原池）など埋め立てられて多くの公共施設が建設されてきた。それは，溜池自体の寿命が一般的に 300 年程度で，灌漑の必要性がなくなった溜池の転用として理解できる。しかし，JR 日根野駅前は，歴史のある泉佐野市の新しい玄関口・ターミナルとなるにふさわしく，泉池を浄化して駐車場や道路を取り除き，史跡公園として泉池を中世の景観のままに復元・

整備してほしかった。ターミナルというと俗な場所になりがちであるが，歴史的な環境を保ち，市民やここを訪れた国内外の人に日根野荘の歴史的景観を実感してもらい，人々の憩える場にすれば泉佐野市の名はますます高まったことだろう。駅前の一等地だからといって，経済的な利益追求のために歴史的に意義深い池を埋め立てて開発したことは，後世の人々のそしりを受け嘲笑されることを，我々は覚悟しなければばらない。

（参考文献）

井藤暁子（1993・1994・1995）:「中嶋遺跡他発掘調査終了報告（その1〜3）」（財）大阪府埋蔵文化財協会.

古谷正和・渡辺正巳（1994）: 大場遺跡の花粉・珪藻分析および火山灰分析.「日根荘総合調査報告書」大阪府教育委員会，123-149.

額田雅裕・古田　昇（1994）: 泉佐野平野の地形とその変化. 和歌山地理，14，31-44 .

額田雅裕（1995）: 荘園の立地と環境. 日下雅義編:『古代の環境と考古学』古今書院，217-255.

第10章　日本海沿岸のラグーン性低地の環境変遷

1. は じ め に

　荘園絵図は，寺社の大土地所有が進行し荘園制が発展すると，荘園の立荘や相論の際に証拠書類として作成された。最も古いものには，麻布に条里の方眼を画いた天平神護2年（766）の東大寺領越前国道守荘開田図がある。山野河海は公共の入会地であったが，荘園が四至を定めて占地するに従って曖昧なゾーンであった境界の相論が発生し，その過程で絵図が作成された。とくに鎌倉時代には，本家・領家と地頭の相論が頻発し，その解決策として和与による下地中分絵図が多く作成された。

　伯耆国河村郡東郷荘下地中分絵図（以下，東郷荘絵図と略す）と越後国奥山荘波月条近傍絵図」（以下，奥山荘絵図と略す）は下地中分絵図の典型であるが，本章ではこの荘園絵図2点が残される日本海沿岸のラグーンを埋積するタイプの平野において，中世荘園絵図と微地形との関係を検討し，そこの地形環境を解明したい。

2. 東郷荘の地形環境

　東郷荘は鳥取県中部，天神川下流域の東郷湖周辺に位置する荘園で，湖の西部と南部に平野が広がる。その成立は詳らかでないが，平安末期に河村東郷が荘園へ変質したものと思われる。西岡（1973）は，同荘に伯耆国一宮の倭文神社があり，社領には特権があって，それが荘園化の第一段階をなしたとし，東郷荘を平安末期から鎌倉初期に成立した京都の松尾神社を領家とする寄進地系荘園と推定した[1]。それに対して，渡辺（1968）は地頭の原田氏系図から東郷荘の寄進時期を13世紀初頭とした[2]。松尾神社の支配力は弱く，東郷荘は15世紀に南条・山名氏の守護勢力に侵略され事実上解体していった。

142 第10章 日本海沿岸のラグーン性低地の環境変遷

東郷荘絵図は，正嘉2年（1258）11月に領家松尾神社と地頭が和与により下地中分した時に作成されたもので，領域型の下地中分絵図の代表例である。絵図は東郷湖を中心に荘域全体を画き，湖岸には橋津，馬野，倉渕，長和田，耳江，長江，伯井田，小垣の集落があり，東が野方・笏賀，南が三朝・竹田，西が西郷・北条郷と境を接する。

下地をめぐる領家と地頭の相論では，裁判の判決前に和与となり，両者合意の上で作成した和与状を幕府に提出し，その確認証にあたる裁許状が交付されることが多かった。下地中分は，係争地を二等分してそれぞれ他者の干渉支配を排除し，一円支配を確立するために用いられた解決方法で，現地の地図に朱線で中分線を明示した。東郷荘絵図は，裁許状に署判した幕府の執権・連署が，その朱線部分に花押を据えて返付したものである[3]。領地は領家分（東分）・地頭分（西分）とそれぞれ墨書し，山野と耕地を均等に中分している。日本海に3隻の船と東郷湖に2隻の小舟を画くほか，2人の漕ぎ手や動物を画くことは，荘園絵図にとって極めてめずらしい。

次に，東郷荘付近の地形をみてみよう（図10-1）。東郷荘の周辺は，山地・丘陵で囲まれる。東側は馬野－鉢伏山－川上峠，南側は三朝山地，西側は大平山の山陵線が荘園の境界である。橋津川河口右岸の馬ノ山は標高107mの丘陵で，馬ノ山古墳群が分布する。なかでも4号墳は，全長88mと山陰最大規模である。絵図では馬野として馬12頭が画かれる。

北条砂丘は，東は橋津川河口から西は由良川河口に至る東西10km余，南北約2kmの海岸砂丘である。北条町国坂では，基盤岩山地の茶臼山が露出する。砂丘は2列あり，内側の砂丘上に長瀬集落や長瀬高浜遺跡が立地し，橋津は北条砂丘の東端に位置する。

東郷湖は北条砂丘の発達によって，天神川の河口付近が日本海と隔絶されてできたラグーンである。周囲は約10km，面積は420haであるが，天神川の沖積作用によって埋積され，水深は2〜3mと浅い。絵図の突出した岬状の地形は，羽合温泉付近にあたり，デルタのなごりであろう。日本海が荒れる冬期には，漂砂によって橋津川河口が閉塞されたり東郷湖に海水が侵入することがあるが，舟泊まりとしてラグーンは最適な環境で，古墳時代にも東郷湖は港の役割を果たしたと思われる。太田（1991）は，橋津を日本海に面した天然の良港で，年貢米等の

2. 東郷荘の地形環境　143

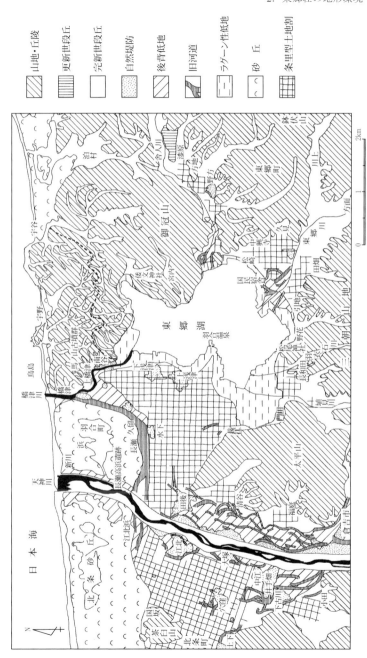

図 10-1　倉吉平野・東郷荘付近の地形分類図

144　第 10 章　日本海沿岸のラグーン性低地の環境変遷

積み出し港として荘倉も設けられて発達したと推測し，「但馬の二方荘や出雲の中ノ海の揖屋荘同様，北条氏と結びついた日本海の海上交通路の重要な拠点の一つ」とし [2]，この付近は山陰地方でも重要な位置を占めたと推定している。

　天神川に沿っては，自然堤防・後背低地・旧河道からなる沖積低地がひろがる。東郷荘絵図では，天神川が長瀬から蛇行して久留で橋津川と合流して日本海へ注いでいる。現在は北条砂丘を切って江北浜と長瀬の間を北流し日本海へ直接注いるが，江戸時代には橋津川へ流入していた。

　東郷湖の南西部には低湿なラグーン性低地と思われる地域がある。東郷荘絵図をみると，現在の東郷湖より南東部がとくに広く画かれている。また，絵図では埴見川の門田橋付近に耳江集落があるが現存しない。さらに，空中写真を観察すると，その付近には集落や条里型土地割が分布せず，現地では長江付近に小崖が確認されるので，そこは旧湖岸線の可能性が高いと考えられる。これらのことから，山麓の門田集落付近まではかつて湖面であって，東郷荘絵図の作成時期における長江から門田付近はラグーンの湖岸線であったと推定される。

　渡辺（1968）は，東郷荘絵図における東郷湖の輪部が昭和 40 年（1965）9 月の台風 22 号による洪水時の湖岸線とほぼ一致するとした [3]。その関係資料は現在役場等に残されていないが，湖畔の国民宿舎水明荘前の大水害記録柱にはそれらの水位が記されている。過去の最大洪水位は①昭和 9 年（1934）9 月 21 日の室戸台風時の 230cm，次いで②昭和 34 年（1959）9 月 26 日の伊勢湾台風時の 125cm，③昭和 62 年（1987）10 月 16 日の台風 19 号時の 110cm，④平成 2 年（1990）9 月 19 日の台風 19 号時の 90cm の順位である。ここでも昭和 40 年の記録は残っていないが，③の浸水範囲は『昭和 62 年 10 月台風 19 号災害の記録』，④の浸水範囲は東郷町役場の浸水区域図から知ることができる。④の浸水範囲は③よりやや狭いが，ほぼ同じ区域であることがわかる。それらは台風に伴う集中豪雨時に発生しており，湖面が標高 0m で海面と変わらず，東郷湖へ流入する舎人川，東郷川，羽衣石川，埴見川の流量が海へ排水する橋津川の流量を上回るため，湖岸地区は長時間浸水するのである。

　次に，完新世段丘面は東郷湖の西部と南東部に分布し，絵図では耕地として井桁が画かれる。西部には条里型土地割が比較的明瞭に残っており，湖岸や天神川沿いには小崖が認められる。段丘化の時期は，今のところ特定できないが，江戸

2. 東郷荘の地形環境　145

時代の天神川付け替えによる影響が考えられる。

　浅津付近では，完新世段丘面の東縁まで条里型土地割が残存し，その地形は東郷荘絵図西側の湖岸線とほぼ一致するため，そこが当時の湖岸と推定される。南北の「広熊路」・東西の「紫縄手」の中分線は条里区画線ではないが，近世の村境は中分線に規定されているという[2]。紫縄手は上浅津・下浅津の間の東西方向の陌線，広熊路は長江と北条郷長瀬を結ぶ阡線に想定できる。また，南東部の東郷川流域では，標高 10m 以下に条里型土地割が分布し，条里界線に「八丁畷」という道がある。

　東郷荘絵図の中分線は，これら条里型土地割の分布する完新世段丘面の耕地などを均等に配分するため，複雑になったので図示したと考えられる。

　野花には中世の支配所と考えられる松尾神社があり，中分線は野花と引地の間に引かれている。馬野の中分線はその屈曲の具合から，現在の南谷から宇谷の丘陵尾根線にあたると思われる（図の破線の位置）。黒田（1986a・b）は，「荘園絵図を作成するに至った動機・目的にそって一貫して読み通す」という読解法によって東郷荘絵図を読み，寺社・馬・帆掛船に至るすべての図像が一定の割合で領家・地頭・一宮（倭文神社）に配分され，等分の原則が貫かれているとした[4][5]。また，黒田（1986c）は，山・川・道など荘園の境界表現について考察し，なかでも牓示の杭，とくにその色に注目した。牓示の色は，黒が知られるが東郷荘絵図には朱色が用いられている[6]。西岡（1973）は，牓示について自然の立木の利用，石材の使用，炭の埋設等をあげるが，木の杭が一般的といい，その位置は「浜山」と推定した[1]。西側の高浜は北条郷で，縄文晩期から中世末期の長瀬高浜遺跡がある所である。

　海岸には，港の目標物とした東郷荘絵図の岩礁，鳥島が現在も確認できる。港は橋津川の右岸と左岸で領家と地頭に等分している。黒田（1968b）は，橋津川の河口に位置する領家分の大湊宮を橋津の港湾機能の中心とし，同絵図は 13 世紀中葉の日本海海上交通を表現した貴重な史料とした[5]。西岡（1973）は，湊神社（大湊宮）が一宮（倭文神社）と同様に鎮座することと，日本海の一地方的船津であったことが荘園化を促進する契機になったとして[1]，両氏は荘園の立地にとって港の重要性を強調している。

　このように，東郷荘絵図は，①当時の東郷湖が現在より広く，とくに南西部の

146 第10章 日本海沿岸のラグーン性低地の環境変遷

ラグーン性低地はかつての湖底であって，絵図の湖岸線・湖形がかなり正確なこと，②条里型土地割は完新世段丘面のみに分布すること，③完新世段丘面の耕地や丘陵の馬野などを等分するために作成されたこと，④天神川旧河道の幅が現在の橋津川よりも広いにもかかわらず，橋津川が天神川より太く画かれ，東郷荘，とくに港にとって東郷湖とつながる橋津川が重要であったことをうかがわせるのである。

3. 奥山荘の地形環境

　奥山荘の位置する新潟平野は，南北100km・東西10〜25km，面積2,070km^{2}と，わが国第2の規模である。同平野は，第三紀褶曲帯の地向斜を信濃川などが埋積して形成された沖積平野で，阿賀野川・五十嵐川によって三分される。奥山荘はその北部に位置し，荒川・胎内川が扇状地性の低地を形成するが，加治川以南には標高15m以下の低湿で勾配が緩いデルタ性の低地が広がる。胎内川は飯豊山地に源を発し全長約33kmで，伏流して地表流水が少ない河川である。

　ここでは，河道の変遷，ラグーンの干拓および荘園絵図と微地形の関係を検討して，奥山荘の現地比定とその地形環境の復原を行いたい。

　奥山荘は，摂関家領から鎌倉期に地頭和田氏の所領となった荘園である。和田時茂が同荘を娘や孫に分割相続するため作成した建治3年（1277）4月28日譲状では波月条（並槻）を孫茂連に譲与しようとするが，11月5日譲状には波月条がなく，娘尼意阿に与えたかあるいは奥山荘絵図の波月条に孫茂長の屋敷があることから茂長の知行を意図するとみられる。同絵図は，いずれにしても和田一族の所領争いの過程で作成されたと思われる。

　奥山荘絵図は，中央を東西に流れる太伊乃河（胎内川），四方を朱線で囲む波月条を中心に画き，河川を挟んで南北に七日市と高野市の市場，茂連と茂長の屋敷，鋳物師家など鎌倉期の荘園景観をよく伝える。しかし，この絵図は導線型荘園絵図であるので，東郷荘絵図など領域型荘園絵図のように方位や面的な広がりはさほど正確ではない。また，狭い範囲しか画かれてないので，位置関係だけでその範囲をとらえねばならず，現地比定は難しい。胎内川は古河と2本の新河に分かれ，さらに新河は分流して3つの中州を形成する。最も下流側の中州には集

落が画かれ，大河嶋と注記されるが現地比定は困難である。奥山荘絵図では，古河が波月条の南境として朱線で引かれ，北岸には上流から久佐宇津条，波月条，高野市の順に，南岸には石曽祢条・七日市が位置することはわかるが，東西に一直線に並ぶ確証はない。そこで，古河・新河がどの旧河道にあたるかが検討しなければならない。

　奥山荘絵図の太伊乃河は波月条の南側に画かれるが，現在の胎内川は並槻の北側を流れている。井上（1981）[7]は，その原因を胎内川の流路変遷と推定した。絵図の範囲は，小林（1969）[8]が中條町本町から並槻付近のかなり狭い範囲を，服部（1980）[9]は現在の高野を含む広い範囲を想定した。服部（1980）[9]は，並槻と野中の狭い間に3本の河道を想定しにくいこと，3流を合わせた川幅が現胎内川の川幅と大差ないことから，小林説を批判したが，地形分類図（図10-2）に示したとおり旧河道の分布は無数に近い。有力な河道だけを拾いあげてもかなり多く，同図をみると両集落間には3本以上の旧河道が認められる。また，日本の河川のほとんどは河道の一本化・直線化など近代的河川改修が行われ，連続堤防の築造によって川幅が広くなったが，かつては2〜3本の分流ないし網状流であったため，1本の旧河道幅が細いことは地形的に理解できる。服部（1980）[9]は，並槻集落が移転した可能性を指摘し，現胎内川を中世の太伊乃河（絵図の古河）とみなした。しかし，多くの旧河道が検出され，扇状地性の平野であることを考慮すれば，河道の変遷がなかったとすることはできない。扇状地性の平野では洪水時に主流が変わることはしばしばあるため，小林説の方が支持できる。胎内川は河道変遷が著しく，奥山荘絵図の河道がどれかを特定することは重要であるが，現時点で精密な比定をすることは困難である。今後の課題としたい。

　次に奥山荘付近の地形をみてみよう。同荘は北側が蒲萄山地，東側が櫛形山脈・飯豊山地，南側が第三系の魚沼・東頸城丘陵に囲まれる。新潟平野の海岸には10列に及ぶ砂丘列が約70kmにわたって発達し，新砂丘Ⅰ・Ⅱ・Ⅲに区分される。落堀川河口付近ではその3列とも分布するが，中條町築地で収斂して，それ以北では最も新しい新砂丘Ⅲのみとなる。最も内側の新砂丘Ⅰには，中條町堀口から加治川村米子まで約20の集落が連続的に分布し，その内側に紫雲寺潟があったのである。新潟平野には鳥屋野潟・福島潟などラグーンが多く残り，それと砂丘の組み合わさった地形が特徴である。

148 第 10 章 日本海沿岸のラグーン性低地の環境変遷

この平野は，完新世段丘（隆起扇状地），自然堤防，後背低地，旧河道，ラグーン性低地などからなる。このうち完新世段丘は，荒川左岸の JR 米坂線に沿う荒島から佐々木，胎内川右岸の下館から東牧および高野茨島などに明瞭な崖があり，扇状地性の低地が隆起した地形である。しかし，荒川・胎内川から離れるにつれて高度は低くなり，後背低地へと漸移する。

中條町から鍛冶川村にかけての弥彦岡，塩津，城塚，戸野港，岡島，金塚などの集落は，干拓によってできた新田村で，微高地に立地する。それらは，旧紫雲寺潟の北東岸に位置し湖岸の浜堤に立地したと考えられる。旧紫雲寺潟に南から北へ連続する 2 列の微高地は，干拓後に加治川の形成した自然堤防であり，砂山・高島・中島などの集落が立地する。

荒川沿いの旧河道は明瞭であり，胎内川沿いは小規模であるが非常に多く分布する。右岸では下館－下江端－菅田や下江端－高野－地本，左岸では羽黒－東本町－水沢町や二葉町－西条町などが，有力な旧河道としてあげられる。

砂州・砂丘列の背後には，乙大日川と呼ばれる排水河川がある。明治中期までの旧流路は，中條町宮瀬から北北東へ流れ，現胎内川の河口北岸から逆水川を経て，荒川町海老江付近で荒川に合流してから日本海へ注いでいた。胎内川は，明治 21 年 (1888) に中條町の宮原泰次郎が笹口浜と荒井浜の間の砂丘に長さ 1,102m，平均幅 108m の新河道を開削し，砂丘を横切って日本海へ直接注ぐように付け替えたため，荒川とは分離された。乙大日川の流路は蛇行が著しく，中條町富岡から乙には砂丘列を削ってメアンダー・ループがいくつも発達する。江戸時代まで加治川と胎内川の間には，西側が新潟砂丘によって塞がれるため紫雲寺潟があった。胎内川左岸には，旧紫雲寺潟へ流入する多くの旧河道が羽黒を頂点に扇状に分布する。

享保 6 年（1721）の紫雲寺潟絵図によると，新潟平野北部には，砂州・砂丘列に沿って南北約 7.5km，東西約 3.7km と南北に細長い紫雲寺潟があって，北東から胎内川が，南から加治川が流入して埋積が進んでいることがわかる。水深は 4m 未満で，正保国絵図・元禄国絵図には塩津潟幅 1 里余・長さ 1 里半とあり，湖形は変化しやすかったことがわかる。元禄（1688 ～ 1704 年）頃の紫雲寺潟は，南西端の境川で加治川と結ばれ，遊水地として機能していたようである。

享保元年（1716）の大洪水を契機に，周辺村々は未完成のまま放置されていた

3. 奥山荘の地形環境　149

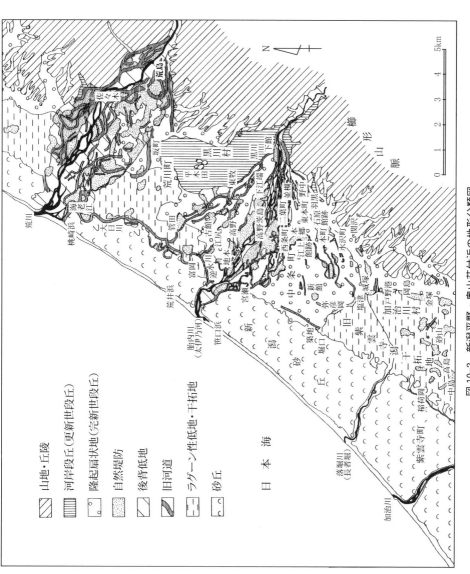

図 10-2　新潟平野・奥山荘付近の地形分類図

長者堀（砂丘を横断する放水路）の拡張を計画し，新発田藩は同6年に長さ2,500間を完成させたが，砂崩れによって埋まってしまった。そして，同11年に紫雲寺潟の干拓に着手した当初は，250町歩を干拓する計画であったが，全面干拓に切り換えられ，同13年紫雲寺潟の排水のため長者堀を拡張した落堀川が完成した。そして，周辺部から紫雲寺潟へ水が流入するのを防ぐため，廻し堀を設けて水を落堀川へ導いた。幕府は同17年に紀州の井澤弥惣兵衛を送って干拓工事を進めたが，3月に境川が決壊し，加治川の洪水が落堀川に流れ込んで河道を下刻したため，水位が低下して干拓は一挙に進み翌年完了した。元文元年（1736）の検地では，1,996町歩の新田を生み，石高は17,299石あって，42の新田村が旧紫雲寺潟周辺に成立したことがわかる。

このように，奥山荘付近は胎内川が扇状地性の低地を形成し，河道変遷の著しい地域にあたったが，現在の氾濫原は最大で現河道に沿う幅約2kmの範囲で，扇状地性低地の大半は段丘化している。並槻は氾濫原に位置するが，中世奥山荘の茂連屋敷と考えられる石原館跡（現在の中条高校）[7]は完新世段丘に位置する。また，紫雲寺潟絵図では胎内川の分流が紫雲寺潟へ流入するが，現在は完新世段丘となって用水路が残るだけで，同面の形成やその付近の地形環境の変化には紫雲寺潟の干拓が大きく関与したと考えられるのである。

4. おわりに

以上のように，荘園は条里型土地割の分布地域に隣接して立地するものが多い。条里型土地割は，沖積平野の中でも形成時期の古い沖積面や河川灌漑が容易な低地あるいは簡単な灌漑施設の構築によって水田耕作が可能な地域に集中するが，それは比較的氾濫の少ない低地，段丘などの洪水から守られた低地，あるいは歴史時代に段丘化した完新世段丘など，沖積平野の一部にすぎない。

条里型土地割は，その施行時期に幅があり必ずしも同一の地形面に分布するとはいえないが，その面は歴史時代に比較的安定した地形面としてとらえられる。しかし，泉佐野平野の下位段丘D面，倉吉平野の完新世段丘面だけではなく，和歌山平野や日高平野の後背低地など低湿な沖積平野にもみられる。また，新潟平野北部の胎内川流域では，河川の氾濫のため残存しないなど，地域によって条

里型土地割の分布する地形面が異なる。

　これらの平野における荘園の開発は，土木技術の発達，土地私有の増大と貴族・寺社の隆盛などによって開発が可能となった地形や土地条件の地域で行われた。荘園は，領主が中央の貴族・寺社であることが多かったので，荘園支配，物資輸送上便利な街道や港など交通の要衝近くに多くが立地した。そして，港は荘園およびその後背地域の物資集散地として，市や集落が発達していった。

　荘園と地形との関係は，木本荘 がラグーン性低地，日根野荘が上位・中位段丘面，高家荘 が中位・下位段丘面，東郷荘が完新世段丘面，奥山荘が隆起扇状地（完新世段丘面）に立地し，荘園の地形環境は地域的な条件などによりさまざまなことがわかる。

　また，領域型荘園では，生産拡大のため既開発地から未開発地（荒野）へと開発が進められていったと考えられる。その際，日根野荘では下位の段丘面から上位の段丘面へと順に開発される傾向がみられた。

　このように，荘園の開発パターンとしては，新しく陸化した低地へ向かうものと，未開発の上位の地形面へ向かうという2つの方向性があり，灌漑水利との関係から，各平野では地形面によって開発時期の異なることが共通して認められる。

（参考文献）

(1) 西岡虎之助（1973）：絵図から観た荘園の話（抜粋）－伯耆国河村郡東郷荘絵図について－．『荘園絵図の基礎的研究』三一書房，8-12.

(2) 太田順三（1991）：伯耆国河村郡東郷荘下地中分絵図．荘園絵図研究会編：『絵引荘園絵図』東京堂出版，171-182.

(3) 渡辺久雄（1968）：松尾神社領伯耆国東郷荘の一考察．『集落の歴史地理 続』歴史地理学紀要，10，41-58.

(4) 黒田日出男（1986a）：荘園絵図の世界－伯耆国河村郡東郷荘下地中分絵図－．『姿としぐさの中世史』平凡社，194-204.

(5) 黒田日出男（1986b）：絵図上を走る帆掛船．前掲注（4），206-210.

(6) 黒田日出男（1986c）：朱色の牓示．『境界の中世 象徴の中世』東京大学出版会，89-98.

(7) 井上鋭夫（1981）：奥山庄の復元．『山の民・川の民』（平凡社選書），142-190.

(8) 小林健太郎（1969）：越後国奥山荘の市場と豪族屋敷．藤岡謙二郎編：『地形図に歴

史を読む 1』大明堂，52-53.

(9) 服部英雄 (1980)：奥山荘波月条絵図とその周辺. 信濃, 365, 480-508.

Ⅲ．河川中流域における荘園の立地と絵図

第11章　桛田荘の立地に関する地形地理学的検討

1. はじめに

　桛田荘は紀ノ川中流域，現在の和歌山県伊都郡かつらぎ町西部に位置する荘園で，寿永2年（1183）に後白河法皇から京都の神護寺に寄進された。その荘域を画いた中世の荘園絵図2幅が，在地の宝来山神社と領家の神護寺に今日まで残れている。後者の桛田荘絵図には5つの牓示が画かれており，荘園の立券荘号図・四至牓示絵図として知られている。また，神護寺中興の祖，文覚上人が開削したと伝えられる中世灌漑用水路，文覚井は今日も当地域の水田を潤している。

　その桛田荘のほぼ中央部に伊都郡の広域下水処理場が建設される計画を知ったのは，平成8年（1996）12月のことであった。しかし，建設予定地は紀ノ川に沿った標高約50mの沖積低地にあたり，その下流の船岡山付近が狭窄部となっており，かつては洪水時に河川が氾濫して遊水地となるような所であった。したがって，筆者は窪・萩原（桛田荘）遺跡の発掘調査前に，近世以前の遺構や遺物が検出される可能性は極めて低いと予想していた。ただし，大和街道[1]がその沖積低地を通過しており，その関連遺跡が分布する可能性はあると考えていた。今回の同遺跡発掘調査の結果では，ほぼその予想どおりであった。

　本稿では，地形地理学的な立場から，地表形態の地域的構造を解明し，桛田荘の立地環境について検討したい。そこで，筆者はまず昭和38年（1963）撮影の2万分の1空中写真（国土地理院撮影）を実体観察して，桛田荘付近の地形を分類し，1万分の1地形分類図を作成した。そして，その地形分類図に基づいて旧河道など地形の記載的説明を行い，荘園絵図の牓示や文覚井の位置などについて地形学的な検討を加えた。

　平成9年（1997）5月11日の和歌山地方史研究会の公開シンポジウム（於：和歌山市立博物館）では，主として日本中世史の立場から報告され討論が行われた。そのなかで，木村茂光や海津一朗から地形・地理学的にも興味深い発表が

156　第 11 章　桛田荘の立地に関する地形地理学的検討

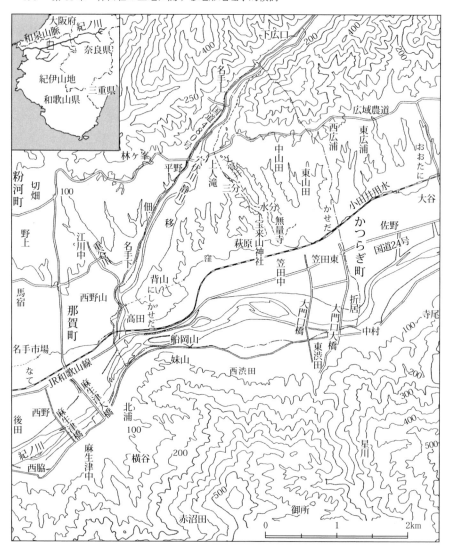

図 11-1　桛田荘の地域概念図

あった。前者は桛田荘の耕地，文覚井の灌漑地域の地形について，後者は古文書より判明する紀ノ川の河道変遷の時期と流路についてである。これらについては，地形学の視座から文覚井の位置と灌漑地域，紀ノ川旧河道の位置の確定について，

2. 桛田荘付近の地形　157

第6節と第3節で検討したい。

　桛田荘付近の地域を概観すると，その北側は和泉山脈，南側は紀伊山地の最北部に位置する龍門山地に挟まれ，両者の間に紀ノ川が流れている。紀ノ川はわが国最大の断層，中央構造線に沿った河谷をほぼ直線的に西へ流れ，紀伊水道に注いでいる。その河口部には広い沖積平野が，右岸を中心としては河岸段丘が発達している。桛田荘の耕地は，その大半が河岸段丘面に立地し，溜池や灌漑用水路で潤されている（額田，1990）。

2. 桛田荘付近の地形

　桛田荘付近の地形は山地・丘陵・上位段丘・中位段丘・下位段丘・沖積低地に大きく分けられる（図11-2）。

(1) 山地・丘陵

　山地は，北側の和泉山脈と南側の龍門山地に大別される。和泉山脈は東西約60km，南北約10kmの地塁性山地で，ほぼ東西に連続する。最高峰は岩湧山（898m）で，桛田荘の北側の葛城山（866m）がこれに次いでいるが，和泉山脈には際立って高い山地はなく定高性を示している。また，和泉山脈は近畿トライアングルの一辺を構成し，約30万年前から始まった六甲変動によって隆起した山地で，山頂部にはまだ侵食が及ばず，葛城山頂など隆起準平原的な平坦面を残す所がある。その地質は，大部分が中生代白亜紀に堆積した砂岩と泥岩との互層からなる和泉層群によって構成される。その南麓は東西に連続するわが国最大の断層，中央構造線によって限られ，直線的な急崖を形成している。

　内帯の和泉山脈に対し，中央構造線の南側にあたる外帯の龍門山地は，紀伊山地の最北端に位置する。おもな山頂は龍門山（757m），飯盛山（746m）で，地質は三波川変成帯の緑色片岩・黒色片岩などで構成される。遺跡の発掘調査区域で検出された護岸の緑色片岩は，龍門山地など外帯に由来するものである。

　船岡山（57.3m）は背山と妹山の間にある中州状の残丘で，緑色片岩がからなる。背山（167.5m）も緑色片岩で構成されるが，妹山（124.1m）は菖蒲谷層からなる丘陵で，平坦面がわずかに残っている。

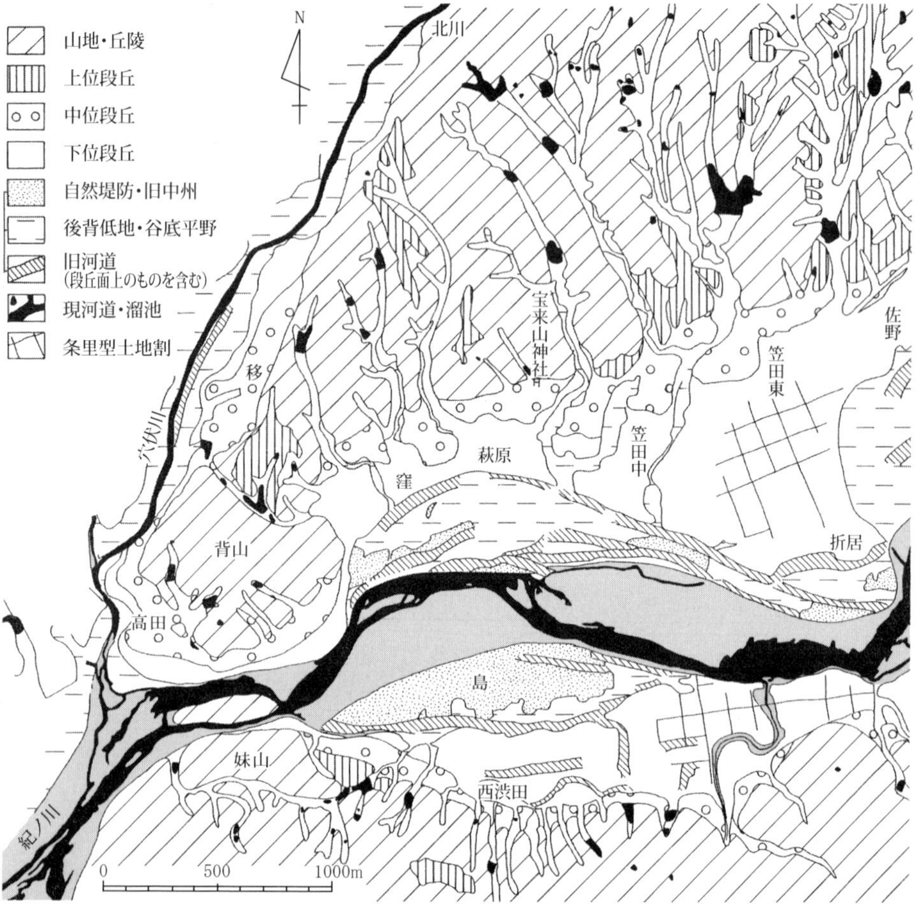

158　第11章　桛田荘の立地に関する地形地理学的検討

沖積低地

	山地・丘陵
	上位段丘
	中位段丘
	下位段丘
	自然堤防・旧中州
	後背低地・谷底平野
	旧河道（段丘面上のものを含む）
	現河道・溜池
	条里型土地割

図 11-2　桛田荘付近の地形分類図

　和泉山脈南側には標高 400m 前後の分離丘陵があり，地元では前山と呼んでいる。那賀町の林ヶ峯（はいがみね）集落は，丘陵の背面にあたる標高 200m 付近の平坦面に位置する。また，桛田荘絵図の中央に位置する紀伊川（紀ノ川）と支流の静川（穴伏（あなぶし）川，四十八瀬川）に挟まれた山地状の地形表現は，標高 100 ～ 200m の背面がそろった丘陵（笠田丘陵と呼ぶことにする）と頂部に平坦面が残る上位段丘面である。丘陵は鮮新－更新統の菖蒲谷層で構成される。

（2）上位段丘

桛田荘付近の紀ノ川は，両岸に河岸段丘を広く形成している。上位段丘は桛田荘絵図では丘陵状に画かれている。同面では菖蒲谷層を薄い砂礫層が覆っている。丘陵状に侵食された山頂部には平坦面が残っており，やせ尾根状の形態を呈する。背山の北東では110m面，窪の北側では130m面，広浦では100〜130mに南側に傾斜した地形面が分布する。桛田荘絵図にみえる「大豆畑中山」は，こうした上位段丘面の平坦な畑地と考えられる。とくに窪集落の北側の果樹園（柿畑）となっている130m平坦面は，その候補地の筆頭である。

（3）中位段丘

中位段丘は，紀ノ川右岸の笠田東から窪にかけての標高80〜55mに，笠田丘陵から南流する小支流によって切られて断片的に分布する。同面は背山付近ではその山麓を取り囲むように分布し，高田の集落をのせている。桛田荘絵図に画かれる宝来山神社は，中位段丘に位置する。

近世の小田井開削以前の灌漑形態を知ることができる賀勢田荘絵図をみると，一ノ井（文覚井）は，宝来山神社とその背後の丘陵との間を西へ流れて萩原村へ，もう1本の水路は無量寺（笠田中）から東へ流れて中村・東村に至っていることがわかる。したがって，文覚井は中位および下位段丘面を灌漑するための用水路と推定される。

紀ノ川左岸では，龍門山地北麓の東渋田から西渋田にかけて，中位段丘面の小規模な分布がみられるのみである。

（4）下位段丘

下位段丘は，右岸の佐野から笠田中をへて萩原付近にかけての標高60〜50mに分布し，南へは折居までひろがっている。同面の佐野から笠田中までは大和街道が通っている。また，小田井は同面の最も高い所を標高60mの等高線にほぼ沿って流れ，この付近では下位段丘面を灌漑している（北沢，1993）。萩原以西では，中位段丘面と同様に下位段丘面が背山を取り巻くように分布する。穴伏川沿いの移集落は，中位段丘面から下位段丘面にかけて立地する。小田井は現在背山をトンネルで越え，穴伏川を両岸の下位段丘の間が狭くなっている小字「龍ノ口」に

おいて掛け渡井でわたしているが，旧水路は背山南側の中位段丘面から下位段丘面を半円状に迂回していた。

　紀ノ川左岸では，下位段丘面は標高 60 〜 55m の東渋田から西渋田にかけてかなり広く分布する。同面には集落が多く，紀ノ川右岸には佐野，笠田，萩原，窪が，左岸には東渋田と西渋田が立地する。

　また，下位段丘面には，条里型土地割の分布がみられることが特徴の 1 つである。紀ノ川右岸では佐野から笠田中の JR 和歌山線から下居にかけて，左岸では東渋田付近に条里型土地割がみられる。左岸の下位段丘面には，旧河道と浅い侵食谷が発達しており，それにあたる西渋田には条里型土地割が残存していない。右岸の笠田条里区では阡陌が N22°W，左岸の渋田条里区では N10°W で，その規模はともに 20 町あり（中野，1989），そこは古代から安定した耕地であったと思われる。大門口橋から南の高野街道は，条里の坪界線にあたっている。

（5）沖積低地

　紀ノ川両岸の下位段丘間は沖積低地で，増水時には遊水地となる不安定な所である。沖積低地は氾濫原ともいい，自然堤防・旧中州の微高地，後背低地，旧河道からなる。

　旧河道はかつての流路跡の凹地で，その両岸とは若干の比高があるが，大部分は細粒堆積物で充填・埋積されている。空中写真で観察すると，不明瞭な所もあるが，数本の連続した細長い凹地が認められる。そのうちおもな旧河道は 3 本あり，ⓐ紀ノ川右岸の下位段丘崖下の北流路，ⓑ今回の発掘調査区域にかかる紀ノ川右岸の中流路，ⓒ紀ノ川左岸の下位段丘崖下の南流路である。

　自然堤防は河道の岸に河川が溢流堆積して形成した微高地で，後背低地は自然堤防などの背後に位置して溢流堆積物のうち細粒なシルト〜砂が堆積して形成される低地である。自然堤防は今回の遺跡発掘調査区域の北側にあたるⓑの旧河道の右岸などにみられるが，小規模である。

　旧中州は，自然堤防と類似の形態をとるが，河道内に堆積した砂礫で構成される微高地で，河道変遷により成長が停止したものを指す。紀ノ川は中流域では典型的な交互砂礫堆の河川地形を示し，折居より下流には右岸と左岸に 1 つずつの砂礫堆を形成している。島の微高地は，そのうち左岸の砂礫堆と連続するもので，

旧流路跡ははっきりとしないが旧中州と考えられる。

　紀ノ川が船岡山付近で両側の山地がせまり氾濫原の幅が狭くなっているため，この付近の沖積低地は遊水地のような役割を果たしたと考えられる。そのため，沖積低地には島を除いて集落の立地はみられない。

3. 紀ノ川の河道変遷

　本節では，桛田荘付近の紀ノ川の河道変遷について，地形・史料・絵図から検討したい。

　桛田荘絵図の紀ノ川南岸には下位段丘崖が画かれることから，桛田荘や志富田荘が成立した中世初頭以降，その付近の地形配列には大きな変化がなかったと推定される。人工堤防で固定される以前の河道は，洪水ごとに大きく流路を変えたり，側方侵食によって徐々に流路を移動する。紀ノ川中流域は砂礫の堆積する扇状地性低地にあたるが，桛田荘付近の沖積低地の範囲にはほとんど変化がないことから，河道はその範囲内で移動を繰り返したり，複数の流路を流れたものと思われる。

　そこであらためて地形分類図（図11-2）をみてみると，桛田荘付近には3本の有力な旧河道が認められる。最も北側の旧河道は，折居から西北西に流れ，下位段丘崖を侵食する②北流路である。現河道の北側に沿う旧河道は⑥中流路で，今回の発掘調査区域で検出されたものである。最も南側の旧河道は，渋田を西流する②南流路で，下位段丘崖を侵食している。桛田荘絵図の1列に並んだ樹木列は下位段丘崖の植生（雑木林）にあたると考えられ，そこには同絵図の南脇牓示が画かれている。

　次に，史料によって判明している桛田荘付近の紀ノ川の河道変遷に関する知見を列記しておく。志富田荘の立券を示した久安2年（1146）7月10日の「鳥羽院庁下文案」（『根来要書』上）によると，志富田荘の四至の北は「大河古流」とあり，紀ノ川の古流を北堺とすることから，それ以前に河道変遷があって当時の紀ノ川主流はほかに移り，古流は旧河道となっていたことがわかる。その古流は現流路ないし⑥中流路付近と推定され，本流はどこかほかの流路に変わったことがわかる。それまでは，古流を北の境界とする志富田荘が島畠を領有していた

162　第 11 章　桛田荘の立地に関する地形地理学的検討

ことになるが，長寛 2 年（1164）7 月 4 日の「太政官牒案」（『根来要書』下）では，古河以南の島畠は久安 2 年に讃岐院（崇徳上皇）領桛田荘へ入れられたとあり，志富田荘の四至の北は「大河当時流北際岸」を堺に変更にしている。この段階では，当時流は島畠の南側を流れており，地形分類図の旧河道の分布から推して，それはⒸ南流路と考えられる。

　立荘時に河川を荘園の境界とすることは一般的と考えられるが，立荘後に河道変遷が起こった場合，旧河道をそのまま境界とすることが多かったと推察される。例えば越後国奥山荘波月条絵図では，東西に流れる太伊乃河（胎内川）を中央に画き，波月条を四方朱線で囲んでいるが，新河ではなく古河を南堺としている。

　島畠をめぐる桛田荘と志富田荘との相論は，紀ノ川の新・旧河道のどちらを境界とするかという相論で，桛田荘が神護寺に寄進される以前の流路変遷が原因となったわけである。

　大伝法院側は当時流北側の島畠を放棄させられており，その境界の変更は上皇の方が大伝法院より優位であったこと示している。しかし，「大河当時流北際岸」が両荘の境界となったが，紀ノ川自体は先に立荘した志富田荘の領有のままである。海津氏はこれを受けて桛田荘絵図が作成されたとしたが，紀伊川南岸の段丘崖に南脇勝示を打っている同絵図の四至勝示の範囲とは明らかに異なっている。

　寿永 2 年（1183）10 月 18 日の庁御下文と元暦元年（1184）8 月 16 日の立券文を基にして，四至勝示を書き出した延徳 3 年(1491)3 月日の「桛田荘四至勝示注文」（宝来山神社文書）によると，桛田荘の四至の南は「大河」とされるが，南脇勝示は「紀伊河南岸栢木本渋田庄堺」とあり，両者は矛盾する。前者は紀ノ川を境界としているが，後者は紀ノ川南岸に脇勝示を打ち，紀ノ川を桛田荘領に取り込んでいることがわかる。

　河川は自然境界として古くから利用された[2]。しかし，水が不足するこの地域では，河川を占有して水利権を確保することが重要で，その対岸まで領域に組み込んだと考えられる。現在でも，穴伏川右岸の谷底平野には，萩原（かつらぎ町）の飛地が，文覚井の取水口から重谷川の合流点まで帯状に連続している。

　桛田荘絵図は後者の勝示の位置を示した絵図と思われ，木村（1987）や海津（1997）のいう長寛 2 年（1164）段階を示す絵図ではない。桛田荘は，紀伊川を領有し，神護寺領として立荘される直前まで地続きであった島畠を荘域に組み入

れるため，南脇膀示を下位段丘崖に打ったと考えられる。紀ノ川は元暦元年以前の近い過去まで南岸の下位段丘崖下を流れていたと推定される。

次に，桛田荘絵図に画かれる2本の河道がどこにあったかを検討する。

同絵図の紀伊川は，2つに分流して船岡山の南北両側を流れており，南岸の下位段丘崖から離れて流れていることから，少なくとも©ではないとみられる。地形から判断して，南側がほぼ現流路，北側が大門口橋付近から発掘調査区域をへて文覚橋から船岡山北側へ続く⑥中流路にあたると考えられる。

紀ノ川両岸の下位段丘崖沿いには⑧と©の有力な旧河道が分布し，島地区は現流路と南側の段丘崖沿いの©南流路に挟まれた旧中州状の地形を呈している。紀ノ川が南側の段丘崖沿いの©を流れる時には桛田荘と，現流路あるいは北側の⑧または⑥を流れている時には志富田荘と地続きになる。河川を荘園の境界とする場合，流路変遷に伴って荘域や面積も大きく変化する可能性があることになる。

宝来山神社本は神護寺本を延徳3年（1491）に写したもので，当時の流路の位置を示さない。時代は下がるが慶安3年（1650）に作成された賀勢田荘絵図の紀伊川は，流路形態からみて⑥中流路にあたると考えられる。それは，発掘調査で検出された旧河道が近世初頭に築造された護岸を伴うことから，絵図作成当時，河川として機能していたと考えられることと矛盾しない。

平成9年（1997）の窪・萩原遺跡の発掘調査では，荘園に直接結びつくような遺構遺物はまったく検出されず，江戸中期の水田跡や旧河道などが発掘されただけである。旧河道の北岸からは，蛇行した河道の攻撃斜面を守るための護岸[3]と大和街道が検出された。発掘調査を担当された村田 弘氏には，発掘以前に調査区域が沖積低地の自然堤防から旧河道にあたると話していたが，実際にその位置から護岸を伴う旧河道が発掘された。埋没地形は通常，地表面下1m程度まで判読が可能であるが，2m以上埋積されていたにもかかわらず，地形分類図で旧河道としていた所から旧河道が検出されたことは，空中写真を用いた地形分類の有効性を実証したことになる。護岸は砂岩などの円礫（河床礫）と緑色片岩の割り石で構成され，16世紀末〜17世紀初頭に築造されたもので，長さが135m以上，最高約2.1mで，法面の勾配は25度前後である（和歌山県文化財センター，1997）。護岸で紀ノ川が固定された，少なくとも17世紀以降には，大和街道より北側の流路への河道変遷はなかったと思われる。

164　第11章　桛田荘の立地に関する地形地理学的検討

流路変遷に伴う同様の相論絵図は，和泉山脈を挟んで反対側に位置する日根野荘付近でも報告される。それは，護岸の石列が画かれる「天和三年（1683）日根野村上之郷村川論絵図」といい，樫井川の河道の変更・用水の取水にかかわる相論の時に作成されたもので，日根野の慈眼院に残されている。同絵図は，樫井川の北流路右岸（日根神社側）の護岸のため，南北に分流する樫井川の中州中央に新しい川筋を開削し，中央の新川筋に河道を一本化しようとしたとき画かれたもので，両村がとり交わした文書とともに保管されてきた。しかし，その計画は失敗して南流路と新川筋は段丘化し，北流路が樫井川の現流路として残った。日根神社付近では，天和3年以降の約300年間に約8m隆起するなど，著しい地形環境の変化があった（額田・古田，1994）。歴史時代の古地理変遷を考察する場合，地盤変動の活発な地域では，近世以降でも大きな地形変化が起こりうることを頭に入れておく必要がある。

4.　紀伊国桛田荘絵図の作成について

景観や流路の変遷を明らかにするためには，桛田荘絵図に画かれた景観の時期を確定する必要がある。そのためには，まず同絵図の作成目的を考察しなければならない。

桛田荘絵図の作成は，従来，後白河法皇によって神護寺に寄進された寿永2年（1183）の翌年，元暦元年（1184）に神護寺領として立券された時とする鈴木（1975）の説と，同じく立券時ではあるが，長寛2年（1164）に同法皇が建立した蓮華王院（三十三間堂）領として成立した時とする木村（1987）説があった。

また，吉田（1989）は鈴木説を支持し，この絵図を神護寺立券時に作成された，典型的な四至牓示絵図とした。

これらに対し海津氏は，シンポジウムの「中世桛田荘研究の現状と争点」の発表の中で，桛田荘絵図の作成目的について，従来の鈴木説を否定し，紀ノ川の河道変遷に伴う志富田荘との堺相論・島畠の領有にかかわって作成されたとした。作成目的に関しては筆者も同じ見解であるが，作成時期については，長寛2年に当時の河道の北岸を境界に修正して島畠を放棄したのを受けて桛田荘絵図が作成されたとした。

4. 紀伊国桛田荘絵図の作成について　165

　しかし，桛田荘絵図をみると，紀伊川左岸に樹木列の画かれた段丘崖があり，南脇牓示が紀伊川のはるか南の段丘崖に打たれており，その状況とは明らかに異なっている。紀ノ川の中州であった島は，紀ノ川舟運の河津集落として有名であったが，平安期には畠として開発されていた。先述の長寛2年の「太政官牒案」によると，紀ノ川の古河以南の島畠は久安2年（1146），崇徳上皇領桛田荘に入れられたとある。古河は新河に対する呼称で，河道の変遷によって，志富田荘と桛田荘の間でその領有をめぐり相論になったと考えられる。古河の南側に島があることから，古河はほぼ現紀ノ川のⓑ中流路に想定され，新河は島の南側のⓒ南流路と推定できる。その後，桛田荘絵図の作成時期ころ，再びⓑ中流路をとるようになったと考えられる。

　南脇牓示は島畠を桛田荘域に取り込むために，紀ノ川南岸の西渋田の下位段丘崖下に打たれたと考えられる。桛田荘絵図では紀ノ川南岸の河岸段丘の崖に牓示を打って，自領と主張している。しかし，寄進状の四至内から越えた桛田荘の脇牓示は国衙が認めなかったようで，桛田荘絵図の裏には立券使の連署・加判がなく，正式な立券絵図とはいえない。絵図が作成された翌年，文治元年（1185）正月9日の「桛田荘坪付帳」には，川南に4筆，2町4反350歩が記されており，これがその島畠の分に相当し，神護寺が領有し絵図のように既耕地が実際にあったとみられる。

　段丘崖の表現は，宝来山神社本では段丘と沖積低地とを分ける地形界が細い墨線が引かれているだけで，段丘崖は不明瞭であるが，神護寺本は段丘崖を太い墨線で画いている。また，後者は下位段丘崖がすでに雑木や竹で覆われてリアルな描写となっている。したがって，下位段丘面は絵図の画かれた12世紀後半には，すでに段丘化していたものと推定される。紀ノ川から用水が取水できない両岸の下位段丘面に条里型土地割が分布することを考えると，段丘化の時期は条里型土地割の施行以降の可能性もある。下位段丘の段丘化によって，紀ノ川氾濫原の幅が狭くなり，12世紀頃に洪水が激化したことが考えられる。

　このように，桛田荘絵図は神護寺領として成立した元暦元年（1184）頃の紀ノ川中流域の景観を示すと考えられる。次に，桛田荘にとって紀ノ川より静川の方が重要な河川であったことについて述べたい。

　静川は紀ノ川とほぼ同じ太さで画かれ，静川右岸には桛田荘絵図の牓示5つの

うち 3 つが打たれている。例えば，坤牓示は，栺田荘と静川荘・名手荘の 3 つの
荘園の境界にあたり，大和街道の少し北側の重谷川（江川）と穴伏川の合流付近
の下位段丘崖下にあったと考えられる。しかし，艮牓示だけは紀ノ川右岸の折居
にあり，荘域に静川を取り込んでいるが紀ノ川は取り込んでいない。このことは，
栺田荘の用水取水源として紀ノ川より静川が重要であったことを物語っていると思
われる。

　また，宝来山神社本の栺田荘絵図は，室町時代に西隣の静川荘と用水権をめぐ
る堺相論が起こり，延徳 3 年（1491）の四至牓示注文とともに証拠書類として神
護寺本の絵図を模写したものであるが，静川の重要性を示す資料でもある。2 幅
の絵図はほぼ同じ大きさ・内容で，紀ノ川と静川の中央に南海道，移・背山・窪・
萩原にあたる集落，八幡宮と書かれた現在の宝来山神社，斜め井桁の耕地，樹木
で覆われる山々などを画いているが，八幡宮と堂が側面観で建築的な表現で画か
れ彩色が施されるなど若干異なるだけである。しかし，神護寺本には牓示が 5 カ
所あるのに対し，これには巽牓示と南脇牓示の 2 カ所にしか黒点がない。ほか
の 3 カ所の牓示の位置には，異筆で「栺田領」と貼紙をして書き換えられている。
これは近世初期に静川荘と用水絡みの堺相論が再発し，その際に相論を有利にす
るため改竄したものである（小山，1987）。

　栺田荘と高野山領静川荘とは延徳以前にも相論があり，文覚の弟子で荘園経営
のため当地へ下向していた行慈の貞応 3 年（1224）6 月 16 日付書状など，両荘
の用水・堺相論に関する文書が残っている。栺田荘は絵図の牓示が静川右岸にあ
ることから，静川を領有し用水を独占しようとした（小山，1988）。荘園の開墾
には，旧来の施設からの用水確保，あるいは新たな灌漑施設の開発が不可欠であ
るから，これは寄進後まもなく文覚井が開削されたことを暗示する。両荘の対立
は非常に長く続き，相論箇所図が残されるなど近世まで繰り返された。

　賀勢田荘絵図は，近世の用水相論の際，宝来山神社本と四至牓示注文が矛盾す
るため作成された（小山，1988）。牓示は朱点で 5 カ所に記され，静川右岸の牓
示は 3 カ所とも段丘崖に打ち，静川を栺田荘に取り込み，栺田荘の領域が静川の
河川敷・谷底平野に及ぶことを明示している。したがって，栺田荘絵図の牓示は，
静川右岸・紀ノ川左岸に打たれ，静川の用水権確保と紀ノ川の沖積平野の耕地領
有を主張するものであったと考えられる。

紀ノ川右岸の下位段丘面には，耕地を示す井桁が画かれており，文覚井などで灌漑される既耕地のひろがりを示すが，左岸の同面にはそのような記号や彩色がみられない。左岸には古代から渋田郷が立地し，下位段丘面が未開発であったとは考えにくいことから，桛田領ではないため井桁等が画かれなかったと思われる。

朱線の大和街道は，穴伏村から瀬山村・中村・東村を通り佐野村・大谷村へ通じている。瀬山村と中村の間の大和街道は，沖積低地を通過しているようである。賀勢田荘絵図は段丘面に集落・耕地が分布し，紀ノ川の沖積低地に耕地が画かれず，桛田荘の耕地の大半が段丘面にあったことを端的に示している。また，同絵図には中世の2幅の絵図にみられなかった用水路が画かれ，桛田荘は静川に井堰を設けて用水を取水し，段丘上の耕地を灌漑していたことがよくわかる。桛田荘では，紀ノ川から直接用水を引くことができなかったため，静川や溜池から取水していたと考えられる。

5. 文覚井について

文覚井は神護寺の文覚上人が開削した，中世の灌漑用水路として著名である。文覚上人は平安末期から鎌倉時代にかけて活躍した，荒行と行動力で知られる辣腕の真言僧で，後白河上皇に懇請して桛田荘・神野真国荘などの寄進を受け，神護寺を再興したという。そうすれば，文覚井は桛田荘絵図の作成された頃に存在したはずであるが，同絵図には画かれていない。絵図では，慶安3年（1650）の賀勢田荘絵図に一ノ井としてみえるが最初である。文覚井の開削時期は，それ以前の中世まで遡ることができるのであろうか。本節ではそれと文覚井の開削の目的，灌漑の対象地域を検討したい。

小山（1987）によると，文覚井は元仁元年（1224），西隣の静川荘との堺相論の際には存在したという。文覚井の取水口は，現在の伊都郡かつらぎ町笠田東字北川の穴伏川左岸にある。標高は約130mで，水路はそこからほぼ等高線に沿って段丘崖を走り，約115mの丘陵鞍部を越え，上人滝から風呂谷川の水系に入り，紀ノ川右岸の河岸段丘面に達している。

文覚井の開削は，丘陵の鞍部が穴伏川左岸の文覚井取水口より低く，紀ノ川右岸の下位段丘面の灌漑が可能であることを知らなくてはできない。また，丘陵斜

面に等高線に沿うようにして水路を設けなければならないことから，中世の紀伊国はかなり高度な測量・土木技術をもっていたことがうかがわれる。萩原付近の下位段丘面は紀ノ川から比高がかなりあるため，桛田荘内では紀ノ川から直接取水することができず，また近世以前には小田井用水のような他領域にわたる長距離灌漑用水路の建設ができなかったため，自領の穴伏川から用水を引くことを考え出したのであろう。

　これに対し，木村氏はシンポジウムで「桛田荘沖積地の開発について」と題して発表され，おもに桛田荘坪付張を検討された。そして，島地名については微高地を畑地化した島畠による地名で，その後水田化されたとし，人名「坪」については仮名（けみょう）の全部が1町単位と大規模であることから，有力在地領主による沖積低地の開発によると推定された。また，沖積低地の開発方法について，桛田荘は沖積低地の開発が目的で，そこの灌漑のため文覚井を開削したという主旨であった。しかし，桛田荘のおもな耕地が沖積低地であれば，水量の豊かな紀ノ川から直接取水することが可能であるから，あえて困難な丘陵越しの用水路を開削する必要はない。また，紀ノ川右岸の河岸段丘を中心に，桛田荘絵図では井桁で，賀勢田荘絵図では「田」の文字注記と黄色の彩色によって耕地の分布が表していることから，中世から近世の桛田荘の耕地は河岸段丘面にあったことは明らかである。したがって，筆者は桛田荘の耕地が河岸段丘面に立地したため文覚井を開削して，萩原付近など紀ノ川右岸の河岸段丘面の耕地経営の安定をはかったと考える（額田，1990）。

　河床勾配の緩い紀ノ川から取水して右岸の河岸段丘面を灌漑しようとすれば，用水路は近世の小田井のようにかなり上流から等高線に沿う形で導水しなければならない。しかし，当時，桛田荘東隣が高野山領官省符荘にあたったためそうできず，自領内で用水を確保するため静川から文覚井が開削されたと考えられる。やや降水量が少ない瀬戸内式気候区では，遊水地にあたり収穫が不安定な沖積低地より，灌漑用水さえあれば安定した収穫が見込める河岸段丘の方が魅力的な開発地であったと思われる。和泉国日根荘や紀伊国井上本荘などの耕地は，実際にほとんどが河岸段丘面に位置する（水田，1972）。

　仮に文覚井が沖積低地を灌漑するための用水であるとすれば，上人滝から風呂谷川の水系に水を落とすだけでよい。しかし，用水路は谷底ではなく，三分（みわけ）から

萩原へ取水する水路が宝来山神社の裏へ，もう1本は水分から丘陵の麓を等高
線に沿って流下し，無量寺（笠田中）前の分水桝で笠田中・笠田東へさらに分水
している。これらは，明らかに段丘面を灌漑する目的で水路が掘削されたことを
示している。丘陵から流れ出る風呂谷川や堂田川は，集水面積が狭いので水量が
少なく，河岸段丘や沖積低地の耕地の灌漑用水には，ほとんど使われていないよ
うである[4]。

　賀勢田荘絵図は用水路が詳細に画かれ，多くの情報を提供してくれる。その中
で最上流で取水する一ノ井が文覚井にあたり，用水路は丘陵を越えて2本に分れ，
1本は宝来山神社境内の裏から萩原村へ，もう1本は東村へ引かれている。絵図
の用水路と現在の用水路とが一致することから，同絵図は小田井用水開削以前の
灌漑形態をよく示すものと思われる。また，一ノ井の下流で取水する二ノ井は
1本が移の中位段丘面に，もう1本は丘陵を越えて窪の下位段丘面に達している。
移の下位段丘面は，二ノ井の下流から取水する用水によって灌漑されている。三
ノ井は，背山を半周して南麓の河岸段丘面の耕地を潤している。

　このように，桛田荘の耕地はそのほとんどが穴伏川からの用水によって灌漑さ
れていることがわかる。したがって，文覚井は中位・下位段丘面の耕地を安定し
て灌漑するため，穴伏川から丘陵を越えて用水路が開削されたと考えられる。沖
積低地では紀ノ川の流路変遷が著しく灌漑形態も変化してきたと考えられるが，
島畠は基本的に紀ノ川から直接灌漑用水を引くことができたと推定される。その
他の遊水地にあたる沖積低地の開発は，発掘調査の成果からみて近世以降と考え
られる。

　下位段丘面の段丘化の時期ははっきりしていないが，紀ノ川両岸には条里型土
地割が分布し，古代に耕地が広がっていたことから，その地形面が段丘化したこ
とによって紀ノ川から取水することが困難になったと推測される。そのため，中
世初頭以降，灌漑方法をかえて自領の穴伏川から文覚井などの用水路を開削し，
河岸段丘面の桛田荘の耕地を維持・再開発したと仮定すると，文覚井の開削が理
解しやすいと考える。

6. お わ り に

(1) 桛田荘付近の地形は山地・丘陵・上位段丘・中位段丘・下位段丘・沖積低地に大きく分けられる。桛田荘絵図の耕地の大半は下位段丘面に位置する。沖積低地は紀ノ川の氾濫原にあたり遊水地的な役割を果たし、発掘調査の結果からみても、中世にはほとんど未開発であったと考えられる。

(2) 沖積低地には、北流路・中流路・南流路の3本の有力な旧河道がある。久安2年（1146）以前に、紀ノ川は中流路から南流路へ主流が変わった。志富田荘は中流路を境界として島畠の領有を主張したが、長寛2年（1164）の太政官牒案で中流路以南の島畠が崇徳上皇領桛田荘に入れられ、南流路の北岸が両荘の堺とされた。その後、桛田荘絵図の作成前に、再び南流路から中流路に戻り、両荘の堺相論が続く原因となった。

(3) 今回の発掘調査では、旧河道のうち中流路の右岸で行われ、旧大和街道と紀ノ川護岸の一部が検出された。大和街道は、紀ノ川右岸の堤防上を通る道であったと考えられる。発掘調査の結果では、16世紀後半〜末頃の護岸・築堤と考えられ、大和街道は中世以前に遡ることはできない。南海道は、古代には実際にここを通っていたが紀ノ川の変遷に伴い侵食でその痕跡が掻き消されてしまったのか、ここは計画古道であって実際には段丘上を迂回していたのかは不明である。また、発掘区域内からは、現在までのところ18世紀中頃以前の水田跡は検出されていない。現時点では、旧河道より南側の沖積低地の開発は木村氏ら中世史研究者の考える年代より新しく、中世以前は遊水地とする地理学的な見解の方が妥当といえよう。

(4) 文覚井は、桛田荘絵図の中位・下位段丘面の耕地を安定して灌漑するために、静川（穴伏川）から丘陵を越える用水路として開削されたものと考えられる。

(5) 桛田荘絵図の南脇牓示は、地形が複雑なため打たれたのではなく、桛田荘が島畠の領有を主張するために打った牓示と考えられる。したがって、桛田荘絵図は、立券荘号図や四至牓示絵図というより堺相論絵図と位置付けるべきであろう。

(注) （参考文献はいちいち注を付さず著者名と西暦で本文中に示した）

(1) 中野（1989）によると，さらには南海道に遡る可能性がある．

(2) 中世以前には，河川の中分線が境界ではなく，あいまいなゾーンで氾濫原や遊水地を含めた広い範囲を河川とみなしていたとも考えられる．

(3) 現地説明会資料では，紀ノ川の旧堤防と考えられる石積みとしている．護岸の石積みは，大畑才蔵・井澤弥惣兵衛による紀州流の土木工法の基礎をなす可能性もあり注目されている．

(4) 現在，海津氏を中心として水利調査が行われているので，詳細はその結果を待って検討したい．

（参考文献）

海津一朗（1997）：中世桛田荘研究の現状と争点．和歌山地方史研究，33，2-13.

北沢　斉（1993）：小田井用水路水系図．大畑才蔵全集編さん委員会編：『大畑才蔵』橋本市.

木村茂光（1987）：荘園の四至と牓示－紀伊国桛田荘絵図－．小山靖憲・佐藤和彦編：『絵画にみる荘園の世界』東京大学出版会，13-28.

小山靖憲（1987）：桛田荘絵図と堺相論．『中世村落と荘園絵図』東京大学出版会，255-273.

小山靖憲（1988）：桛田荘絵図の変遷．葛川絵図研究会編：『絵画のコスモロジー　上巻』地人書房，113-132.

鈴木茂男（1975）：紀伊国 田庄図考．東京大学史料編纂所報，9，1-17.

中野榮治（1989）：伊都郡の条里．『紀伊国の条里制』古今書院，55-70.

額田雅裕（1990）：荘園絵図の世界－紀ノ川流域を中心として－．『荘園絵図の世界』和歌山市立博物館，52-58.

額田雅裕・古田　昇（1994）：泉佐野平野の地形とその変化．和歌山地理，14，31-44.

水田義一（1972）：台地上に位置する荘園村落の歴史地理学的考察．史林，55(2)，235-262.

村田　弘編（2000）：『桛田荘（窪・萩原遺跡)』和歌山県文化財センター.

吉田敏弘（1989）：四至牓示絵図考．歴史地理学，144，21-43.

和歌山県文化財センター（1997）：「窪・萩原遺跡（桛田荘）現地説明資料」.

和歌山中世荘園調査会（2000）：『紀伊国桛田荘現地調査報告書』.

第12章　伊都郡加勢田荘内紀伊川瀬替 目論見絵図の記載内容について

1. はじめに

　和歌山市立博物館に平成6年（1994）度から寄託されている個人蔵資料の中に，紀州を中心とした百点余の古絵図類がある。その中の1つには，内題に「那賀郡山崎庄之内夙村付近絵図」と直書きされた絵図（以下，『絵図』と略す）がある。当館の作成した資料目録にも同名で記載していたため，その絵図の存在を知りながら，筆者はさほど興味をもたずにいた。最近，寄託資料の古絵図類を調査していると，伊都・那賀両郡境を流れる穴伏川や瀬野山村，東・西渋田村などの集落名から，『絵図』は那賀郡山崎荘付近の絵図ではなく，伊都郡西部の加勢田荘（桛田荘）付近の紀ノ川両岸を画いた絵図であることが判明した。

　作成当初から『絵図』に内題が書き込まれていたとすると，図像や地名を正確に書きながら伊都郡加勢田荘と那賀郡山崎荘とを書き間違えたことになる。したがって，この絵図に「那賀郡山崎庄之内夙村付近絵図」と内題が記されたのは，後筆か写しの段階と推定される。『絵図』には相論や災害・工事の状況などの記載がないこと，内題と絵図記載の筆致が同じことなどからみて，内題は写図の作成段階に誤った資料名が書き加えられた可能性が高く，『絵図』は写図と推測される。しかし，『絵図』の記載内容をみると，この絵図自体はかなり正確に写されたことがうかがえる。

　絵図には地名を記した10枚の貼紙（ほかに貼紙のはがれた跡が1カ所認められる）以外に作成年代や添書等の記載がない上，関連文書も知られていないので，絵図の作成目的・作成時期についてはよくわかっていない。しかし，『絵図』に画かれた範囲は窪・萩原（桛田荘）遺跡の発掘調査によって近世初期の護岸が検出された地域にあたり，時期的にも注目される絵図であるので，本稿ではまずその記載内容を中心に報告することにしたい。

2. 絵図の範囲と記載内容

『絵図』は，紀ノ川や周辺地域を漠然と画いた村絵図や河川絵図ではない。最初に，絵図に画かれた範囲と絵図の記載内容について検討する。なお，『絵図』の法量は縦 58.7cm× 横 106.3cm である。

絵図の範囲は，加勢田荘西部を中心に紀ノ川対岸の渋田荘，西隣の名手荘の一部を画いている（図 12-1）。しかし，耕地はまったく画かれていないことから，この絵図のテーマは，集落や耕地の分布状態を表す通常の村絵図等ではなく，以下に述べるように，紀ノ川の自然災害の状況およびその対策にかかわる工事計画を絵図にあらわすことであったと考えられる。

『絵図』には近世絵図によくみられる凡例はないが，その記載内容は山地，河川，砂礫堆・植生・道路・集落などである。

①**山地とその植生**　山地は，背山と船岡山が画かれる。背山は，船岡山の南側にある妹山の方向からみて幾重にも山襞が画かれるが，樹木は表現されず緑で彩色されている。景勝地として有名な船岡山は加勢田荘嶋村に属すが，妹山の方向からみて画かれ，背山と同様に彩色されている。しかし，2 つの双ぶ峯は背山と異なり松林で覆われている。山の名称は，船岡山には「船岡山」と記載された貼紙があるが，背山にはそれがない。

②**道　　路**　紀ノ川北岸の道は，二重線内を黄色で彩色している。その道は，名手荘穴伏村から加勢田荘域へ入り，紀ノ川に沿って夙村－瀬野山村－窪村の南側を通り，萩原村の方へ続いている。そこには名称の記載はないが，その位置から大和街道と推定される。同街道は背山南麓の河岸段丘面上を通過する。その南側は，紀ノ川に侵食されて険しい崖の表現がみられ，はがれた貼紙の跡がある。穴伏村－夙村間の穴伏川に，橋は画かれていない。

紀ノ川南岸の道は，二重線内を緑色で彩色されている。これは，北岸の道と区別され，近世絵図に通常みられる道の色彩とは異なっている。この道は，紀ノ川河岸のすぐ際に位置し嶋村の砂礫堆のところまで画かれることから，堤防上の道と思われる。道はそれに沿って紀ノ川の方向からみた一列の松並木が画かれ，河南大和街道（吉野往還）にあたるのであろう。

2. 絵図の範囲と記載内容　175

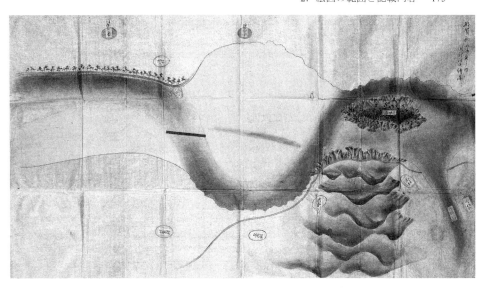

図 12-1　伊都郡加勢田荘内紀伊川瀬替目論見絵図
（内題：那賀郡山崎庄之内夙村付近絵図）

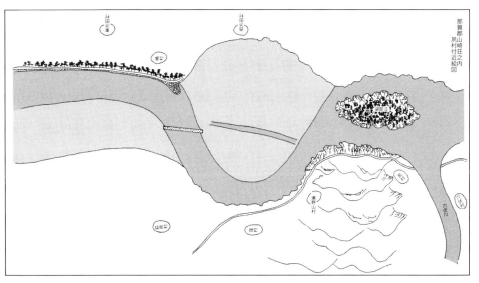

図 12-2　図 12-1 のトレース図

176 第 12 章 伊都郡賀勢田荘内紀伊川瀬替目論見絵図の記載内容について

③集 落 村形は小判形の〇内に集落名を記したものが 8 つあり，そのうち「東渋田村」・「西渋田村」の 2 つは〇内を黄色に彩色している。これは，紀ノ川左岸の高野山寺領渋田荘であることを示す。

ほかの 6 つには彩色がなく白地に墨書している。紀ノ川右岸には加勢田荘の「萩原村」・「窪村」・「瀬野山村」（背山村）・「夙村」（下夙村）[1] の 4 つが，左岸にも同荘に含まれる「嶋村」がある [2]。穴伏川右岸には，名手荘の穴伏村が記されている。したがって，白地のままのものは和歌山藩領であることを示し，黄色に彩色されたものとは意識的に区別されている。夙村の北側，穴伏川左岸の移村付近には小判形の〇印を消した跡が 1 つある。

④河川・砂礫堆・その他 河川は紀ノ川とその支流の穴伏川が画かれ，藍で彩色されている。紀ノ川右岸の萩原村南側と左岸の島村地先には，広大な砂礫堆があり，薄い黄土色で彩色されている。

絵図の紀ノ川は，河川名の文字注記はないが，水深の深い所は濃い藍色，浅い所は薄い藍色で表現され，濃淡で流心が読み取れる。それによると，紀ノ川左岸の東渋田村〜嶋村付近では流心が南に片寄り，そこから北西流して萩原村〜瀬野山村付近では流心が北に片寄り，さらにそこから南西流して船岡山−妹山間を南に片寄って流れている。

東渋田村〜嶋村には，護岸のため河岸に石垣状の表現があり，そのすぐそばを通る道には松並木が設けられ，堤防がきれいに整備されている。寛文 12 年 (1672) には新在家村〜佐野村に千間堤と丁ノ町〜大谷村に安藤堤が完成し，宝暦年間 (1754 〜 64) 以前には三谷村〜兄井村に上様堤が築造され [3]，次いで寺尾村〜平沼田村の護岸工事や島村の開拓工事が行われることから，これらは 18 世紀中頃に構築された紀ノ川の護岸とみられる。紀ノ川舟運の河津集落であった嶋村付近には，『絵図』に河湊の突堤かあるいは水制の水ハネのような石組みが 1 カ所にみられる。しかし，次の屈曲部にあたる萩原村〜瀬野山村付近とその次の屈曲部にあたる妹山北岸は，侵食を受けて河岸が鋸歯状に画かれるだけで，『絵図』をみる限り何の保護対策もとられていない。その他，後述するが萩原村と嶋村の間の紀ノ川には，主流を堰止めるような構築物が画かれ，朱で彩色されていることは特徴的である。

3. 河川地形と河川形態

　島村の北側と萩原村の南側には砂礫堆が広く発達し，紀ノ川は窪村・瀬野山村および大和街道をかすめるように流れ，船岡山の南側を主流路とし，その下流で穴伏川と合流している。このような河川中流域にみられる河川地形は，砂礫堆が河道内の左右の岸に交互に現れるため交互砂礫堆といい，河川の形態を蛇行河川という。

　蛇行河川は沖積低地を自由に曲流する。河川の流心線は，慣性力がはたらくため湾曲部では外側に片寄って流れる。そのため，湾曲部外側の攻撃斜面（凹岸側）では河岸侵食が進行して深掘れし，反対に内側の滑走斜面（凸岸側）では上流の攻撃斜面で侵食した土砂が再堆積する。したがって，攻撃斜面では深淵が形成され，対岸の滑走斜面では砂礫堆（中州・ポイントバーなど）が発達することになる。『絵図』の紀ノ川河畔には，黄土で彩色された広大な砂礫堆が画かれている。交互砂礫堆は河道幅が狭く，水深が比較的浅い，急勾配の河川において，堆積物が多量に供給される場合に形成されやすい。江戸時代における紀ノ川中流域では，それ以前に下位段丘面が形成されて氾濫原の幅が狭くなっており，新田開発や森林の伐採によって上流からの土砂供給が増加して，交互砂礫堆が形成されやすい環境にあったと考えられる。

　窪・萩原（桛田荘）遺跡では，蛇行した紀ノ川河道の攻撃斜面をまもるための石積みの護岸と大和街道が検出された。護岸は全長 200m 以上にわたって検出され，16 世紀末〜 17 世紀初頭の築造という [4]。しかし，『絵図』の紀ノ川右岸の窪村付近では，河道が大和街道と推定される道にせまり，その流心が北側に片寄っており，河岸は侵食を受けたような形態となっている。それにもかかわらず，『絵図』では何ら護岸対策が施された様子はうかがえない。そこで，『絵図』の紀ノ川の河道が現在の地形分類図 [5] の旧河道のどれにあたるのか検討したい。

　地形分類図をみると，笠田東の折居付近の下位段丘面が南へ半島状に突き出していて，東渋田の下位段丘面との間が狭くなっている。紀ノ川はその下位段丘崖に沿って流れ，南岸の東渋田の下位段丘面に衝突して西北西へ流向を変える。賀勢田荘付近には 3 本の有力な旧河道が認められ，北から順に，右岸の下位段丘崖

下を折居から窪に至る②北流路，現流路のすぐ北側を流れ窪・萩原（桙田荘）遺跡の発掘調査で検出された⑤中流路，左岸の下位段丘崖下の島－西渋田間を流れる©南流路である。筆者は，発掘調査で検出された旧河道が近世初頭に築造された護岸を伴うことから，慶安三年（1650）賀勢田荘絵図の紀伊川は⑥中流路にあたると推定した[6]。

『絵図』に画かれる河道も，紀ノ川の流路変遷で述べた 3 本の旧河道のうち，中流路にあたると考えられる。16 世紀末～17 世紀初以降の絵図であれば，前述の延長 200m 以上に及ぶ紀ノ川護岸の石積みが画かれていていいはずである。しかし，『絵図』にはそれが画かれていない。その理由は，①『絵図』は 16 世紀末～17 世紀初の石積みの護岸築造以前に作成された原本をそれ以降に写したため，②原本が中流路以外の紀ノ川の流路をとっていた時に画かれたため，③護岸の石積みが紀ノ川の堆積作用によって埋没した後に原本が作成されたため，④石積みの護岸が『絵図』にとってさほど重要でなかったので省略されたため，⑤護岸の石積みが発掘調査で推定された 16 世紀末～17 世紀初頭より後に築造されたため，のいずれかと考えられる。

4. 絵図の作成目的と作成時期

最後に，この絵図の作成目的と作成時期について述べておきたい。

紀ノ川を堰止める構築物など記載内容からみると，『絵図』は村絵図などの一般図ではなく，紀ノ川を画いた主題図であることは前述したとおりである。通常，このような絵図は，治水や堤防の決壊など災害の復旧の時に作成される工事設計図面で「川普請絵図」と呼ばれている。

河川絵図は①治水，②堤外地，③農業用水・上水，④河川交通，⑤地誌に関する目的で作成されることが多いが，『絵図』は①護岸堤を示した治水に関する河川絵図に分類できる[7]。『絵図』では，紀ノ川の流れを堰止める井堰のような構築物を朱で塗ったあと墨点を打って目立つように画き，その重要性をとくに強調しているようである[8]。また，紀ノ川左岸の砂礫堆のほぼ中央には，水系を表すような薄い水色の直線がある。これは，砂礫堆に水路を掘削し，紀ノ川を堰止め流れを変えて直線化し，紀ノ川右岸の窪村付近の大和街道を河岸侵食から保全

しようとしたものと推定される。したがって，この絵図の資料名は，内題に「那賀郡山崎庄之内夙村付近絵図」と記載されているが，「伊都郡加勢田荘内紀伊川瀬替目論見絵図」とするのが適当と考えられる[9]。

筆者がこれまでに調査した中に，これと同様の絵図があった。それは，天和3年（1683）の日根野村上之郷村川論絵図（大阪府泉佐野市慈眼院所蔵）である。『絵図』とは異なり，川論絵図には添書があり，両村がとり交わした文書とともに保管されてきた。それらによると，同絵図は日根神社（和泉国日根野村絵図の大井関大明神）が位置する樫井川北流路右岸の護岸のため，南北に分流する樫井川の中州中央に新しい川筋を開削して，その中央の新川筋に河道を一本化しようとして画かれたものであることがわかる。この工事の目的は，2つに分流している樫井川の中州に新しい河道を開削して，樫井川主流路をその新川筋へ移動させ，日根神社のある北流路右岸の護岸を保全することであった。しかし，その計画は失敗に終わり，南流路と新川筋は段丘化し，北流路が樫井川の現流路となって残った[11]。日根神社付近は，天和3年（1683）以降に約8mの下方侵食を受け，著しい地形環境の変化があったことが知られる。状況は加勢田荘とは異なるが，重要な寺社や街道を侵食からまもるため河道を付け替えて，それらを防御しようとした目的と発想は同じであると考えられる。

最後に，絵図の作成時期について考察してみたい。『絵図』には作成年代が記されず手がかりは少ないが，第2節の村落の和歌山藩領と高野山寺領との色分けから近世絵図であることがわかる。また，江戸中期以降の新しい村名である東・西渋田村がみえる。渋田村は，渋田村検地帳（1591）・渋田村免定（1616）[10]では一村扱いになっているが，享保21年（1736）には東西2村に分村しているようである。したがって，この絵図は江戸中期以降に作成されたものと推定される。筆者は，大和街道と推定される紀ノ川北岸の道と村落の位置関係，河道の屈曲の状況からみて，紀ノ川は第3節で述べた有力な旧河道ⓑ中流路を流れていたと推定し，『絵図』に石積みの護岸が画かれない理由は当初①の可能性が高いと考えていた。しかし，平成10年（1998）の発掘調査で検出された石積みの堤防は，破堤した護岸の箇所を19世中頃に改築したもので，紀ノ川は江戸時代を通してほぼⓑ中流路を流れており，④のように何らかの理由で石積みの護岸が画かれなかったとも考えられる。すなわち，その修築時期より新しい絵図である可能性も

180　第 12 章　伊都郡賀勢田荘内紀伊川瀬替目論見絵図の記載内容について

でてきたので，今後さらに検討することにしたい。

5. おわりに

「伊都郡加勢田荘内紀伊川瀬替目論見絵図」は，加勢田荘内の紀ノ川を画いた絵図で，江戸中期以降の作成と考えられる。同絵図は，紀ノ川本流に堰堤を設けて紀ノ川の流れを南側に替えるために作成された計画図の写しであろう。砂礫堆の中央には水路のような藍色の直線が引かれている。それは，大和街道がある紀ノ川右岸の侵食を防ぐため開削しようとしたもので，絵図の紀ノ川左岸の東渋田には護岸が画かれているが，右岸には護岸が画かれていない。

　近世初期〜中期の紀ノ川中流域では，灌漑用水路の開削および護岸・築堤工事が行われ，紀ノ川沿岸低地の新田開発が盛んに行われた。同絵図は大和街道をまもる目的とともに，河道を直線化してその旧河道，遊水地化していた氾濫原を開発する目的があったと思われる。しかし，現在の河況をみると，河川の流れをかえることは当時の土木技術をもってしても困難で，この計画は失敗に終ったのであろう。関連文書が今のところ発見されていないため，その詳細を知ることはできない。

　護岸工事は，上流側から順次進められたようで，加勢田荘付近では江戸中期頃に工事が行われたと考えられる。同地区の紀ノ川改修に関連する古文書はほとんど知られていないので，これからの古文書調査と考古学的発掘の成果に期待し，絵図の作成時期と改修工事の時期との関係は今後の課題としたい。

　〔追記〕本稿脱稿後，『絵図』の作成時期と紀ノ川の改修の時期について，和歌山県立博物館学芸員の前田正明氏より，次のような御教示を得た。東渋田の堤防の築造時期は，本稿注（8）の前田論文 54 頁の「天保 5 年（1834）には，渋田村の河原にも 5 町の堤が築かれ」たと記すように，天保 5 年頃と考えられる。また，同論文 55 頁の注（17）に述べるように，「嘉永元年（1848）の洪水は規模が大きく被害も大きかったようで」，同論文に紹介しきれなかった図 2 の左側部分，嘉永元年丁ノ町組周辺洪水被害状況絵図の東渋田付近の紀ノ川に堤防状の表現がある。したがって，『絵図』はその時の加勢田荘付近の洪水の被害状況を示しているのではないか，との指摘であった。窪・萩原（桛田荘）遺跡の第四次発掘調査

5. おわりに　181

で検出された 19 世紀中頃の石積み堤防との関連と併せて，別稿で改めて検討することにしたい。

（注および参考文献）

(1) 『紀伊続風土記』によると，慶長検地帳（1601）には伊都郡内に隅田荘と加勢田荘に 2 つの宿（夙）があり，混同しやすいため上と下に分けたとある．絵図を書き写した時期には，隅田荘のは上夙村，加勢田荘のは下夙村（山崎荘のは夙村）と区別されていたので，加勢田荘の夙村は那賀郡の山崎荘のと間違えたものと思われる．また，『絵図』は「夙村」「瀬野山村」と記され，古い集落名をとどめていると考えられる．

仁井田好古（1839）:『紀伊続風土記』巻之四三（1975 年復刻本第 2 輯, p.18）.

(2) 近世以前の古文書にはしばしば「志富田島」等の記載がみられ，渋田村の住人が島村の耕地の作人になっていたことがわかるが，桛田荘が終始ほぼ実効支配していたようである．

(3) ①近畿地方建設局和歌山工事事務所（1958）:『紀ノ川治水史』第 1 巻, 100-102.
②紀の川水の歴史街道編纂委員会（1996）:『紀の川－水の歴史街道－』建設省近畿地方建設局和歌山工事事務所, 200-207.

(4) 和歌山県文化財センター（1997）:「窪・萩原（桛田荘）遺跡発掘調査概報」．護岸は，1997 年に 135m，さらに 1998 年に 80m 余が発掘調査で検出された．

(5) 額田雅裕（1997）: 桛田荘の立地に関する地形地理学的検討．和歌山地方史研究, 33, 39-55.

(6) 前掲注（5）.

(7) 小野寺　淳（1991）:『近世河川絵図の研究』古今書院, p.11.

(8) 前田正明（1998）: 近世前期の新田開発と境界認識．和歌山県立博物館紀要, 3, 40-56.

その注（18）では，「川の流れをかえ，または圦を伏せて用水を取るために川を築留めるところを築切という」としている．前田氏によると，「川を御ほり」「川の掘り替え」という文字が古文書に出てきており，宝永年間に紀州藩は伊都郡三谷村・寺尾村付近で，流路の付け替えを行ったことがわかる．

(9) 斉藤（1984）は紀州において河道の瀬替えや紀州流の特徴としていわれる河道の直線化などの事業は行われていないとした．筆者は土木技術については専門外で，紀州流・関東流については詳しくないが，大規模な河道の付け替えは地形的な条件から紀州で行われていないが，河道の直線化の工事は紀州でも実施され，瀬替えも

計画されたと考えられる.

　　斉藤洋一（1984）：いわゆる「紀州流」について．歴史地名通信（地方資料センター），2.

(10) かつらぎ町史編集委員会（1988）：『かつらぎ町史　近世史料編』，p.972.

(11) 額田雅裕・古田　昇（1994）：泉佐野平野の地形とその変化．和歌山地理，14，31-44.

第13章　伊都郡移村預所墨引絵図について
－桛田荘域の用水の開削時期－

1.　は じ め に

　和歌山市立博物館に平成 6 年（1994）度から寄託されている資料の中に，江戸時代に作成された「伊都郡移村預所墨引絵図」（個人蔵，以下『絵図』と略す）がある。『絵図』は，移村全域と下夙村・背山村の一部，および「北川」右岸の飛地である「東村新田」・「中村新田」を範囲として画いている。

　『絵図』をみると，「北川」（現：四十八瀬川）左岸から取水する一ノ井は「井神」（現行地名：湯神）から丘陵を越えて流れ笠田東・笠田中・萩原の 3 カ村を，その下流で「北川」から取水する二ノ井は移村と窪村を，最下流で「北川」から取水する三ノ井は下夙村と背山村を灌漑する用水であることがわかる。

　また，『絵図』は中位・下位段丘崖および開析谷の植生や地形をよく表現している。そして，二ノ井は笠田丘陵の裾を南流し，おもに移村の中位・下位段丘面を灌漑し，一筋はその余水を「城山」（背山）北麓の「馬力背池」（上側：現在は消失）に集めていたことが『絵図』からわかる。もう一筋は，「水越」で分水され，丘陵の鞍部を越えて「小堂谷池」に貯水し，窪村方面へ向かっている。

　『絵図』では，水田面は地割を平面形に画いているが，山地・丘陵・段丘崖などの景観は鳥瞰図的である。このように，『絵図』は桛田荘_{かせだのしょう}西部の近世における灌漑状況を詳細に知ることができ，非常に興味深い資料である。

　『絵図』は，12 枚の料紙（楮紙）を糊で貼り継いだ，縦 71.0cm× 横 199.1cm と横長の形で，全体に虫損は著しいが中央の絵図部分はさほどでもなく，村落景観がよく表されている。『絵図』のほぼ中央上部には，縦 23.2cm× 横 25.2cm の添書が貼付けられ，その文末には移村の庄屋と惣代百姓頭の名前が記されている。

　移村は，「北川」に沿う細長い村域の集落であるが，古くは文治元年（1185）正月 9 日付の「桛田荘坪付帳」（神護寺文書）に「静川」（下夙村と合わせた地域）として 18 町 8 反 49 歩の田積と作人等の記載がある。138 筆中 50 筆が上田で，

184　第13章　伊都郡移村預所墨引絵図について－桛田荘域の用水の開削時期－

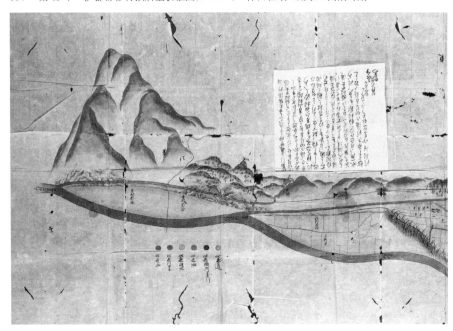

図13-1　伊都郡移村預所墨引絵図

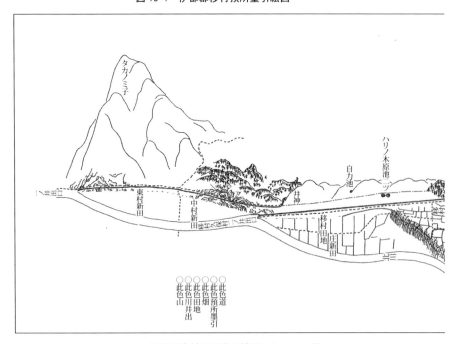

図13-2　伊都郡移村預所墨引絵図のトレース図

1. はじめに 185

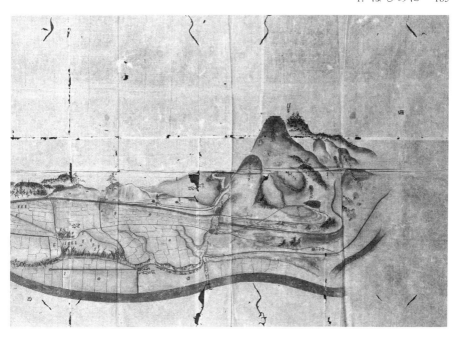

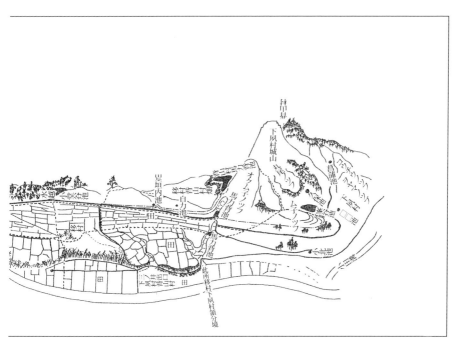

ほかの地区と比較して水田の等級のよい所が多いことと，他地区には記載のない「川成」が9反60歩もあることが特徴である。それは，灌漑用水があれば生産性が高くなる河岸段丘面に耕地が分布することと，沖積低地における「北川」の氾濫が顕著であることを反映しており，移村の立地条件をよく示していると思われる。

2. 『絵図』の記載内容

絵図は「東」を上にして，方位は図面の四辺に「東」「西」「南」「北」が四方向き合いで描かれている。凡例は，『絵図』の左下に丸印で6つ表示されている。右から朱色が「此色道」，墨ベタが「此色預所墨引」，小豆色が「此色畑」，黄色が「此色田地」，青色が「此色川井出」，緑色が「此色山」と注記され，近世絵図の特徴を示している。

これらを含めた絵図の記載内容を（1）地形，（2）人工物，（3）その他に分けてみていきたい。

（1）地　形
①山地・丘陵　　『絵図』の左右には，移村北東側の「タカノミ子」（鷹の峯？：398.1m）と移村南側の「下夗村城山」（背山：167.56m）が画かれる。「タカノミ子」は高く険しい山地として表現され，緑色に彩色されている。山麓部には岩崖の表現があり，現地でみるとそこには和泉砂岩の岩盤が露出している。背山には山頂が2つあり，北西側の兄山（せやま：現在三角点がある）には「下夗村城山」と注記があり，緑色に彩色されている。その山麓はなだらかで，尾根部には畑地が開かれ，谷部には溜池が設けられている。

南東側の鉢伏山（162.6m：現在建設省背山無線中継所がある）には樹木表現があるが，文字注記はない。前者は下夗村，後者は背山村に属す。両山頂には，天正9年（1581）に織田信長が高野山を攻めた際に，堀 秀政あるいは織田信孝が短期間使用した，兄山城跡・鉢伏山城跡がある。

鷹の峯と背山の間には，標高200m以下のなだらかな笠田丘陵が広がり，緑色に彩色されている。その一部にはマツ等の植生が画かれているが，背山に近い上位段丘面は畑に開かれている。

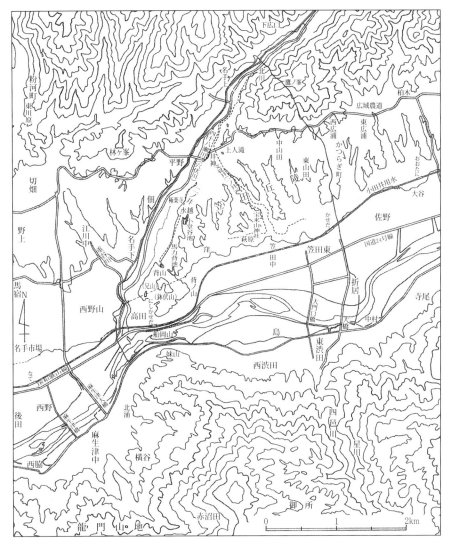

図 13-3　桛田荘付近の概念図

「下夘村城山」の麓には，畑を示す小豆色の彩色の上に「ヲヤマノツブ」（約129mの尾根）・「コウチウノツフ」・「丸尾ノツフ」（約110mの小丘）・「ム子ノツフ」（115.2m)・「ヲクム子ノツフ」（137.9m）と5ヵ所に注記がある。しかし，「ヲ

ンダノツフ」（129.4m）と記された所だけは，小豆色の彩色ではなく，マツ等の植生が画かれている。荒野を示すものであろうか。地形的にみると，ツブの所は小さな独立丘陵のようで，現地調査と空中写真からほぼ現在の地形と照合することができる。地形図をみると，背山本体との間にはケルンコル（断層鞍部）があり，ツブの所はケルンバット（分離丘陵）と考えられる。それが3つ連続し，南－北方向のリニアメント（直線構造）の可能性がある。しかし，ツブは，小字など現行地名につながるがものは残っていない。和歌山の方言でツボ（坪）のことと考えられることから，丘陵の頂部付近にあるなだらかな傾斜の開発地と思われるが，詳細は不明である。

②河　　川　『絵図』の下部，移村の西を限る河川は，現在の四十八瀬川で，「北川」と注記され，青色に彩色されている。その名は文覚井（一ノ井）の取水口にあたる，現在のかつらぎ町笠田東の小字北川に残る。「北川」は静川，下流部では穴伏川とも呼ばれた。同河川は，和泉山脈を流下するため急勾配で，河谷には扇状地性低地を形成している。

③段　丘　崖　　そのほかの地形表現としては，段丘地形がある。「北川」両岸には河岸段丘がよく発達し，段丘面は水田に開発されているが，段丘崖は利用されず，マツ・タケ・雑木などの植生で覆われている。中位段丘崖は山地の色と同様に緑色で彩色されるが，下位段丘崖はその彩色の上にタケや雑木の植生を画いている。『絵図』では，下位段丘崖の方が中位段丘崖より険しくみえるが，移村付近の中位段丘崖の比高は8〜10m，下位段丘崖のそれは6〜8mであるから，現在は両者ほぼ同じか中位段丘崖の方が比高が若干大きい。

移村南部の中位段丘面にはやや深い開析谷が2筋あり，背山北麓には「馬カ背池」が上下に2つ築造されている。

段丘地形等には変化が少なく地物や道路が現在も残っているものが多いが，沖積低地の地割や地形には若干の変化がみられる。

（2）人　工　物

④田　　畑　　水田は黄色に彩色されている。中位段丘面には「田」と2カ所に記載されるが，下位段丘面には耕地の所在を示す注記はみられない。沖積低地には，絵図左の上流側から「東村新田」「中村新田」「移村田地」「庄新田」「田」

2カ所の文字注記がある。中位段丘面の水田は、地形面が西へ急傾斜するため南北に細長い棚田状の小区画水田が画かれる。これに対して、沖積低地では直線的で大規模な区画になっており、下位段丘面では中間的な規模の区画が多い。

畑地は小豆色に彩色されている。背山の北側にある「移村背山村畑」は、開析されて平坦面があまり残っていないが、地形的には上位段丘面にあたる。

⑤道　　路　　道路は、明治19年（1886）の仮製地形図および現在の5,000分の1国土基本図と地形を考慮して照合すると、かなり一致することがわかる。『絵図』では北東−南西方向の道ⓐ〜ⓒと南東〜北西方向の道ⓓ〜ⓘの合計9本を朱線で示すが、トレース図では道路を点線で表わした。

ⓐは一ノ井取水口から一ノ井左岸を走る道で、「井神」から丘陵を越えて萩原・笠田東へ至る。途中で、ⓓの「タカノミ子」南麓を走り「中村新田」と「東村新田」の間を通る道と交差する。

ⓑは二ノ井取水口からその右岸を走る道で、「水越」を経て「馬カ背池」（上）の堤上を通り下夙村へ至る。途中でⓔの極楽寺南側を西下して下位段丘崖に至る道を分岐する。また、ⓕは窪村で大和街道（『絵図』には画かれない）から分岐して「小堂谷池」を経て「水越」でⓑと交差し、中位段丘面の大将軍神社前を西下して下位段丘・沖積低地へ下り「北川」河岸に至る道である。ⓖは「移村背山村畑」から笠田丘陵を尾根づたいに一本松の所まで行き中位段丘面へ下る道で、広浦付近でⓑと交差して河岸段丘の開析谷に至る。

ⓒは、「二ノ井出口」付近から「移村田地」と「庄新田」の間を南北に通って下位段丘面へ上り、極楽寺から西へ下りてくる道（ⓔ）と三叉路をなし、すこし西下してから東へ進み大将軍神社前で「水越」から下りてくる道（ⓕ）と交差する。さらに東進して「馬カ背池」（下）の堤上を通り、二ノ井右岸でⓑと収斂し、「峯谷池」の横に至る。「ム子ノツフ」の所で、ⓗの「オクム子ノツフ」と「下夙村城山」の間をぬけ「背山村馬カ背池」へ向かう道を分岐する。その道は、「背山村馬カ背池」を経て「移村背山村畑」へ行く道とつながり、その先には道を示す朱線はないが、ⓖとつながるようである。また、途中の「背山村馬カ背池」の所で、ⓘの「馬カ背池」（上）の堤上へ至る道を分岐する。

⑥集落・建物　　集落名は3村を記し、建物は全部で49字を画いている。集落は、大半が中位および下位段丘面に立地し、一部は丘陵斜面にもみられる。

「井神」には，丘陵斜面に神社の社殿1宇が画かれる。現在，上人滝の南側に文覚大龍神をまつる小祠がある。「移村」は，中位段丘面の小字上ノ段付近に家屋が4宇，中ノ段付近に2宇と大将軍神社（現在は「水越」へ移転）を示す鳥居と社殿1社，山添付近に家屋が2宇，下位段丘面の針木原付近に8宇と極楽寺と思われる堂1宇，木下付近に家屋12宇が画かれる。しかし，「北川」沿いの沖積低地には小字中川原付近に家屋が1宇しか画かれない。また，「下夗村」には5宇，「ム子ノツフ」には1宇が画かれるが，「背山村」は文字注記しかない。そして，二ノ井左岸に沿って4宇，罡（魂）垣内池と小堂谷池の畔に各1宇，その東側の笠田丘陵に5宇の家屋が画かれる。これらは，移村広浦の集落と思われる。

⑦溜　池　　溜池は全部で14カ所に画かれる。溜池は河川・用水路と同様に，青色に彩色されている。二ノ井左岸の丘陵には，移村の「自力池」「ハリノ木原池二ツ」「小堂谷池」「罡垣内池」「自力池」と「背山村馬カ背池」の計7カ所に画かれる。移村と下夗村の境界の開析谷には，下夗村の「馬カ背池」が上・下に2つ並んでいる。下夗村には，背山山麓の谷に「菖蒲池」「久保池」「峯谷池」「小北池」「久保池：貼紙□□池」の5つがある。

宝永5年（1707）5月の「伊都郡丁ノ町組大指出写」（『かつらぎ町史』近世史料編，以下『大指出』と略す）によると，移村には「ハリノ木原池二ツ」と「小堂谷池」の計3つ，下夗村には「芝崎池，峯谷池，菖蒲池，同所池，郷中池，西浦池」の計6つ，窪村には移村と相合の「小堂谷池」をはじめ6つ，背ノ山村には「馬ヶ瀬池」をはじめ6つの溜池が記載されている。地形からみて，『絵図』の下夗村「峯谷池」は現在の大池にあたると推定される。「□□池」は久保池と書いた上に貼紙で訂正しており，糊の部分が虫損のため文字が読みにくいが，2字目のサンズイと3字目の「池」が読み取れ，『大指出』の西浦池にあたると思われる。

慶安3年（1650）の賀勢田荘絵図では，二ノ井は1本が移村へ，もう1本が笠田丘陵を越えて窪村へ流れている。同絵図には，水越で丘陵を越えた所に池はなく，用水路が画かれることから，小堂谷池は慶安3年以降に築造されたと考えることができる。しかし，賀勢田荘絵図は溜池をまったく画いておらず，当時，小堂谷池がなかったとは断言できない。

『大指出』にある移村の3つの溜池は，『絵図』にすべて画かれている。「自力池」など3つの溜池は，両者の作成年代が時期的に非常に近いにもかかわらず，『絵図』

に画かれていても『大指出』には記載がない。『大指出』に記載のある下夙村・窪村・背ノ山村の溜池は，3村の村域全体を画いていないので当然ではあるが，『絵図』にはその一部しか画かれていない。『絵図』にあっても『大指出』にはない3村の溜池4つは，比較的小規模なもので，『大指出』には記載が省略された可能性がある。『絵図』にはあるが『大指出』にはない7つの溜池は，両者の約10年の時期的な差によって，溜池が新たに築造されて増加したものとすることはできないであろう。

　⑧用　水　路　　用水路は℗～ⓥの全部で7本が画かれ，河川と同じ青色に彩色されている。

　℗「小田溝」は，宝永4年（1707）に大畑才蔵によって紀ノ川右岸の伊都郡小田村（現：橋本市高野口町小田）から開削された長距離灌漑用水路である。灌漑面積は伊都・那賀両郡に1,022ha あるが，移村にはその灌漑地域はない。昭和40年（1965）には背山の地下を通る隧道が完成し，旧小田井用水路は埋め立られ，現在，道路等に利用されている。

　ⓠ一ノ井（文覚井）は，笠田東・笠田中・萩原の3カ村を灌漑するため中世に開削された灌漑用水路である。同用水は，「三ケ村一ノ井出口」にて「北川」から取水し，「井神」からは笠田丘陵を越えて紀ノ川の河岸段丘面の3カ村の方へ流れている。

　ⓡ二ノ井（移井）は，一ノ井と同様に「移村久保（窪）村二ノ井出口」にて「北川」から取水する。用水路は，ほぼ等高線に沿わせて河岸段丘面にのせている。「水越」では「小堂谷池」へ分派し，そこに貯水して窪村の耕地を灌漑している。『大指出』には「北川井出」が移村と窪村との相合と記されている。二ノ井を移村と窪村の用水とすることは，『絵図』の文字注記とも一致する。

　『絵図』では，二ノ井取水口から「井神」までの距離と一ノ井と二ノ井が平行して流れる区間が短く，二ノ井は現在より少し下流で取水していたと推測される。二ノ井の幹線は，中位段丘と丘陵の境を南流して下夙村との境界にある「馬カ背池」（上）から下夙村の「菖蒲池」の近くまで水路が引かれている。

　賀勢田荘絵図では，二ノ井と三ノ井の中間で「北川」から取水し（現在の妙中井か？），その左岸の河岸段丘面を灌漑する用水路が画かれるが，『絵図』にはその用水路はみあたらない。

192　第13章　伊都郡移村預所墨引絵図について－桛田荘域の用水の開削時期－

ⓈⒶ三ノ井（高田井）は，下夗村と背山村を灌漑する用水路で，沖積低地を南流し，位置的に小田井用水路より上位を流れ，背山の山麓を反時計回りに半周する。三ノ井は，移村西側の「北川」から「下夗村背山村三ノ井出口」にておもに取水している。しかし，『絵図』の上川原付近の下位段丘崖下には池のような水域が画かれ，同池は扇状地性低地に湧出する泉と推定され，湧水も三ノ井の水源として用いたと考えられる。現在はあまり使用されておらず，余水は小字下河原で四十八瀬川へ戻されている。

　これらⓅ～Ⓢの用水路は，すべて墨線2本で縁どられた中を青色で彩色されている。『大指出』にはこの「北川井出」が下夗村と背ノ山村との相合と記され，三ノ井を下夗村と背ノ山村の用水とすることは『絵図』の文字注記とも一致する。

　Ⓣは，その取水口がはっきりしない。「二ノ井出口」～「移村田地」付近から水路が画かれ，下位段丘崖に沿って南下し，下位段丘面にのせて移村北部の耕地を潤し，大将軍神社の手前で再び下位段丘崖下の用水路へ落とし，三ノ井の水源の1つとなっている。

　Ⓤは，Ⓥの預所墨引とは反対側の二ノ井右岸から取水し，中位段丘面の移村中部の耕地を潤す。そして小さな開析谷に沿って西流し，下位段丘崖下へ落として，Ⓣと同じく三ノ井の水源の1つとなっている。

　Ⓥは「馬力背池」（上）から「小北池」の山手側をとおり，井末は不明瞭だが余水を小田井へ落とす溝と思われる。

　これらのⓉ～Ⓥの用水路は，墨線なしに青色の線を引くだけで，Ⓟ～Ⓢの水路より幅が狭い水路と推定される。

　⑨預所墨引　預所墨引は，『絵図』の主題と考えられるが，近世絵図における「預所」とは何を指すのかよくわからない[1]。中世において荘園領主に代って現地を管理した預所[2]によって計画された用水路が掘削されないまま近世に至り，飢饉・旱魃（享保17年：1732の飢饉）の折に，用水不足を補うため新溝掘削の要望が再燃し，その時に『絵図』が製作されたとも考えられる。そうすると，用水路の延長計画が立てられた当時，すでに一ノ井や二ノ井は存在していたことになり，すでに知られている一ノ井だけでなく，二ノ井も中世灌漑用水路である可能性が高い[3]。

　Ⓧは，「井神」にて一ノ井より取水し，そこから「ハリノ木原池二ツ」のすぐ

東側を南流し、「水越」に至る計画線である。「小堂谷池」までは直接，墨線を引いていないが，同池へ流入させる予定であったことは明らかであろう。この用水路が掘削されると，「小堂谷池」の貯水量が増加し，窪村の灌漑は安定化する。

Ⓨは、「水越」と「毘垣内池」の中間付近の二ノ井左岸から取水し、「毘垣内池」「自力池」の南側を経由して、「背山村馬力背池」へ流入させる計画線である。この用水路が掘削されると、「背山村馬力背池」の貯水量が増加し、背山村の灌漑は安定化する。

Ⓩは、Ⓨの下手で二ノ井左岸から取水して，移村と下夗村との境界の谷を迂回し，背山山麓を回って「峯谷池」へ流入させる計画線である。この用水路が掘削されると，「峯谷池」の貯水量が増加し，下夗村の灌漑は安定化することになる。

以上の預所墨引Ⓧ～Ⓩは，すべて墨線で引かれている。これらの用水路が掘削されると，Ⓧは窪村の「小堂谷池」，Ⓨは「背山村馬力背池」，Ⓩは下夗村の「峯谷池」の貯水量を増加・安定させることができる。しかし，これらの水路は丘陵の斜面とはいえ移村の村域を通過する。用水路敷の借地料・井料についての記載はないが，移村にとって利益はまったくない。とくにⓎとⓏは移村を灌漑している二ノ井から分水することになるので二ノ井幹線の水量が減るため，移村はこれらの新溝の開削に強く反対したと推測される。現在のところ，これらの水路跡は確認できていない。断言はできないが，「預所墨引」は計画水路であって，実際にこの水路が掘削された可能性は低いと思われる。

(3) そ の 他

⑩境　　界　　境界線の凡例はなく，表示は「馬力背池」が上下に2つある背山北麓の谷の出口に，「此所移村下夗村領分境」という記載が1カ所あるだけである。『絵図』は，「水越」で丘陵の分水嶺を越えた小字小堂谷と東山を画いており，移村全域を画くが凡例に村界がないことは，通常の村絵図とは異なる特徴である。

移村の東側は「馬力背池」と「背山村馬力背池」の間から北へ延びる丘陵の尾根が移村と背山村の境界になっており，村域の西側と北側は「北川」が境界になっている。そのため，村界をさほど詳細に明示する必要はなかったと考えられる。境界線がなくとも，山地・河川といった自然的境界と「東村新田」「中村新田」「下夗村」「背山村」の記載および道や畦畔は移村との間接的な境界になったのであ

ろう。

⑪**樹　　木**　　移村東縁の丘陵および鉢伏山の頂部付近と「ヲンダノツフ」に
は，松林が画かれている。また，「移村背山村畑」のある上位段丘の崖下や背山
のなだらかな尾根部「丸尾ノツフ」の崖下は，マツを含む雑木林となっている。

　移村の東側の丘陵頂部にあたる「井神」，広浦の2カ所，「ヲンダノツフ」には
それぞれ幹の曲がった一本松が画かれている。広浦の1カ所は今日，地区の共同
墓地となっており，一本松は墓地を示すランドマークであるかもしれない。

　下位段丘崖は急傾斜地のため土地利用がなされておらず，タケや雑木が画かれ
ている。上位段丘や開析谷の崖には緑色の彩色はあるが，樹木は画かれていない。

3.『絵図』の添書とその内容

　次に，『絵図』に関連する唯一の史料である『絵図』に貼付された添書をみて
みよう。

　　　此筋引之通ニ　井神と申所ゟ一之井出堀継新溝
　　　御切付被遊候得ハ　水越と申所ニ而　移村井出溝
　　　床ゟ三間余も高ク　水廻り可申候、夫ゟ下山之
　　　東手へ溝御切付被遣候得者　背山村領馬ガ背
　　　池へ任せ込、夫ゟ下夙背山両村池之水
　　　廻し申積り　能可有御座候と奉存候
　　　右之通ニ　被成遣候得者　両村之願も相調
　　　移村難義も少可有御座候と奉存候、右新
　　　溝御切付被遣候ニ付、若此已後移村井出溝へ
　　　はせ入溝埋り申節ハ　右両村ゟ成共御普請ニ而
　　　成共堀除被為仰付可被下候、移村井出溝へ
　　　水一所ニ取込候得ハ　移村難義多ク　殊に水
　　　越ゟ下西手へ新溝御切付被遊候得者
　　　移村殊外迷惑仕義ニ御座候
　　　　　　　　　　　　移村庄ヤ
　　　　　　　　　　　　毛介

村惣代頭百姓

□左衛門

　この添書からわかることは，Ⓧ～Ⓩの 3 本の新溝が計画され，「井神」から一ノ井を掘継いだ新溝は，「水越」で移村用水路（二ノ井）より約 5.5m 高い所を用水が流れることになる。それより下流で丘陵の東側へ溝を掘削し，「背山村領馬カ背池」へ流入させると，下夙・背山両村池の水利はよくなると思われる。そうなると，下夙・背山両村の願いはかなうが，移村は少々迷惑する。Ⓧの悪水をはせ入れ二ノ井が埋まった時は下夙・背山両村が共同で浚泄すること，移村用水路（二ノ井）1 カ所から取水されると移村は迷惑で，とくに新溝を掘削されると「水越」より下の西側で，移村は最も迷惑することを強く主張している。移村庄屋・惣代頭百姓の言葉はていねいであるが，新溝の掘削には強く反対であったことが添書からうかがえる。

4. 『絵図』の作成時期と作成目的

　『絵図』および添書には，作成年月日が記されていないが，『絵図』の右端に画かれている「小田溝」と添書の最後に記されている庄屋と惣代頭百姓の名前から，その作成時期を推定することができる。

　小田井は，宝永 4 年（1707）の開削で，『絵図』に用水路が画かれていることから，その作成時期は同年以降と断定できる。

　次に，表 13-1 は，『かつらぎ町史』近世史料編に記載のある，移村の歴代庄屋・肝煎・惣代（頭百姓）・御蔵庄屋の名前を抜き出した移村歴代庄屋等一覧である。それをみると，添書に記された移村庄屋「喦助」は，享保 2 年（1717）8 月と同 8 年 6 月の 2 つの文書に庄屋としてその名が記されている。そして，宝永 6 年 12 月までは弥五郎，元文 2 年（1737）11 月からは与市が庄屋となっていることから，宝永 6 年から元文 2 年の間，おそらく享保年間（1716 ～ 36 年）頃に『絵図』は作成されたと推定される。しかし，惣代・頭百姓として記されている「□左衛門」は，『かつらぎ町史』に収録されている古文書の中にその名前を見出すことはできなかった。

　『絵図』の凡例および添書から推測すると，丘陵裾部には『絵図』に墨線で引

196　第 13 章　伊都郡移村預所墨引絵図について－桛田荘域の用水の開削時期－

表 13-1　移村歴代庄屋等一覧

元号・月	西暦	庄　　　屋	肝　煎	惣　　代	御蔵庄屋
元禄 9 年 11 月	1696	弥五郎			
宝永 2 年閏 4 月	1705	弥五郎	孫四郎		
宝永 5 年 5 月	1708	弥五郎			
宝永 6 年 6 月	1709	弥五郎			
宝永 6 年 12 月	1709	弥五郎	孫四郎		
享保 2 年 8 月	1717	㐂助			
享保 8 年 6 月	1723	㐂助			
元文 2 年 11 月	1737	与市	彦三郎		
元文 5 年 12 月	1740	木村与市	彦三郎		
安永 5 年	1776	弥五郎			
安永 5 年	1776	弥五郎	豊八	忠兵衛・木村与市・伝吉	
安永 6 年 3 月 23 日	1777	弥五郎	彦市	忠兵衛・豊八	
安永 6 年 7 月	1777	弥五郎	豊八	常八	
天明元年 5 月	1781	弥五郎	彦市	恒八・政之丞	
寛政 9 年 4 ～ 7 月	1797	武兵衛		善二郎	
享和 2 ～ 3 年	1802 ～ 3	熊次郎	半兵衛	(頭百姓：武兵衛)	藤蔵
文化元年 12 月 22 日	1804	熊二郎		武兵衛	藤蔵
文化 3 年 10 月	1806	熊次郎			
文化 4 年 2 月	1807	松山熊次郎 (35)	用蔵 (33)	武兵衛 (56)・藤蔵 (42)	
文化 4 年 4 月	1807	松山熊次郎		武兵衛	
文化 4 年 7 月 12 日	1807	熊次郎	要蔵		
文化 4 年 8 月 26 日	1807	熊次郎	要蔵	武兵衛・常八	藤蔵
文化 8 年 2 月	1811	熊次郎			
文化 8 年 12 月	1811	熊次郎			
文化 9 年 2 月 2 日	1812	熊次郎			
文化 9 年 11 月	1812	熊次郎			
文化 9 年 12 月 13 日	1812	熊次郎		武兵衛	藤蔵
文化 10 年 8 月	1813	熊次郎			
文化 11 年 9 月	1814	熊次郎		武兵衛	
文化 12 年 1 月 24 日	1815	熊次郎	用蔵	武兵衛・藤蔵	
文化 12 年 2 月	1815	熊次郎		(頭百姓：武兵衛・忠兵衛)	藤蔵

（『かつらぎ町史』近世史料編，1988 より作成）

かれた一ノ井の「井神」と「小堂谷池」，広浦付近の二ノ井と「背山村馬カ背池」
および「峯谷池」をつなぐ新溝 3 筋の掘削を預所が計画したと思われる。新溝は
複数の用水路と溜池を結合するもので，渇水時等に用水を有効に使うためのもの
と推定されるが，この水路跡は確認できず，机上の線引きだけであったと考えら
れる。

　関係文書が発見されていないためよくわからない点もあるが，『絵図』の作成

目的は一般の村絵図にはみられない「預所墨引」という凡例があり，預所による新溝の墨引線を示すことがこの絵図の最大のテーマと考えられる。そして，この計画が移村で展開されることになるにもかかわらず，移村にはまったく利益がなく，『絵図』は移村が同計画に反対であることを示すものであったと思われる。

5. おわりに

(1)『絵図』の作成時期は，添書の「移村庄屋㐂助」の在職時期から享保年間 (1716 ～ 36 年) 前後と考えられる。

(2) 一ノ井・二ノ井・三ノ井は，慶安 3 年 (1650) の賀勢田荘絵図に最初に画かれるが，18 世紀初めの『絵図』にもみられ，近世前期における桛田荘域の灌漑用水システムに大きな変化はなかったと思われる。しかし，賀勢田荘絵図には画かれない溜池が，『絵図』には 14 カ所に画かれている。その内訳は，『絵図』には宝永 5 年 (1708) の『大指出』に記載のある移村の溜池 3 つすべてを含む 6 つ，下夙村の 7 つと背山村の 1 つである。

(3)『絵図』には，「預所墨引」という凡例がある。近世における村の役職等に「預所」は知られていない。中世の荘園支配による「預所」の用水計画が近世まで伝えられたとすると，『絵図』は非常に興味深い貴重な資料である。

(4) 近世における新溝開削計画は，添書にみる移村の反対によって実現しなかったと考えられる。Ⓧは一ノ井から取水し「水越」を経て「小堂谷池」へ，Ⓨは二ノ井から取水して「背山馬が背池」へ，Ⓩは同じく二ノ井から取水して下夙村の「峯谷池」へ，それぞれ窪村・背山村・下夙村の灌漑を安定化するため用水を流入させる計画であった。いずれも移村の村域で用水を分水して溜池まで用水路を延長し，周辺 3 カ村の灌漑は安定化するが，移村にとっては用水不足になる危険があるだけで，百害あって一利なしの計画であった。

(5) 賀勢田荘絵図では，単に河川を堰き，用水を取って灌漑しているだけであるが，『絵図』の段階では溜池がかなりのウエートを占めており，用水路から溜池へいったん貯めて灌漑する方法へ変化したと考えられる。その要因は，和泉山脈を水源とする「北川」の集水面積が狭いうえ流路全長が短く，急勾配で渇水期には伏流して水無川となり，一時的に灌漑用水を貯える必要があったため

であろう。

(6) 荘園の預所によって一ノ井・二ノ井の用水を分水して「小堂谷池」や「馬カ背池」へ貯水するため用水路を掘削する計画があったとすると，中世においてすでに取水源の一ノ井・二ノ井が存在したことを意味するとともに，用水を受ける溜池も分布していたことになる。慶安3年（1650）の賀勢田荘絵図は，用水相論絵図のため，当時溜池は存在していたが用水路しか画かなかったと考えられる。

(7) 背山の斜面に記された「ツフ」とは何か。よくわかっていないが，ツブは和歌山の方言でツボ（坪）のことと思われる。聞き取り調査でも十分に判明しなかったので，これは今後の課題としたい。また，移村をはじめ，穴伏川水系の用水調査はまだ行われていないので，今後，詳細な調査が必要と考えている[4]。

（注）

(1) 預所は，『国史大事典』によると，①本所のもとにある領家および荘園の寄進者あるいはその子孫が，現地に赴いて下級の荘官（下司・公文）を指揮して荘園の経営にあたった荘官と，②江戸時代に幕府がその直轄領・大名領をほかの大名に管理させた所をいうとある．また，『日本史大事典』によると，①荘園を統括管理する職掌で，在京預所と在荘預所がある．②太閤蔵入地の一部を引き継いだもので，江戸幕府の直轄地のうち近接した大名・旗本らに管理を委託した土地で，次第に代官支配地に変更された所とある．それぞれ①は人物あるいは荘官の役職を指し，②は土地を指すようである．賀勢田荘は紀州藩領にあたり，幕府の直轄地や他の大名に管理させた所ではない．また，江戸時代において預所は後者を指すようであるが，「預所墨引」の預所は前者の人物を指すと考えられる．したがって，この預所は，中世における荘園領主の代理人として現地を管理した役職・荘官を指すとするのが妥当と思われる．このほかの解釈があれば，御教示願いたい．

(2) 高橋 修（2000）は，湯浅氏の桛田荘における所職について，安元元年（1175）に湯浅宗重が桛田荘の領家職（預所職）を手に入れ，その子宗光，宗算（桛田法橋），宗義へと子孫に預所職は受け継がれたが，宗平の代に南北朝の内乱の渦中で湯浅氏は桛田荘を放棄したという．また，前田正明（1999）は，桛田荘研究の今後の課題として「神護寺に代わる新たな上級権力（高野山権力と対峙

する権力）の存在を明らかにしなければならない」ことをあげている．桛田荘は，官省符荘・静川荘・志富田荘と高野山寺領荘園に囲まれていたが，高野山領ではなく神護寺－湯浅氏（桛田氏）以降の領有関係は不明で，それ以降の預所が誰を指すのかわかっていない．

(3) 2000年5月17日に移付近を一緒に歩いて現地確認調査をした前田正明氏によると，文治元年（1185）正月9日付『桛田荘坪付帳』を分析すると，二ノ井掛かりに上田・中田が多いので，一ノ井より二ノ井の方が古いと考えられるとの御教示を得た．どちらが古いかは別として，両者とも中世に起源をもつ灌漑用水路であるとの見解は，筆者と一致するところである．

(4) 後者については，のちに下記の報告を行った．

額田雅裕（2004）：穴伏川右岸の用水群について．紀の川流域荘園分布調査委員会編：『名手荘・静川荘地域調査』和歌山県教育委員会，144-152．

（参考文献）

かつらぎ町史編纂委員会（1988）：『かつらぎ町史　近世史料編』．

高橋　修（2000）：桛田荘－文覚と湯浅一族－．山陰加春夫編：『きのくに荘園の世界　上巻』，25-41．

額田雅裕（1987）：桛田荘の立地に関する地形地理学的検討．和歌山地方史研究，33，39-55．

額田雅裕（1988）：伊都郡加勢田荘内紀伊川瀬替目論見絵図の記載内容について．和歌山地方史研究，35，41-50．

前田正明（1999）：「紀伊国桛田荘絵図」に描かれた島の領有問題．和歌山県立博物館紀要，4，1-22．

前田正明（2000）：荘園絵図と文覚井．山陰加春夫編：『きのくに荘園の世界　上巻』，46-50．

第 14 章　慶安三年賀勢田荘絵図に画かれる灌漑用水と耕地の立地環境

1.　慶安三年賀勢田荘絵図の概要

　慶安三年賀勢田荘絵図（以下，慶安絵図と略す）は，画面のほぼ中央に画かれる宝来山神社（「八幡宮」）に伝来する資料で，紀伊国桛田荘絵図（以下，桛田荘絵図）の　附　として桛田荘四至牓示注文（以下，四至牓示注文）とともに国の重要文化財に指定されている。その大きさは，縦 88.7cm× 横 132.0cm あり，かなり大型の絵図である。画面には縦・横ともに 3 本の折れ筋が認められ，それぞれ四つ折にして保管されていたと推定されるが，現在は軸装されている。四至牓示注文によると，桛田荘の北は葛城峯，南は大河，東は下居，西は背山河前となっており，現在の地形・地名でいうと北が和泉山脈，南が紀ノ川，東が佐野と笠田東の大字境の下居（笠田東に小字「折薬師前」がある），西は穴伏川（四十八瀬川）にあたる。

　用水は静川（穴伏川）に井堰を設けて取水し，穴伏川両岸と紀ノ川右岸の河岸段丘面上の耕地をおもに灌漑している。穴伏川の右岸と左岸へは，それぞれ 4 本の用水路が画かれる。最上流で取水する文覚井（一ノ井）は，丘陵を超えて 2 本に分かれ，西水路は宝来山神社境内の裏をとおって萩原村へ，東水路は中村・東村へ引かれている。集落と耕地の大半は段丘面上に分布するとみられ，紀ノ川沿いには耕地があまり画かれていない。

　四至は，東西南北がそれぞれ内向きで記されている。構図は河川と山地をうまく配置し，中世の桛田荘絵図と比べてかなり写実的である。

　慶安絵図は，近世初期の桛田荘と静川荘[1]との用水相論の際に，宝来山神社本の桛田荘絵図と四至牓示注文が矛盾するため慶安 3 年（1650）に作成されたと考えられてきた（小山，1979）。それに対して，服部（1995）は，慶安の用水・堺相論の結着として桛田荘と静川荘が，3 筋半の山道と 3 筋半の井溝を交換する妥協点を慶安絵図に記していることから，絵図の作成時期をそれが成立した延宝

202　第 14 章　慶安三年賀勢田荘絵図に画かれる灌漑用水と耕地の立地環境

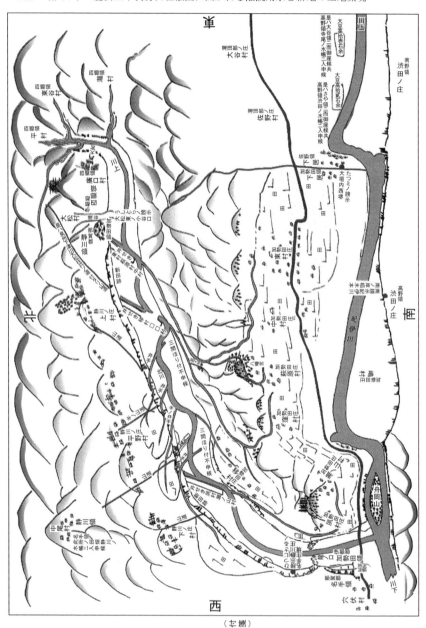

図 14-1　慶安三年賀勢田荘絵図（トレース図）

7 年（1679）以降とした。しかし，慶安絵図に関する図像の記載内容について，「先学が取象された記述にも目を向けていくことが必要」と指摘しながら，地形・植生・田畑などの図像を自らも取捨し記載していない。誇張・簡略化されている箇所もあるが，真景図に近い絵図の内容をもっていると考えられるので，既報の図像を含む絵図に画かれたすべての図像を地形，地物，植生，その他の順にみていきたい。桛田荘側に立った記載であることは間違いないが，筆者は画かれた図像をまずそのまま読み取っていくことが絵図読解の第一歩と考える。そして，本稿では，とくに慶安絵図に画かれる穴伏川右岸の用水を中心に，その灌漑範囲を地形面との関係で考察することにしたい。

2. 図像の分析

(1) 地　形

①河　川　　絵図の下辺には右の「川上」から左の「川下」まで，「紀伊川」と記された現在の紀ノ川が画かれている。「舟岡山」の下手で合流する現在の穴伏川（四十八瀬川）は，谷底平野（広義の氾濫原）を小振幅で蛇行する形態が画かれ，その中央付近には「北川」と当時の桛田荘側の呼び名と思われる河川名が記されている。

②山地・丘陵　　紀ノ川と穴伏川の間には，深緑色に彩色された低い笠田丘陵と，その右側に灰色の彩色が施された標高 400m 前後の小高い山地が配されている。穴伏川右岸の山地は，和泉山脈の尾根部の山々が灰色，その手前の標高 400m 前後の前山が深緑色で彩色されている。静川荘の集落が立地する中位段丘面と中腹に中尾村が位置する成高峯（809.7m）の間には隠れた谷，中央構造線活断層系の五条谷断層がある。その南側には桜池断層・菖蒲谷断層も伏在し併走している。紀ノ川左岸には，妹山背後の山地だけ画かれている。

③河岸段丘　　紀ノ川左岸と穴伏川右岸には，くさび状の記号によって河岸段丘と氾濫原の間に連続する段丘崖が表されている。「龍ノ口」では穴伏川両岸の河岸段丘の間が狭まっている地形の状況が画かれている。

膀示は 5 カ所に目立つように示されている。静川右岸の膀示は 3 カ所とも段丘崖に打たれており，絵図は静川を桛田荘の範囲に取り込み，静川の水利権が独占

的に桛田荘側にあることを示すものと思われる。

　服部（1995）は，庄境が穴伏川の水流にはなく，西方の川岸の根にあることを明らかにするため改竄したとする。しかし，水流の真中に牓示を打つことは物理的に不可能である。桛田荘絵図 [2] をみると，坤・乾・艮の牓示は，河川の真上ではなく静川の右岸に，巽牓示は紀ノ川右岸に，南牓示は渋田荘との境の段丘崖に打たれている。巽牓示と南牓示は顕著であるが，牓示は元来川岸ではなく氾濫原と段丘との境に打たれたことがわかる。これは中世と現代の人々の河川に対する認識の相違からくるものと考えられる。現在は堤防で囲まれた範囲（堤外地）が河川で，水流の中分線をもって境界とするのが通例であるが，当時の「川」は堤防が少なく河川敷（氾濫原）を含むという概念が一般的であったのではないか。現在に置き換えて考えてみても，海岸の堤防・護岸の外側の干潟や砂浜は海という概念でとらえているが，そこを埋め立てると埋立地・陸地へと認識が変わるのである。中世まで氾濫原＝水域と思っていたところが，堤防などで区画され「新田」が開発されれば，そこに対する認識も変わる。経済的価値が高くなると堺相論が発生することは，埋立地の帰属をめぐる問題が今日でも自治体間で生じているのと同じである。

　段丘面に関する地形の表現はみられないが，桛田荘と静川荘のおもな集落および「田」と記載され黄土色に彩色された耕地の立地するところが段丘面にあたる。

（2）地　　物

①田　　畑　　耕地はＬ字型の記号と黄土色の彩色で示され，17 カ所に「田」と記されている。Ｌ字型の記号は，河岸段丘面上の水田区画あるいは地形面の傾斜を表わすと思われる。

　紀ノ川右岸の「灌頂部ノ庄」域には，四角く囲ったうちを黄土で彩色した所が2 カ所あり，川上から「大豆高拾壱石余　是ハ大谷領ニ而御座候共　高野領寺尾ノ水帳ニ入申候」，「大豆高拾弐石余　是ハさや領ニ而御座候共　高野領渋田ノ水帳ニ入申候」と記されている。そこは，大豆を栽培していることから水田ではなく，自然堤防上の畑地と推察される。

　「中尾村」の「名手領」のところには「此所ノ田畑　静川ノ水帳ニ入申候」と記されている。

穴伏川右岸の氾濫原には，2カ所に「新田跡」と記されているが，彩色は施されていない。そのうち，穴伏川右岸の上流側に位置するものは，笠田東の北川付近の氾濫原にあたると思われる。そこは，文覚井より上流で取水する北川井などによって灌漑された所と推定される。穴伏川右岸の下流側に位置するものは，萩原の影ノ木付近の氾濫原にあたると思われる。そこは近世初期に新田開発され，前田井かその下流で取水する向西井によって灌漑された所と推定される。「新田跡」は一時的に耕作が行われたが，河川の氾濫等により荒廃した所と考えられる。「いぬい牓示」と「ひつじさる牓示」付近の段丘崖下には，黄土で彩色された所が各1カ所ずつある。彩色から耕地と判断されるが付記はなく，「半ノ井手」などの余水によって灌漑された耕地と思われる。また，「龍ノ口」の下流の段丘崖下にも黄色で彩色された所がある。

②建　　物　ⓐ神　　社　画面のほぼ中央に「八幡宮」と書かれた建物4棟と鳥居1基がある。それは現在6棟の社殿が横一列に並ぶ宝来山神社と考えられ，絵図は両端を除いた本殿4棟を画いているのであろう。両端の東殿と西殿は17世紀はじめの造営とされており，絵図作成当時はまだ存在しなかったと推定される。

また，同様の図像が画面右上の広口村にあり，鳥居と社殿には朱が入れられ「大宮」と記される。これは，近世に大宮四社明神社と呼ばれた，現在の大宮神社にあたるのであろう。

「加勢田領」の「北川」から取水する文覚井が丘陵の鞍部を越える井神には，鳥居がなく朱も入っていない社殿に「井上宮」[3]という文字注記がある。

ⓑ集　　落　神社のほかには集落を形成する家屋が画かれており，同絵図の紀ノ川右岸の「加勢田庄」域には「東村」27宇，同「下居」5宇，「中村」11宇，「萩原村」7宇，「窪村」6宇，「瀬ノ山村」7宇，「夙村」5宇，「移村」9宇の合計8集落77宇が画かれている。そのうち，「東村」と「中村」にだけは大型の家屋が1宇ずつあり，庄屋クラスの建物と思われる。また，「東村」の大和街道沿いには14宇の家屋が両側に建ち並び街村形態をとっており，「東村」のみ極端に戸数が多い。慶長検地高目録（1613）の「東村」の項をみると，ほかの村より戸数が多く石高も圧倒的に高い。それは当時の村落規模を反映していると思われる。紀ノ川左岸の「賀勢田庄嶋村」には家屋がまったく画かれていない。

206 第14章 慶安三年賀勢田荘絵図に画かれる灌漑用水と耕地の立地環境

　穴伏川右岸には，「静川ノ庄」の「上村」5宇，「平野村」9宇，「下村」5宇，「中尾村」7宇（「静川領」4宇と「名手領」3宇）の合計4集落26宇，および「那賀郡名手領穴伏村」6宇が画かれている。「龍ノ口」の下流には「茶屋ノ屋敷」と注記はあるが図像はない。また，「四郷領」の「東谷村」「滝村」「平村」「廣口村」「大松村」，「高野領渋田ノ庄」には在家が1宇も画かれていない。家屋の屋根に薄く朱が入れられているのは，他の中世荘園絵図にもよくみられる特徴である。

　「灌頂部ノ庄」の「大谷村」「佐野村」には「佐野領下居」の4宇以外に家屋がまったく画かれていない。下居が佐野村と東村の両方に存在することは，『紀伊続風土記』の両村ともに「小名　折居」の記載があることと一致する。現在，那賀郡粉河町（現：紀の川市）下鞆淵と同桃山町（現：紀の川市）黒川に町境を挟んで畑野集落が，粉河町上鞆淵と伊都郡かつらぎ町志賀に町境を挟んで日高集落が分布するのと同様，もとは荘境にあった1つの集落が2つの荘園の境界に位置したため同一の集落名が残っていると考えられる。

（3）井手と山道

　①道　路　　道は朱線で表わされている。大和街道はやや太い朱線で引かれ，「穴伏村」から「瀬ノ山村」・「中村」・「東村」をとおり，「佐野村」・「大谷村」へ通じている。紀ノ川右岸で穴伏川左岸には，大和街道および「下居」付近で大和街道と交差する道の2本しか画かれていない。後者は紀ノ川河岸と笠田丘陵へ延びており，大阪府和泉市に至る父鬼街道と西高野街道につながる道であろう。

　それに対して，穴伏川右岸には山地に向かって5本と多くの道が描かれている。最上流側のものは「是ハ泉州幷下津川大松往行ノ道付タリ山道」と記され，泉南へぬける一般の往還の山道と思われる。3本目には「半ノ山道」とあり，その他の3カ所には「山道」とだけ記されている。

　栂田荘域には大和街道など主要道しか描かれていないのに対し，穴伏川右岸には泉州への往還を除いても4本の細い山道が描かれていることになる。これらは，服部（1995）によって，慶安の用水・堺相論の結果，栂田荘と静川荘との間で三筋半の井溝と交換された三筋半の山道であることが明らかにされている。2本目が大下田よりいどたわ（岥）に至る山道，3本目が半ノ山道の与谷道，4本目が平野ふえ坂より平野たおに至る山道，5本目が下村くらおりとよりほりきりに至

る山道に比定あるいは推定されている（服部, 1995）。

②井堰・水路　　用水を取水するための井堰（堰堤）は，穴伏川に斜めに設けられている。服部（1995）は，「三間の斜堰」といって，堰堤は長さ3間の斜め堰で，流れに対して垂直に堰止める横堰は禁止されていたとしている。堰は墨枠の中を薄い朱で彩色され，上流から順に「井せき東村萩原村中村」・「井せき移村□□村」・「井せき夙村瀬ノ山村」と書かれている。これらの井堰から桛田荘側へ引く3本の用水路は，現在の一ノ井（文覚井）・二ノ井・三ノ井にあたる。

　二ノ井の井堰の注記について，服部（1995）は「井せき移村」とだけしている。しかし，「窪」は完全に虫損で欠失しているが，下に1～2字分あいて「村」の字らしい最下部だけが読み取れる。服部（1995）のいうように，一ノ井が東村・中村・萩原村，二ノ井が移村，三ノ井が夙村・背ノ山村とすると，紀ノ川南岸の島村は別として，桛田荘内で窪村だけが穴伏川から灌漑用水を得ることができない空白地域となるわけである。

　また，享保年間（1716～36年）頃の「伊都郡移村預所墨引絵図」には，上流から「三ヶ村一ノ井出口」「移村久保村二ノ井出口」「下夙村背山村三ノ井出口」とあり（額田, 2001），穴伏川から取水する用水に関する桛田荘内の村の組み合わせは慶安絵図の作成時期ころもこれと同じであったと思われる[4]。現在，二ノ井は水越で分水し，小堂谷池へ貯水して窪地区を灌漑していることから考えても，1～2字分の欠損部分は「窪（久保）」であることは明白であろう。

　穴伏川左岸の用水路は合計4本あり，そのほかには井堰も注記も記されず移村まで引かれている短い水路が1本ある。これは「中芝井手の前身」か「宇藤井手」に比定されている（服部, 1995）。しかし，2003年8月に行った紀の川流域荘園詳細分布調査委員会で聞き取り調査をした結果[5]，同水路は二ノ井と三ノ井の間にあり，移地区の段丘面の灌漑を補うもので，巨大な井堰をもたないことから「移井（村）の小井」と判断した（額田, 2004）。二ノ井のことを大井ともいい，小井は移村の不足する用水を補完するものと思われる。中芝井は現在岩ノ井の取水口付近の堰堤において左岸側から取水しているが，この水路は慶安絵図の3本目（秋吉井）と4本目（前田井）の間で左岸側から取水しているため中芝井とは考えにくい。

　小井の取水口（標高約95m）は現状を確認できたが，水路跡はよく残っておら

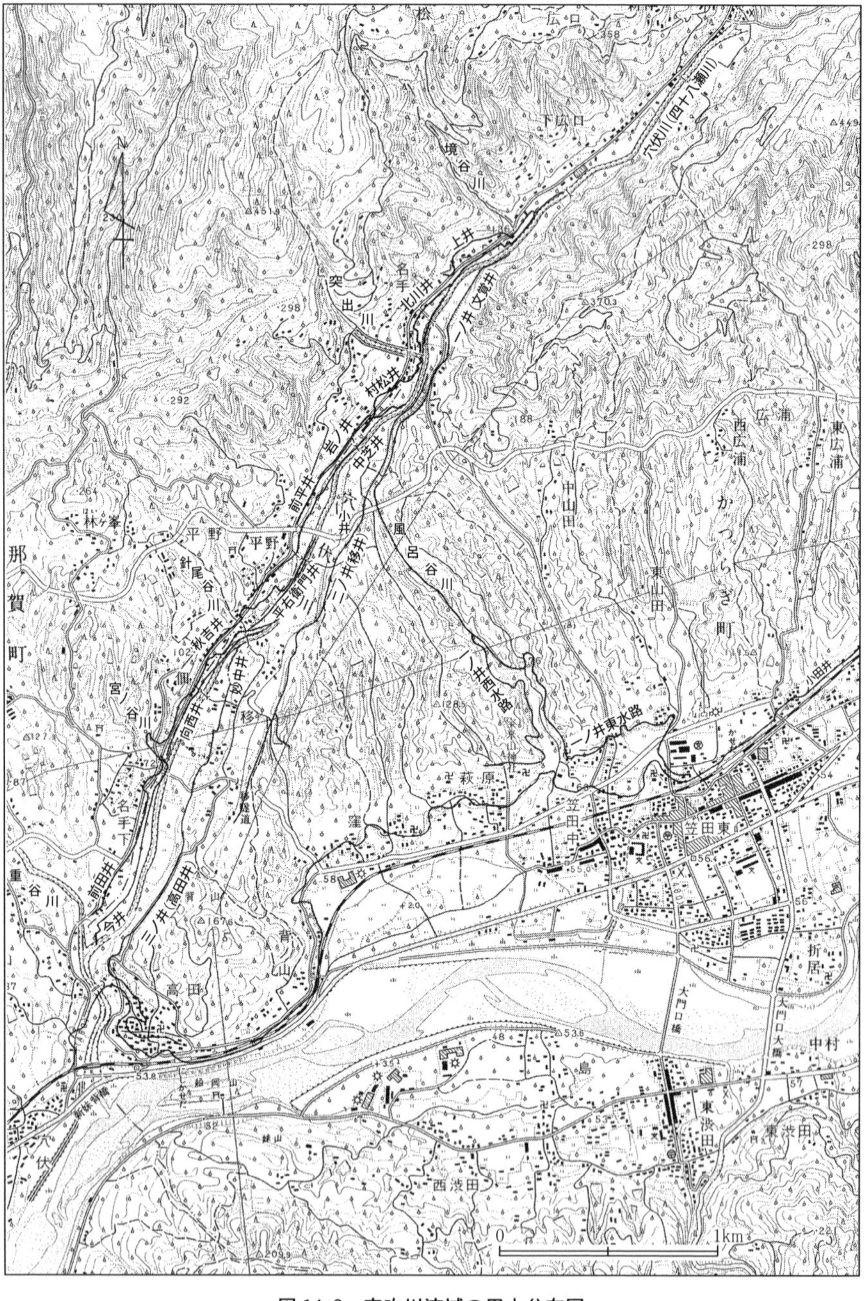

208　第 14 章　慶安三年賀勢田荘絵図に画かれる灌漑用水と耕地の立地環境

図 14-2　穴吹川流域の用水分布図
ベースマップは国土地理院発行の 2 万 5000 分の 1 地形図「粉河」.

ず現地で確認できなかった。しかし，明治の地籍図をみると取水口からジグザグに南流し，段丘崖に沿って流れ，下位段丘面（標高約92m）へのせる水路が認められる。同用水を移地区の中位段丘面（標高約102m）へあげることはできないものの，移地区の下位段丘面を灌漑することは慶安絵図のとおりできたと推定される。二ノ井は，中位段丘面の最も高いところを流れているが段丘面が広いため，慶長6年（1601）に本田として登録されている移村の下位段丘面全体に用水が十分に行き渡っていなかったと思われる。したがって，小井はその移村の段丘面の灌漑を補い，その耕地を満作化するため近世初頭に開削された用水と考えられる。

これに対して，穴伏川右岸へは「井手」と記された水路4本が画かれている。井堰は設けられていなかったのか，まったく画かれていないが，そのうち最上流と最下流の2本にはそれぞれ「三間ほり付不申候」という注記がある。服部（1995）は，これを「取水路の長さを規定したもの」としたが，伏流水を集めて用水とする場合，静川荘側は対岸との間を3間あけて溝を堀らなければならないとする規定と思われる。中間の2本はさらに権利が弱かったらしく，注記も溝もまったく画かれていない。

ここでもう一度桛田荘側の井手をみてみると，井堰のある3本ともその内側に沿って右岸側まで溝が画かれている。早魃時における水利慣行の「川瀬掘り」であるという（服部，1995）。これによって，渇水時でも伏流水をある程度集めることができたと思われる。すなわち，桛田荘側は取水のための水利慣行として穴伏川右岸間際まで溝を掘ることができたが，静川荘側は左岸間際まで溝を掘ることができなかったということになる。井堰のあることと，その内側に溝を対岸まで掘削できたことから，近世初頭ころの桛田荘は静川荘に対して非常に強い穴伏川の水利権を有していたことがうかがわれる。

（4）境界・植生・その他

①膀　　示　　膀示は墨丸に中を朱で彩色し，5カ所に打たれている。紀ノ川右岸の「灌頂部ノ庄」との堺には「たつミノ膀示　大垣内西鼻」，紀ノ川左岸の「高野領渋田ノ庄」との堺の段丘崖には「南ノ膀示　紀伊川南ノ岸栢木本」，穴伏川右岸には「ひつじさるノ膀示　静川庄名手ノ庄堺」，「いぬい□□□（ノ膀示）」，「うしとらノ膀示　大松東ノ小谷口」の3カ所がある。「龍ノ口」下流の穴伏川右

岸には、「伊都郡加勢田領」とあり、段丘崖と牓示によって区画された穴伏川右岸の氾濫原が桛田荘に含まれることを図示している。これは、四至牓示注文の「巽　下居大垣内西鼻　重房作畠」「南　紀伊河南岸栢木本　渋田庄堺」「坤　静河西岸　安徳法師作田堺」「艮　静河庄　高野本庄堺大松東小谷口　友国作」の記載とほぼ一致する。

　段丘崖は、くさび状の記号で表されているが、穴伏川右岸のそれは、上の段丘面と下の氾濫原との境の「二つの線の間は、井堰と同じようにうす赤く塗られている」(前田，1998)。これは、段丘崖をゾーンとして桛田荘と静川荘との庄境であることを示すと考えられる。

　②植　　生　　植生は背山・「舟岡山」・広口村北側の山頂，「八幡宮」と「大宮」の社叢，「八幡宮」の裏など笠田丘陵南側の段丘崖，静川荘の上村・平野村・下村の各集落が立地する段丘面にマツ状の針葉樹の植生表現がある。広口村北側の山頂付近にある叢林は，慶安絵図に画かれていないが，山頂に八王子社があることを示しているのかもしれない。

　紀ノ川の右岸には，河道が屈曲し，水勢が直接あたる「下居」と「瀬ノ山村」の川岸に，深緑色の竹の葉のような図像がある。おそらく，竹藪が段丘崖の侵食を防ぐための護岸として植えられていることを表すものと推定される。同様の図像が，艮牓示のある「境谷」付近の山(地元では「徳明の森」と呼ばれている)にも見られる。「境谷」を挟んで，東側が伊都郡四郷領，西側が那賀郡静川領，南側の氾濫原が加勢田領となっており，その山はちょうどそれらの中間に位置する。何か特別な意味のある表現と思われるがよくわかっていない。

　③付　　箋　　画面左下につけられた付箋には，「慶安三年寅ノ六月十一日ニ安藤帯刀様御寄合ニ而賀勢田領分ニ被仰候絵図」と記され，慶安3年6月11日に紀州藩附家老安藤帯刀義門(安藤帯刀直次の孫)の命によって作成されたとされる(鈴木，1975；小山，1979；木村，1987)。これに対して服部(1995)は，2本目の山道が「だいげた筋」になっていることから，作成時期を延宝7年(1679)以降としている。①道路のところでみてきたように，慶安絵図は三筋半の井溝と三筋半の山道の交換された結果を表しており，作成時期は服部(1995)の説が支持されよう。

　以上でみてきたように，ⓐ穴伏川を北川と表記していること，ⓑ牓示が桛田荘

側に有利なように穴伏川右岸の段丘崖に打れていること，ⓒ東村が 27 戸（「下居」を含めると 32 宇）と極端に戸数が多いこと，ⓓ穴伏川の用水と桛田荘の入会山への山道を詳細に画くことから，慶安絵図は桛田荘（とくに東村）が中心となって作成したものと推定される。

3. 灌漑地域と地形面との関係

桛田荘付近の地形については，すでに額田（1997）で地形分類図を示した。その際，地形分類は紀ノ川流域が中心で，穴伏川流域はかつらぎ町域しか示さなかったので，穴伏川流域の地形について述べておきたい（図 14-3）。山地・丘陵の地形については変わらないので記載を省略する。河岸段丘については大阪平野とその周辺との広域的な地形面対比のため，上位段丘を中位段丘 I 面に，中位段丘を中位段丘 II 面に，下位段丘を低位段丘に名称を変更し，低位段丘を 3 面に細分した。中位段丘 I 面以下の地形面については簡単に述べ，低位段丘 I 面は穴伏川流域には分布しないので記載しない。

①**中位段丘 I 面**　中位段丘 I 面は，穴伏川右岸の支流の谷を挟んで，名手上・平野・名手下の標高約 135 〜 80m にかなり広く分布する。平野の佃，名手下の上ノ段の標高約 102 〜 90m には集落が立地する。同面は，高田付近を除いて穴伏川左岸には分布していない。

②**中位段丘 II 面**　中位段丘 II 面は，穴伏川右岸では平野集落が立地する標高約 115 〜 105m にひろく分布する。左岸では移の上ノ段から下ノ段および背ノ山の畑谷にかけて標高約 108 〜 87m に背山の麓を半円状に取り囲んで分布する。

③**低位段丘 II 面**　低位段丘 II 面は，穴伏川両岸の標高約 105 〜 65m に連続して分布する。とくに右岸では名手下の前田，左岸では移の和田〜前ノ段付近に広い。氾濫原との比高は，前田で約 8m，和田で約 7m である。佐野〜笠田中など紀ノ川流域にみられる方格地割（条里型土地割）は穴伏川流域には分布しない。このことは，開発時期・開発主体が桛田荘東部と異なることを意味すると思われる。

④**低位段丘 III 面**　低位段丘 III 面は，かつらぎ町移と那賀町平野の間の狭窄部より上流部にしかみられない。右岸では平野，左岸では移の上芝から下芝にかけて連続的に分布する。氾濫原との比高は，それぞれ約 2 〜 3m である。

第14章 慶安三年賀勢田荘絵図に画かれる灌漑用水と耕地の立地環境

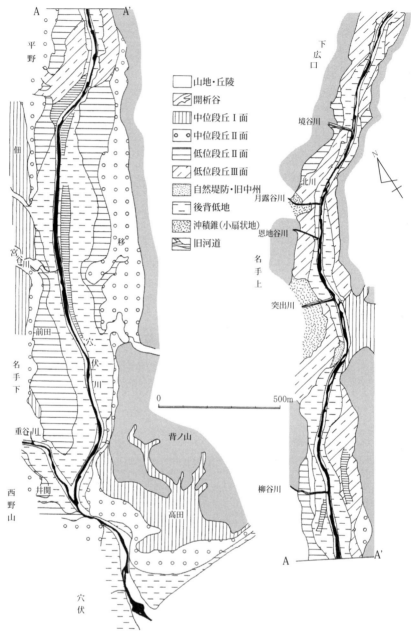

図 14-3 穴吹川流域の地形分類図

3. 灌漑地域と地形面との関係　213

⑤沖積低地　　　沖積低地は洪水時には河川が氾濫し，浸水する可能性のある所
で，氾濫原ともいう。穴伏川は北東から南西へ緩く蛇行して流れる。沖積低地は
穴伏川に沿って幅が 50 〜 280m に対して長さは約 6km と極めて細長い。その大
半が後背低地からなり，旧河道は残っているが，自然堤防等の微高地はほとんど
みられない。

そのほかの地形としては，名手上の真勝寺－熊野神社を崖線とした滑落崖があ
り，中谷垣内付近に移動した土塊の堆積する地すべり地形が広範にみられる。ま
た，穴伏川右岸の突出川は，標高約 170 〜 115m に土石流性の扇状地を形成して
いる。

次に，穴伏川右岸の用水と灌漑地域の地形について述べていきたい。

慶安絵図の北川（穴伏川）右岸には，黄土色に着色され「田」と注記される所
が 3 カ所ある。上流側から，①「静川庄平野村」と記された集落の南側，②「井
せき夙村瀬ノ山村」と記された井堰の北側，③「静川庄下村」と記された集落の
南側の 3 カ所である。

①は，「北川」から取水する「井手」2 筋が「田」と記された耕地へのびており，
「半ノ山道」と記された朱線がそこを横切って平野村に達している。穴伏川の形
成した河岸段丘の崖は，くさび状の記号で表され，「井手」はそこを S 字状に屈
曲して描かれている。その図像は，用水路が等高線に沿うように段丘崖に設けら
れ，用水を段丘面へあげている様子を表している。穴伏川流域では，①〜③の河
岸段丘面の勾配が約 1%とかなり急傾斜のため，比較的短い距離で用水を段丘面
上へあげることができる。

②は，北川から取水する「半ノ井手」1 筋が描かれ，それと「田」を横切って「山
道」が「中尾村」に至る途中まで朱線でひかれている。③は，北川から取水する
「井手」1 筋が描かれ，「山道」は「田」をかすめ「静川庄下村」を通り抜けて山（中
位段丘 I 面）の裏側を通り，②の「田」から中尾村に至る「山道」と合流している。

図 14-4 は，椹田荘から名手荘にかけての地形図に三筋半の溝（用水路）とそ
の灌漑地域を入れたものである。①の地域は平野地区の標高約 105 〜 93m の低
位段丘 II 面に，②の地域は平野・佃地区の標高約 88 〜 83m の低位段丘 II 面に，
③の地区は名手下の前田地区の標高約 75 〜 65m の低位段丘 II 面にあたる。す
なわち，「田」3 カ所の位置は地形的に独立した 3 カ所の低位段丘 II 面（二見面）

214　第14章　慶安三年賀勢田荘絵図に画かれる灌漑用水と耕地の立地環境

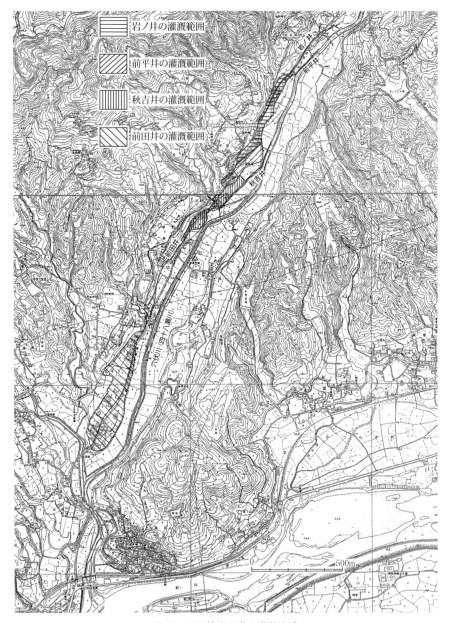

図14-4　三筋半の溝と灌漑地域
ベースマップは1972年発行の5000分の1国土基本図.

に対応しているのである。

そうして，①の地区は岩ノ井と前平井（まえひらゆ），②の地区は秋吉井，③の地区は前田井によって，それぞれ低位段丘Ⅱ面の水田が灌漑されている。①の地区では岩ノ井が中位段丘崖に沿って流れ，前平井が低位段丘Ⅱ面のほぼ中央部を流下しており，それぞれ用水路の東側の地区を灌漑している。

乾牓示は，絵図の「半ノ井手」（秋吉井）とその下流の「井手」（前田井）の間の段丘崖に位置し，現在の静松神社付近にあたると推定される(6)。

柴草の伐採など山の用益権は，桛田荘側のどの村がどこに権利をもっていたのかわからないが，用水を得ていた村は用水の本数でいうと，上村 0：平野村 2.5：下村 1 である。山の用益権を提供しているのはアクセス道路の数で，静川荘の上村 1：平野村 1.5：下村 1 となる。上村は利益がないのに山を提供していたことになり損で，平野村が得をした形となっている。ただし，岩ノ井の上流側には北川井・村松井などの用水があり（額田，2004），上村はそのかわり氾濫原を新田開発するための灌漑用水を穴伏川から得ていたのであろう。

4. おわりに

(1) 慶安絵図は，段丘面上に位置する桛田荘および静川荘の耕地の分布と灌漑用水の位置関係をよく示している。すなわち，穴伏川左岸では文覚井が東村・中村・萩原村の低位段丘面と中位段丘面，二ノ井が移村の低位段丘Ⅱ面と中位段丘Ⅱ面，小井が移村の低位段丘Ⅱ面，三ノ井が夙村・瀬ノ山の低位段丘Ⅱ面と中位段丘Ⅱ面を灌漑しているのがわかる。

穴伏川右岸では，岩ノ井と前平井が①平野地区の低位段丘Ⅱ面，秋吉井が②平野・佃地区の低位段丘Ⅱ面，前田井が③名手下地区の低位段丘Ⅱ面を灌漑していることがわかる。これら右岸の用水路は，江戸時代初期に河岸段丘面を新田開発する際に開削されたものと考えられる。

絵図の正確な作成年代は延宝 7 年（1679）以降とする服部（1995）の説が支持されるが，静川荘側の平野・名手下地区の低位段丘Ⅱ面上の用水路と新田の分布状況をよく示し，慶安絵図は江戸時代初期の景観を画いているとみてよいと思われる。

216 第14章 慶安三年賀勢田荘絵図に画かれる灌漑用水と耕地の立地環境

(2) トレース図は従来のものを穴伏川右岸の上流側から3本目の「井手」を「半ノ井手」に改め、「東」「西」「北」,「境谷」,「井手」3カ所,「新田跡」2カ所,「川上」「川下」の文字の位置あるいは向きを修正した。そして，従来のトレース図に脱落していた穴伏村の建物6宇と「井上宮」の社殿を加筆し，耕地の範囲をアミで示し，トレース図を修正した。

(3) 穴伏川流域の地形分類図を作成し，穴伏川右岸の用水ごとに灌漑地域と低位段丘II面が対応することを明らかにした。また，秋吉井と平右衛門井は那賀町（現：紀の川市）平野地区の低位段丘III面を灌漑していることがわかった。

(4) 荘園は四至牓示を設定しているが，牓示は物理的に現河道内に打つことができない。桛田荘の南脇牓示は紀ノ川左岸の嶋畠を領有するため段丘崖に打たれており，巽牓示は東村下居の紀ノ川右岸の段丘崖にある。穴伏川沿いの牓示は，3カ所すべて右岸の段丘崖にあたり，実際に桛田荘絵図のとおり設定されていたと思われる。これらのことは，桛田荘にとって穴伏川は小河川であるが灌漑用水源として重要度が高く，逆に紀ノ川は灌漑に利用できない河川として価値が低くみられていたと推察される。

また，島畠を除いた沖積低地は，洪水時に氾濫した濁流で水没する地域（遊水地），あるいは河道の変動によって河川敷となる可能性のある地域としてあまり利用できない土地であって，中世には氾濫原は河川域として認識されていたと思われる。

（注）

(1) 近世初期には制度上荘園制が解体したが，紀伊国では近世を通じて，とくに村落社会では「荘」単位が一定のまとまりがある地域であり続けた．江戸時代後期の『紀伊続風土記』(1839) の編集も「荘」ごとに行われている．現在でもそれが生き続けているところがある．本稿では，そうした一定の地域単位の呼称として，中世・近世を問わず「荘」を用いることにする．

(2) 海津（1997）によると，桛田荘絵図の成立年をめぐる主要学説は元暦元年（1184）の立荘時あるいは貞応2年（1223）の静川相論時とされる．

(3) かつらぎ町史のトレース図には，「井上宮」の記載だけで社殿の図像は欠落している．

(4) 前田（2004）は，文治元年（1185）の桛田荘坪付帳の記載も，前欠部が東村・中村・萩原村，「川南」が島村，「川北」が下尯村・背山村，「静川」が移村・窪村と4地域

に分けられ，この穴伏川から取水する井堰の組み合わせで記載されているという．そして，二ノ井の開削が最も早く，穴伏川からの取水によって安定的に用水を確保することができたことから，「静川」地域はその他の地域より生産性が高かったとしている．

　なお，服部（1995）は上流から順に一〜四の番号を付け，四ノ井を高田井とするが，高田井は現在三ノ井と呼ばれているので，紛らわしい呼称は使うべきではなかろう．

(5) 静川班には海津一朗氏・前田正明氏・額田および和歌山大学学生3名の合計6名が参加した．

(6) 元かつらぎ町史編集室の田村和士氏のご教示による．

（参考文献）

海津一朗（1997）：中世桛田荘研究の現状と争点．和歌山地方史研究，33，2-13.

木村茂光（1987）：荘園の四至と牓示−紀伊国桛田荘絵図−．小山靖憲・佐藤和彦編：『絵画にみる荘園の世界』東京大学出版会，13-28.

小山靖憲（1979）：桛田庄絵図と堺相論．渡辺　広先生退官記念会編：『和歌山の歴史と教育』同会，27-48.

鈴木茂男（1975）：紀伊国桛田庄図考．東京大学史料編纂所報，9，1-17.

額田雅裕（1997）：桛田荘の立地に関する地形地理学的検討．和歌山地方史研究，33，39-55.

額田雅裕(2004)：穴伏川右岸の用水群について．紀の川流域荘園詳細分布調査委員会編：「名手荘・静川荘現況調査概要報告書」和歌山県教育委員会，8-16.

服部英雄（1995）：紀伊国桛田庄絵図の受難．国立歴史民俗博物館：『描かれた荘園の世界』新人物往来社，197-269.

前田正明（1998）：近世前期の新田開発と境界認識−紀州藩領と高野山寺領の境界争論を通して−．和歌山県立博物館研究紀要，3，40-56.

前田正明（2004）：穴伏川流域における水利秩序の形成と展開．紀の川流域荘園詳細分布調査委員会編：「名手荘・静川荘現況調査概要報告書」和歌山県教育委員会，1-8.

第15章　井上本荘の絵図とその地形環境

1.　は じ め に

「紀伊国井上本荘絵図」（以下，井上本荘絵図と略す）は，中世の一時期に荘園の領家であった随心院に伝わるもので，中世荘園の村落景観をよく画いた絵図である。本図は北を上として縦65.7cm×横53.3cmで，現在は縦横ともに4つ折にされて縦16.5cm×横13.5cmの畳本となっている。随心院は現在の京都市山科区小野にある真言宗善通寺派の寺院であるが，当時は井上本荘のほかに山城国小塩荘・播磨国三方東荘などの所領を有し興隆していた。

筆者は，平成2年（1990）年に和歌山市立博物館において井上本荘絵図などの荘園絵図を展示する特別展「荘園絵図の世界」を開催し，また翌年度に同絵図の複製を製作するなど，同絵図の原本を調査・観察する機会に恵まれた。複製の製作は，常設展示などの供覧として利用する目的で行われるが，学芸員としては資料の調査・研究が最もできる機会ともいえる[1]。また，荘園の現地に近い場所に在住・勤務し，現地調査を頻繁に行えるなど条件に恵まれたので，井上本荘絵図ととくにその荘域の地形環境について報告したい。

井上本荘絵図に画かれた現地は，すでに和歌山県那賀郡粉河町（現：紀の川市）の西部に比定されており[2]，何ら異論をさしはさむ余地はない。しかし，絵図の制作目的や制作時期については異論があるので，まず最初に井上本荘絵図に関する過去の研究を整理しておきたい。そして，井上本荘においては絵図に関する古文書・古記録が少ないので，絵図自体の分析や荘園の現地調査といった地理学的な分析が有効と思われる。そこで，同絵図の図像分析を行い，絵図の現地調査・地形調査を通して得られたことを整理し，また空中写真の判読によって地形分類図を作成して，中世における井上本荘の地形環境を明らかにし，同荘園の立地環境を考察したい。本稿では，そのうち井上本荘域の地形を中心に述べ，絵図の図像分析等は別稿で論ずることにする。

220　第15章　井上本荘の絵図とその地形環境

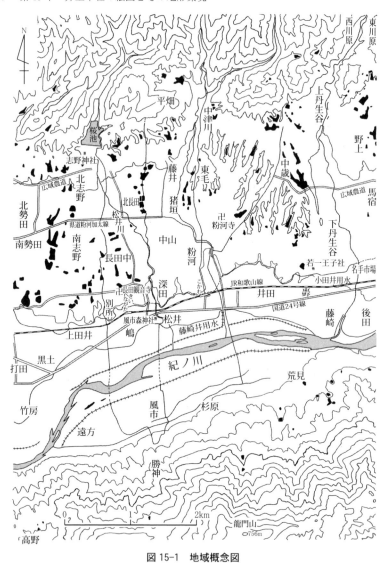

図15-1　地域概念図

　遺跡の立地環境については，遺跡の発掘調査に伴って考察が行われることが多く，報告書に掲載されることがある．例えば，日下雅義（1969, 1980）の一連の研究や高橋　学（1980, 1982），阪口　豊・鹿島　薫（1987），古環境研究会（1979），

筆者（1994）らの論稿がある[3]。しかし，歴史時代における地形環境の変化はほとんどないという誤った認識から，歴史時代の地形変化に関する研究は以外と少ない。毎年，おびただしい量の発掘調査報告書が刊行されているが，現在の地形図に遺跡の分布を示して，地理的環境を記述するだけのことが多い。

中近世の地形変化ついては，近畿地方から瀬戸内海沿岸においていくつかの事例が報告されている。筆者は日根野荘総合調査において日根野の荘園絵図の図像分析および地形分析によって同荘の地形環境を復原した[4]。そこでは天和3年（1683）の「日根野村上之郷村川論絵図」により，同年以降に約8mの河床低下が起こり，下位段丘面が形成された。また，紀ノ川下流域では沖積平野の段丘化が中世初頭に起こっている。永暦2年（1161）の「在庁官人等陳状案」によると，和歌山平野の鳴神に位置する宮井用水の音浦分水工付近では，用水が前年（1160）の洪水によって日前宮方面の用水路へ流れなくなる。その原因は，洪水により堰が押し流され，深く侵食されたためである[5]。このように，中近世においても地形の変化が著しいところがあり，荘園の立地した中世の環境復原には，他地域でも古文書・古記録だけでなく，地形的な検討が今後必要と考えられる。

2. 井上本荘の歴史的概観

井上本荘は，正慶2年（1333）3月10日付「後伏見上皇院宣」（随心院文書）により随心院領として安堵された荘園である[6]。

粉河寺が井上本荘・新荘に関与を示す最初の文書は「粉河寺住僧連署請文」（随心院文書）で，両荘の一部が御祈料田として粉河寺へ寄進され，粉河寺は徳治3年（1308）8月26日に両荘へ乱妨狼藉しないことを随心院に誓約している。このことは，それ以前に粉河寺住僧の乱妨狼藉があったことを意味しており，すでに両者の間で紛争のあったことは明らかである。明徳4年（1393）11月24日付で幕府が守護大内義弘に宛た「足利将軍家御教書」（随心院文書）は，随心院が両荘への粉河寺の押妨を訴えたのに対し，幕府は同年7月30日大内氏に調査を命じたが，粉河寺から返答がないため即刻裁定するように述べている。また，応永7年（1400）4月2日付「紀伊守護畠山基国書下」（随心院文書）は，京都にいる守護畠山氏が粉河寺に，両荘に関する随心院の訴訟について即刻参洛して陳

222 第15章 井上本荘の絵図とその地形環境

弁するように命じている。これらから，相論は粉河寺住僧が井上本荘へしばしば押妨したことよって発生したと推定される。室町幕府は守護に所領をめぐる紛争の裁判権などを与えており，守護は年貢の守護請や半済法を利用して次第にその権力を強大にしていくが，この相論の結果は残っている文書からは明確になっていない。

荘園では，一般に境界紛争・水論・山論など荘園間の相論の際に絵図が多く作成された。井上本荘絵図は，この領家随心院と粉河寺の境界紛争の際に作成された堺相論絵図であるとか [7]，あるいは本荘のみを対象として荘内の地物を詳細に表現していることから荘園支配にかかわる領域絵図であるとかいわれる [8]。荘園絵図は，古文書からわかりにくい当時の景観を如実に画いている。井上本荘絵図には井手・河川が詳細に記載されることから，少なくとも両荘に用水をめぐる紛争のあったことが読み取れる。同図は豊富な記載内容と彩色で地図としての精度も高く，中世後期の荘園村落の様相がよくわかる。また，もう1枚の荘園絵図の「紀伊国粉川寺近傍図」（随心院所蔵）からは，深田川と段丘崖，風森社やその南側を東西に走る「大路」（南海道？）など粉河寺付近の中世の景観が読み取れるが，本稿ではとくに詳しく述べないことにする。

正暦2年（991）11月28日付「太政官符写」（興国寺文書・粉河寺文書）には，粉河寺領の四至を，東が名手荘堺の水無川（名手川）・藤崎弁財天，南が南山峰（龍門山地），西が井上本荘堺の風市森神社・門川（松井川），北が横峰（和泉山脈）と記されている [9]。「粉河寺旧寺領注文」（粉河寺文書）には，井上荘が粉河寺領の1つにあげられ，「粉河寺旧記扣」（粉河寺文書）にも井上本荘，志野荘（井上新荘），粉河荘，来栖荘，平田荘，和泉国長滝荘などが寺領にみえることから，その後随心院の領主権は粉河寺に侵されたものと考えられる。井上新荘は本荘の西側に位置し本家職を九条家がもつ荘園であったが，延元元年（1336）7月18日付「後醍醐天皇綸旨案」（粉河寺文書）によって領家職が粉河寺へ寄進されている。その後，粉河寺はこの文書を室町時代を通して井上新荘の領有根拠とする。粉河荘と井上新荘との間の井上本荘は，膝下荘園の一円支配をめざす粉河寺の攻撃対象となったことは容易に推察できる。粉河寺は南北朝の争いに乗じて井上本荘へ侵攻し，足利尊氏の味方に付いた褒賞として，同年10月7日付「畠山国清施行状写」（粉河寺文書）によって志野荘と長滝荘の領家職を獲得したので

ある。

これらのことから，井上本荘が随心院領であったのは 13 世紀初頭から 14 世紀末頃までのことと思われる。

3. 井上本荘絵図に関する研究の整理

井上本荘絵図に関するおもな研究は，注（2）にまとめて記したが，展覧会図録を除いても 10 を越えるので，その論点などをここで一度整理しておきたい。

井上本荘絵図を最初に紹介したのは，早稲田大学文学部西岡研究室で，同大学において『荘園関係絵図展』を開催している[10]。西岡虎之助が個人的に収集した荘園絵図およびその摸本は，西岡編：『日本荘園絵図集成』（上・下 2 巻）に図版がまとめられ，絵図ごとの解説が加えられている。それには，「紀伊国粉河寺近傍図付井上本荘絵図」とされ，2 鋪の絵図図版が掲載されているが，すでに水田（1985）が指摘するとおり 2 枚の図版が反対になっており，実際は A 図が井上本荘絵図，B 図が粉河寺近傍図である[11]。また，法量も両図の寸法が反対に記されている。なお，両図とも随心院所蔵とされるが，粉河寺近傍図は随心院において現在その所在を確認することができなかった[12]。

実際に荘園絵図の研究対象として，最初に井上本荘絵図を取り上げたのは水田（1972）であろう[13]。それは，日根野荘・桛田荘とともに河岸段丘面上に位置する 3 つの荘園を対象として，耕地開発における灌漑用水の役割や村落の立地・対比など歴史地理学的な考察を行っている。井上本荘絵図は展覧会にもあまり出陳されたことがなく研究の少ない絵図であったが，水田は同絵図研究の先鞭をつけた先駆的な研究者といえる。そのなかで早くから地形に注目し，井上本荘域の地形を「山地・段丘・氾濫原」に大別して，主要水路と溜池の位置を図示したことは特筆される。そして，耕地は大部分が紀ノ川の中位段丘面に分布し，一部は紀ノ川沿いの段丘崖下の沖積面に存在したとしている。筆者は，荘園の成立には地形条件が大きくかかわっているため，地形の分析が荘園研究にとって重要と考えているが，地形を考慮した荘園絵図の研究事例は意外と少ない[14]。

次に水田（1974）は，中世荘園絵図の分類と研究状況を整理し，15 の荘園絵図を比較検討したが，その 1 つとして井上本荘絵図を取り上げた[15]。そして，

224　第 15 章　井上本荘の絵図とその地形環境

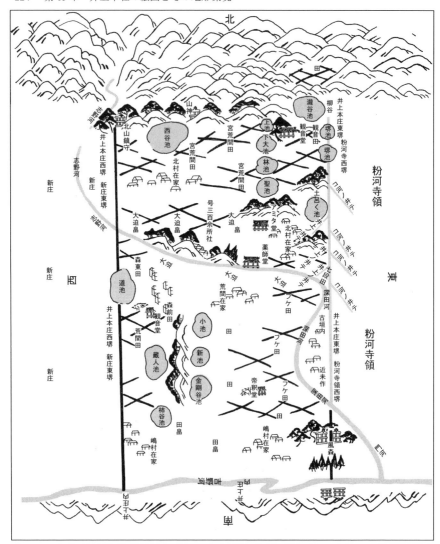

図 15-2　紀伊国井上本荘絵図（トレース図）

ここでは井上本荘における耕地の範囲は，「大部分が高位段丘面」の地形としている。図が付されておらず詳細は不明であるが，それは中位段丘面の誤植と思われる。絵図の作成時期・作成目的については，明徳 4 年（1393）に「粉河寺寺僧

が井上荘へ押妨を加え，境争論がおこり，その際作成されたもの」としている。先述した『日本荘園絵図集成』の解説において佐藤和彦・田中寿朗（1976）は，疑問符を付けながらもこの水田説を踏襲している[16]。

　また，児玉正之（1978）も絵図の成立年代を明徳4年の相論の際に作成されたものとする。そして，井上本荘は紀ノ川の中位段丘面と沖積面に位置すると，ほぼ水田の説を支持している[17]。児玉（1978）は，井上本荘絵図を14世紀末の村落開発状況を示す絵図として，とくに絵図に画かれた地物を詳細に検討している。

　その後，水田（1984）は紀伊国の中世荘園絵図4点を取り上げ，絵図の比較・現地比定を行っている[18]。それには地形分類図を掲載し，井上本荘内の地形を「段丘面・段丘面の浅い谷・段丘面の深い谷・扇状地・沖積低地・自然堤防・旧流路跡・溜池および河川」の8つに分け，以前の研究よりも地形を細分している。

　また翌年には，小山靖憲・水田義一（1985）が絵図の現地比定のために地形分類図を示し，「山地・段丘（筆者注：高位段丘？）・低位段丘・段丘面上の浅い谷・沖積段丘・開拓（筆者注：開析）された谷底平野・扇状地・氾らん原平野・自然堤防・後背湿地（旧流路跡）・溜池・水路」の13に細分し，前年の水田の地形分類図を再修正している[19]。それは，紀ノ川（吉野川）流域の地形発達を研究した寒川　旭（1976）の研究に基づくものである[20]。しかし，粉河町以西はそれ以東と同じ紀ノ川流域ではあるが，地形発達の状態が異なるため，奈良県五條市を模式地とする河岸段丘面の山蔭面（高位段丘面）・野原面（中位段丘面）・二見面（低位段丘面）と単純に対比することは困難である。また，小山・水田（1985）は，「tl₁面（筆者注：低位段丘I面）は，和泉山脈から流れる河川から扇状地性堆積物として形成された。その堆積の及ばなかった南端に古い山蔭面が低位段丘として残存する」としている。しかし，そのような地形であれば段丘地形とはならないし，数mに及ぶ中位段丘崖[21]の説明はできない。「高い位置にある段丘面ほど古い時代に形成されたもの」であり[22]，上位の地形面は下位の地形面よりも形成時期が古いという『地形面形成の法則』に反することになる。後述するように，下位段丘面はtl₁面を切って堆積した最も新しい完新世の段丘面の可能性がある。小山・水田（1985）は，地形よりむしろ水利系統，溜池・井手の同定，個々の地物の現地比定に重点を置き，それらについて現地調査に基づいた詳細な検討を行っている。そして，①明徳4年（1393）の紛争には本荘・新荘の両荘が

226　第 15 章　井上本荘の絵図とその地形環境

問題となっているが本荘の範囲しか画かれていないこと，②絵図に相論に関する記載があまりみられないこと，③表現形式・描き方などから，絵図の作成時期を室町期[23] と推定している。

次に水田（1986）は，深田から上田井地区の条里型土地割は和名抄の禍門郷にあたり，そこを紀ノ川の氾濫原に比定している[24]。また，旧田中荘から上田井地区の条里型土地割は段丘面上に位置し，井上荘には及んでいないという[25]。そして，高位段丘は中位段丘を構成する扇状地礫層の埋め残し部分とする。絵図の作成時期については，正慶 2 年（1333）の九条家から随心院へと移管してから明徳 4 年（1393）以前の深刻な対立を生ずるまでとしている。

ここまではもっぱら水田氏を中心として井上本荘絵図の研究が進められ，とくに異論もなかったと思われるが，黒田日出男（1986）によって異論が唱えられ，井上本荘絵図研究の議論が深められた感がある。黒田は絵図の記載文字からみてその作成時期を南北朝期と主張し，水田の明徳 4 年説などについて辛辣な批判を展開している[26]。彼は，絵図の作成時期を井上本荘が随心院領となる鎌倉末期から文書等が伝来しなくなる応永 7 年（1400）以前の南北朝期とする。そして，作成目的を井上本荘の荘域と内部空間構成を示す根本絵図（ベースマップ）で，立券図に近い性格の絵図とした。同氏のユニークな視点としては，折り筋と構図に注目し，縦横ともに 4 等分して奥山と里山を画き，「北山鎮守」「道池」「七段田」「号三百余所社」「風森（かぜのもり）」を定点として画いたとすることである。また，松井川は井上新荘では志野河，井上本荘では大迫あるいは深田河，粉河寺領では門河と荘域を越えるたびに名前を変えると指摘している[27]。

これに対して水田（1991）は，井上本荘絵図の図像を細かく分析し，その作成目的を「詳細かつ正確に庄内の景観を描いたうえで，粉河寺領との境界を侵食して描いている」として，随心院の主張が絵図の内容から読み取れ，領域図的な相論絵図と考えている[28]。

以上，先学の研究成果から井上本荘絵図の作成目的・作成時期についての見解をまとめてみると，まず作成目的は（1）粉河寺の押妨による相論に関連して作成された堺相論絵図とする水田説（水田，1974；佐藤・田中，1976；児玉，1978；水田，1991），（2）井上本荘内の地物だけを詳細に画いた領域絵図とする小山説（小山・水田，1985），（3）立券図に近い根本絵図とする黒田説（黒田，1986）

の3説にまとめられよう。黒田は水田・小山両説を批判しているが，(2) と (3) は極めて近い内容と思われ，また両説を批判するにもかかわらず，相論絵図であることは十分に否定しえていない。したがって，筆者は多数派意見に従うわけではないが，水田説を支持したい。小山・水田両氏の指摘するように，絵図からは用水をめぐる紛争のあったことが読み取れることは疑いないので，素直に井上本荘の地表空間を見事に表現した領域図的な絵図に，用水関係の相論を画いたものと読むことが，今のところ最も妥当な見解と思われる。

作成時期については(1) 明徳4年(1393)の水田説，(2) 室町期とする小山説，(3) 応永7年（1400）以前で南北朝期とする黒田説にまとめられるが，筆者はこれに関してとくに決め手を持たないので，ここでは諸説を併記するにとどめる。いずれにせよ，地形学的なタイムスケールとしては大差がなく，14世紀後半の時期と想定して地形環境の復原を行いたい。

4. 地形地質の概観

井上本荘は紀ノ川中流域の和歌山県那賀郡粉河町西部（現：紀の川市中央部）に位置する。紀ノ川は，東西に横たわるわが国最大の断層，中央構造線に沿った河谷を西へほぼ直線的に流下し，紀伊水道へ注いでいる。その河口部には，広い沖積平野と紀ノ川北岸を中心に河岸段丘を形成する。

紀ノ川河谷を挟んで山地は，北側（内帯）と南側（外帯）の山地に分けられる。マクロに地体構造をみると，北側の和泉山脈は，近畿トライアングルの南縁を構成し，和歌山平野と大阪平野を区切る。その南側は，中央構造線で限られ，直線的な急崖を形成する。和泉山脈は，東西約60km，南北約10kmの地塁性山地で，ほぼ東西方向に連続し，岩湧山（898m）を最高峰として葛城山（866m）がこれに次いでいる。しかし，際立って高い山地はなく，定高性を示す山稜はほぼ東西に連続する[29]。

和泉山脈の地質は，大部分が最上部白亜系の砂岩と泥岩との互層からなる和泉層群によって構成される。その北側の山地は，泉南酸性火砕岩類や領家花崗岩類からなる。和泉層群は，中生代白亜紀末のヘトナイ世という短い期間に砂やシルトが浅い海底に堆積したもので，7,000m以上の層厚をもっている。同層群は泉

南酸性火砕岩類を不整合に覆うが，山脈の南側は中央構造線によって切られ，非対称な向斜構造を示している。和泉層群は上部・中部・下部の3亜層群に大別される。和泉山脈は西側ほど古い地層からなり，粉河町付近はおもに中部亜層群で構成される。

南側の紀伊山地は，龍門山地・長峰山脈・白馬山脈・果無山脈・大塔山地など中央構造線に並列する数条の山脈群からなり，龍神岳（1,382m）を最高峰として奈良県境に高い山々が位置する。その地質は，北側ほど古く古生層からなり，南側ほど新しく中新世層で構成される。

井上本荘は，絵図で見られるように北側が和泉山脈，南側が龍門山地によって区切られる。龍門山地は，紀伊山地を構成する山脈群の最北端に位置する外帯の山地である。龍門山地のおもな山頂は，西側から最初が峰（285m），龍門山（757m），飯盛山（746m）と，東側へいくほど高くなっている。地質は三波川変成帯に属し，龍門山頂部が超塩基性岩のほか，飯盛山などは緑色片岩または黒色片岩で構成される。

紀ノ川北岸の粉河町以東の紀ノ川河谷には，鮮新－更新統の菖蒲谷層からなる丘陵・段丘が北岸を中心に分布する。その下位には3面の河岸段丘が発達するが丘陵と同様に北岸に広く，南岸にはほとんどみられない。紀ノ川は，北側に発達する河岸段丘の堆積物によって南側へ押しやられ龍門山地側に片寄って流れている。そのため，井上本荘は紀ノ川北岸に広く南岸には狭い[30]。井上本荘は，東西に長い紀ノ川流域を短冊状に切った一片のような形をしており，南の龍門山地と北の和泉山脈を含む南北に細長く，村落・耕地・山野を有す領域型荘園の形態をとっている。

5. 地形の分類と条里型土地割

紀ノ川平野は，中央構造線に沿う地溝性の低地を埋積した沖積低地である。その形状は，大きくみて西へ開いた二等辺三角形をなし，井上本荘の位置した粉河町長田・深田地区はその中流域にあたる。

紀ノ川流域では，平野の所々で緑色片岩の基盤が紀ノ川河床付近に露出し，山地や段丘などによって河谷平野の幅が狭くなっている地点が数カ所ある。とくに

5. 地形の分類と条里型土地割　229

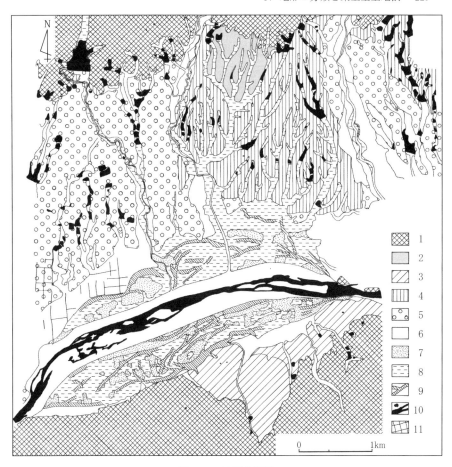

図15-3　地形分類図
1：山地，2：丘陵，3：山麓緩斜面，4：上位段丘，5：中位段丘，
6：低位段丘，7：自然堤防・旧中州，8：後背低地・谷底平野，
9：旧河道，10：現河道・溜池，11：条里型土地割.

船岡山・妹背山付近では狭窄部が形成され，沖積低地にとって1つの侵食基準面になっているとみられる。したがって，その上流と下流の段丘面の対比を高度などから行うことには慎重にならざるをえない。

井上本荘付近の地形分類図は，すでに水田（1984，1985，1986）[31]によって示されているが，その地形分類図は同荘の範囲の狭い地域だけである。また，そ

れらは奈良県から和歌山県にいたる広範な紀ノ川流域の更新世（過去1万年〜200万年前）の段丘地形を対象とした寒川ら（1976，1978）の地形分類図 [32] を参考にして再度地形分類を行ったものと思われる。そして，論文ごとに説明もなく井上本荘付近の地形の記載や凡例が異なっていることから決定的なものとみることができない。筆者は紀ノ川下流から上流側へ向かって遡及的に地形分類を行った。その結果，従来報告されていなかった紀ノ川北岸の嶋村集落付近に下位段丘が分布すること，および地形面と条里型土地割の関係が明らかになったため，再び同地域の地形分類図を提示したい。

（1）地形面の区分

　本稿においては，粉河町付近の低地および段丘を地形面区分の対象とした。区分は，地形の発達史的な観点に立ち，国土地理院発行の2万分の1空中写真（1963年・1968年・1972年撮影）を実体観察して行った。その結果，地形面は上位段丘面，中位段丘面，下位段丘面，沖積面（自然堤防，後背低地，旧河道）の4面に区分できた。以下，前節で述べた山地を除く地形についてやや詳しく記載する。

　①丘　　陵　　紀ノ川河谷では，橋本付近を中心に丘陵を構成する鮮新－更新世に堆積した湖成の菖蒲谷層が分布する。まとまって分布する地域としては粉河町東毛付近がその西限にあたるが，一部は岩出町（現：岩出市）の根来寺付近の根来断層（中央構造線の一部）に沿ってもみられる。東毛付近の丘陵は山地との境界で標高が約150m，その南端では標高が約80mと，丘陵の背面は北から南へかなり傾斜している。

　②山麓緩斜面　　山地と低地との間に形成された緩傾斜の特殊な移行地形を山麓緩斜面と呼ぶ。紀ノ川河谷には紀ノ川南岸に一般的にみられ，本地域では龍門山地北麓に主として分布する。一部には，土石流的な堆積地形もみられる。山麓緩斜面は右岸の河岸段丘面に相当するが，土石流堆積面が重なりあっており対比は困難である。

　③上位段丘面　　上位段丘面は，紀ノ川右岸の名手川・中津川間の粉河町上丹生谷から中ノ歳へて東毛にかけての地域と名手川・穴伏川間の野上から那賀町（現：紀の川市）切畑にかけての地域にまとまって分布する。前者には段丘面を侵食して，南へ放射状にひろがる開析谷が発達する。同面は，上丹生谷から粉河

に至る名手川水系の段丘面と中津川から東毛に至る中津川水系の段丘面に分けられる。

前者は，段丘面の北側が上丹生谷の標高150m付近からその南側が粉河高校北側の標高50mまで約3.7%とやや急傾斜の隆起扇状地の形態を示す。この地域は，瀬戸内式気候区に属すため降水量が少なく，また，和泉山脈の分水嶺が南に片寄り小河川が南流し集水面積が狭いため，開析谷には灌漑用の溜池が無数に築造されている。

後者も同様の形態を示すが，広域農道建設現場における露頭観察によると，平坦面がほとんどなく丘陵状で背面がそろっている。また，堆積物を観察すると，段丘礫層は部分的にみられるものの，背面付近には段丘礫層がなく直接菖蒲谷層が構成しており丘陵性の地形である。

④**中位段丘面**　　中位段丘面は，紀ノ川北岸に広くみられ，中流域に最も一般的に分布する段丘面である。とくに右岸にひろく，中津川から根来川にかけては東西10kmに及ぶ。これらは，和泉山脈の隆起に伴って生産された岩屑が南流する小河川によって運搬され，その南麓に形成された複合扇状地であって，標高50〜120mに位置する。そのため，紀ノ川が河谷の南側に片寄って流れる原因となっている。

名手川流域では中位段丘面がその両岸に分布する。左岸の粉河町野上から馬宿にはややまとまって分布し，また右岸の上丹生谷から下丹生谷にもみられる。段丘面には浅く開析する谷地形が発達している。

井上本荘域を流れる松井川は中位段丘面をやや深く侵食しており，井上本荘絵図に画かれる大迫のような深い開析谷を形成している。溜池は土呂土呂池などのように開析谷を堰止めて形成され，その谷中に連続して築造されたため南北に列状に分布している。

小山・水田（1985）は井上本荘絵図に記載される地形として，「紀ノ川北岸に6カ所の丘陵が散在する」としている[33]。しかし，両氏も指摘しているが，地形分類図（図15-3）をみると当該地域に丘陵[34]は分布せず，絵図の表現は松井川が中位段丘面を下刻した開析谷からその崖をみた景観を画いたものと思われる。

粉河町上田井の西側から打田町（現：紀の川市）黒土にかけては，条里型土地割が分布する。中野（1989）によると，それはN5°Eで25町の規模があるという[35]。

地割の起源には問題もあるが，紀ノ川中流域において中位段丘面に条里型土地割が分布する地域はここだけで，極めてまれなことといえる。

　⑤下位段丘面　　下位段丘面は，北岸では中位段丘面の南側に広く展開する。また，名手川など紀ノ川支流の河谷にも一般的にみられる。開析谷が顕著でないため，溜池はほとんど分布していない。

　水田（1984，1985，1986）は，「中位段丘面が和泉山地から流れる河川によって，扇状地性堆積物として形成された面で，山蔭面（下位段丘面）はその堆積の及ばなかった南端の古い段丘面」としている[36]。しかし，筆者はそれとまったく異なり，下位段丘面は紀ノ川が中位段丘面を侵食し，その谷に堆積した最も新しい段丘面と考える。上位・中位段丘面は和泉山脈を侵食して南流する名手川・松井川など小河川が運搬・堆積した支流性の地形面であるが，下位段丘面はその傾斜方向・旧河道状の谷地形の配列などからみて，おもに紀ノ川の本流性堆積面とみられる。

　下位段丘面上の島から黒土にかけては，条里型土地割が分布する。その地形面は上位面に比べて平坦で，標高が 38 〜 33m と紀ノ川に沿って東から西へ低下している。深田付近では，条里型土地割がみられず，標高が 40 〜 42m で比高も約 7m と高い。それは松井川の旧扇状地性の堆積物が被覆しているためと考えられる。中野（1989）によると，条里型土地割は N5ºW で 52 町の規模があるという[37]。同面は，紀ノ川の沖積低地と約 2m の比高をもつが，形成時期の新しい完新世段丘の可能性もある。

　このように，紀ノ川に面して本流性堆積物が若干みられるものの，各段丘堆積物はほとんどが支流性である。段丘面は更新世中期以降に和泉山脈が急速に隆起し，山地から供給された砂礫がその山麓に堆積して形成された複合扇状地が段丘化したものである。まず上位段丘面となった扇状地が形成され，それらを開析した谷やその前面に，中位段丘面・下位段丘面となる新しい扇状地が順次形成されたと考えられる。

　段丘面は数多くの支流によって開析されており，詳細に区分すると名手川・中津川の谷中では 3 面よりさらに細分できる。しかし，流域ごとの対比が困難なため，地形分類図では上位・中位・下位の 3 面に区分するにとどめた。

　紀ノ川流域は，北岸に支流性の扇状地が発達し，紀ノ川が南側へ押しやられ

紀伊山地側を流下したため，段丘面の分布は紀ノ川左岸と右岸とでは非対称的になったと考えられる。

　下位段丘面は，段丘崖によって明確に区分できる場合と，段丘崖が 1m 以下と不明瞭な場合とがあり，わずかな傾斜の変換線などによって区分したところもある。

　⑥沖　積　面　　沖積面は，段丘面を切って発達する紀ノ川などの氾濫原である。同面は自然堤防と後背低地および旧河道からなる。地形分類図をみると，紀ノ川の氾濫原は幅がかなり狭いことがわかる。地形はその特徴によって上流から扇状地性，自然堤防・後背低地性，三角州・ラグーン性の 3 地域に区分することができる。約 10km 西方の紀ノ川と貴志川との合流点付近までは，ほとんどが旧中州と旧河道から構成されている。それは幅 1km 余の谷を砂礫が埋めつくすような状態で，扇状地性の堆積面といえる。岩出町（現：岩出市）の狭窄部から上流側の後背低地は，紀ノ川の洪水時に所どころで遊水地的な役割を果たしていた。そのため，砂礫はそれより東側に堆積し，下流側へはほとんど運搬されなかったと思われる。自然堤防は旧河道間に島状に分布している。自然堤防と後背低地との比高はほとんどが 1m 以下と低平で，自然堤防の発達は顕著でない。

(2) 完新世段丘と条里型土地割の分布

　紀ノ川流域における条里型土地割の分布については，米倉二郎，谷岡武雄，中野榮治らによって詳細な条里復原図が示され，坪並などが明らかにされている[38]。

　それらによると，紀ノ川流域における条里型土地割の分布は相当広範なものとなる。しかし，それはプランであってそのなかには到底条里が施行できなかったと思われる劣悪な土地条件のところや，のちの時代に施行された土地区画も含まれ，地形分類図や古文書と対照して，条里制に起源するものかをよく見極め再検討する必要があろう。筆者が空中写真・地形図などから条里型土地割と判断した地区は，粉河町上田井〜島の中位段丘面と島〜打田町黒土の下位段丘面の 2 カ所のみである。

　一方，現在の氾濫原である沖積面には，条里型土地割を検出することがほとんどできない。それは，紀ノ川の氾濫によって地割が消滅したためと思われる[39]。紀ノ川下流域において，中世初頭に段丘化したと考えられる完新世段丘面を中心に条里型土地割が分布するのも同様であろう[40]。

234 第15章　井上本荘の絵図とその地形環境

　中野（1968）によると，紀ノ川中流域の那賀郡では，下流域同様に条里型土地
割が段丘面上に分布するが，紀ノ川の氾濫原にはみられないという[41]。ただし，
条里型土地割と地形面との対応関係をみると，下流域では完新世段丘面を中心に
分布するが，中流域では下位段丘面を中心にひろく分布するようである。中流域
の下位段丘面が完新世段丘面であるかは不明で，この点からも下位段丘面の段丘
化の時期を検討する必要がある。

　下位段丘面に条里型土地割がみられるのは，粉河町長田から打田町黒土の地区
と，岩出町荊本地区の2カ所である。前者は標高35〜40mに分布する。この地
形面は黒土以西の下位段丘面より一段低く，完新世段丘面の可能性もある。長田
付近は小田井が，上田井付近は藤崎井が流れており，開発の時期は両用水の開削
による完新世段丘面の再開発との関係も考えられ，条里型土地割の施行時期は再
検討を要する。後者の荊本地区の条里型土地割は，標高20〜35mに分布し，根
来川から分水した用水によって灌漑されている。

　紀ノ川左岸には宮井用水が古墳時代から存在したが，右岸には中世末まで長距
離灌漑用水路はなかった。古代の紀ノ川右岸は，支流あるいは溜池によって潤さ
れており，広範囲ではないにしても段丘面上はある程度開発されていたものと考
えられる。

6. おわりに

　これまで述べてきたことを簡略に要約すると，以下のとおりである。
(1) 粉河町付近の地形は，図15-3の地形分類図に示したとおり，段丘面が上位面・
　　中位面・下位面の3面に区分され，沖積低地が自然堤防，後背低地，旧河道な
　　どに分類される。
(2) 井上本荘絵図のトレース図は，従来のものを7カ所修正し，図15-2に示した。
(3) 条里型土地割は，紀ノ川中流域では下位段丘面，下流域では完新世段丘面・
　　沖積面の一部を中心に分布している。
　　　紀ノ川中流域の下位段丘面の形成時期は明らかにすることができなかったが，
　　紀ノ川流域の低地地形については，段丘面の対比や完新世段丘面の分布につい
　　て検討が不十分のところが多いので，今後とも調査し，修正していかなければ

ならないと考えている。

また，今回は地形面を区分するにとどまり，沖積層については述べなかった。今後は表層地質・ボーリング資料の蓄積に努め，完新世段丘の構造・古地理変遷を解明していきたい。本稿ではふれることができなかったが，井上本荘絵図の図像分析については稿を改めて述べることにしたい。

（注）

(1) 小島道裕（1993）：博物館とレプリカ資料．国立歴史民俗博物館研究報告，50，443-460.

(2) 井上本荘絵図の作成時期・目的や現地の地形環境に関するおもな文献は，次のとおりである．このうち，最初に現地比定を行ったのは，②の水田論文である．

①早稲田大学文学部西岡研究室（1960）：『荘園関係絵図展目録并解説』，p.78.

②水田義一（1972）：台地上に位置する庄園村落の歴史地理学的考察．史林，55，235-262

③水田義一（1974）：中世庄園絵図の検討．人文地理，26(2)，65-88.

④佐藤和彦・田中寿朗（1976）：紀伊国粉河寺近傍図付井上本荘絵図．西岡虎之助編：『日本荘園絵図集成　上』東京堂出版，237-238.

⑤児玉正之（1978）：粉川寺領近方図面．粉河町史研究，3，55-61.

⑥水田義一（1982）：日本の中世庄園図－中世村落の資料として－．谷岡武雄・浮田典良編：『歴史地理学プロシーディングス』古今書院，307-317.

⑦水田義一（1984）：紀州の中世庄園絵図．紀州経済史文化史研究所紀要，4，1-17.

⑧小山靖憲・水田義一（1985）：井上本荘絵図現地調査記録．高橋昌明編：『荘園絵図の史料学および解読に関する研究』，53-63.

⑨水田義一（1986）：紀伊国井上本荘絵図の歴史地理学的研究－二枚の絵図をめぐって－．史林，69，435-451.

⑩黒田日出男（1986）：荘園絵図上を歩く．『姿としぐさの中世史』平凡社，210-232.

⑪黒田日出男（1987）：古絵図の読み方－紀伊国井上本荘絵図の世界を歩く－．週刊朝日百科『日本の歴史』，4，50-51.

⑫額田雅裕（1990）：荘園絵図の世界－紀ノ川流域を中心として－．和歌山市立博物館編：『荘園絵図の世界』，52-58.

⑬水田義一（1991）：紀伊国井上本荘絵図．荘園絵図研究会編：『絵引荘園絵図』東

236　第 15 章　井上本荘の絵図とその地形環境

京堂出版，102-109.

(3)　①日下雅義（1969）：太田・黒田遺跡の地形環境.「地理歴史調査概報」和歌山市教
育委員会，1-11 など各地の発掘調査にかかわる報告があり，日下雅義（1980）『歴史
時代の地形環境』古今書院などの著書に多くが収録されている.

　　②高橋　学（1980）：志知川沖田南遺跡の地形環境.　兵庫県教育委員会編：『淡路・
志知川沖田南遺跡』，5-13.

　　③高橋　学（1982）：志知川沖田南遺跡の地形環境 2.　兵庫県教育委員会編：『淡路・
志知川沖田南遺跡 2』，22-40.

　　④阪口　豊・鹿島　薫（1987）：槇の内遺跡をめぐる古環境の変遷.　下津谷達男・
金山善昭編：『千葉県野田市槇の内遺跡発掘調査報告書』野田市教育委員会，203-215.

　　⑤古環境研究会（1979）：大園遺跡及びその周辺における完新世後期の環境変遷.
豊中古池遺跡調査会編：『大園遺跡』，39-95.

　　⑥額田雅裕（1994）：鳴神Ⅴ遺跡の地形環境.『鳴神Ⅴ遺跡発掘調査概要報告書』
49-52.

(4)　額田雅裕（1994）：日根野荘の地形環境と絵図.『日根野荘総合調査報告書』，43-86.

(5)　①額田雅裕（1987）：太田城付近の地形環境.　和歌山市立博物館研究紀要，2，24-
41.

　　②前掲注（3）-⑥.

(6)　これは南北朝期の北朝方による追認の文書であって，徳治 3 年（1308）に御祈料田
を粉河寺寄進する文書が随心院文書にあり，前の領主から引き継いだ文書とは考えが
たいので，すでに随心院領となっていたと思われる.　建長 2 年（1250）の文書に九条
家領本荘・一条家領新荘とあるので，その間に随心院へ寄進された可能性が大きい.

(7)　前掲注（2）-④.

(8)　前掲注（2）-⑧.

(9)　小山氏によると，この時期に同荘の範囲が認定されていることは疑問があるという.
　　小山靖憲（1981）：那賀町編：『那賀町史』，p.74.

(10)　前掲注（2）-①.

(11)　前掲注（2）-⑨.

(12)　前掲注（2）-④では，両図の所有先を京都随心院としている.　随心院の絵図類は，
括して木箱に入れられ保管されていた.　前掲注（2）-④書の 78（B）井上本荘絵図が紛
失していることは水田氏が報告していたが，随心院の市橋真明事務長（1990 年当時）
によれば，戦後に同絵図を見た記憶がないとのことであった.　78（B）の絵図は高野山
の宝壽寺に所蔵されているものであるが，何らかの誤りで随心院所蔵と記されてし

まったと思われる.

　　和歌山市立博物館編（2014）：紀伊国井上本荘絵図.『荘園の景観と絵図』，p.65.

　　なお，78（A）粉河寺近傍図（随心院所蔵井上本荘絵図）は1992年6月17日から京都府総合資料館に保管されている.

(13)　前掲注（2）-②.

(14)　水田氏のほかには服部英雄氏の論文などがある.

　　服部英雄（1980）：奥山荘波月条絵図とその周辺. 信濃，365，480-508.

(15)　前掲注（2）-③.

(16)　前掲注（2）-④.

(17)　前掲注（2）-⑤.

(18)前掲注(2)-⑦. これ以前に水田氏(前掲注2-⑥)は,1980年東京で行われたIGC(国際地理学会議)の歴史地理部会で報告され，それをまとめ中世日本の荘園絵図を広く紹介している. その中で代表的な絵図の1つとして井上本荘絵図を取り上げているが，同図に関する新たな知見は述べられていないので詳述は割愛する.

(19)　前掲注（2）-⑧.

(20)　①寒川　旭（1976）：紀ノ川流域の地形形成と地殻変動. MTL，1，49-60.

　　②岡田篤正・寒川　旭（1978）：和泉山脈南麓域における中央構造線の断層変位地形と断層運動. 地理学評論，53，49-60.

(21)　中位段丘崖とは，地形学では中位段丘と下位段丘との間の崖をさしている.

(22)　町田　貞（1975）：『河岸段丘』古今書院（第8版；初版：1963），p.15.

(23)　一般には室町時代を鎌倉時代と安土・桃山時代の間の中世後期としてとらえているが，ここでいう室町期は，南北朝期・戦国期を含まない時期をさす. なお，黒田氏は小山氏の作成時期の推定根拠が具体的でないと指摘している.

(24)　前掲注（2）-⑨.

(25)　中野氏は，ここを9世紀の観心寺領秋名荘域に比定している.

　　中野榮治（1976）：紀ノ川中流域の古代景観. 人文地理，28(3)，107-129.

(26)　文字をどのように分析されたのか，黒田（1986；前掲注2-⑩）は具体的に述べていない. 古文書の真贋論争でもしばしば見受けられるが，「この文字は中世」というような歴史学者の直感的な観察は一般論としてはいえても，非科学的で根拠が薄弱と考える. 筆者は個々の絵図等の年代決定を行うような場合は，このような方法を適切な方法と認めない.

(27)　黒田氏は大迫を河川名としているが，大迫は河川の彩色上に記載されておらず，本来の意味の段丘面と段丘面との間の谷地形を示す記載であって，河川名ではないと

238　第 15 章　井上本荘の絵図とその地形環境

考えられる.

　また黒田 (1987；前掲注 2- ⑪) は, 古絵図の読み方として, 絵図の構図, 現在の松井川の河川名の変化についてなど, 井上本荘絵図との対話の結果を 5 〜 6 点記しているが, 研究面の進展はみられないので記述は省略する.

(28) 前掲注 (2) - ⑬.

(29) 切峰面図をみると, 岩湧山から葛城山付近が 600 〜 900m, 犬鳴峠から孝子峠付近が 300 〜 500m, 孝子峠以西が 300m となっており, 山頂高度は西側ほど漸次低下し, 和泉山脈は階段状を呈することがわかる.

　また起伏量図をみると, $1km^2$ あたりの起伏量は, 岩湧山から葛城山付近が 300 〜 500m とやや大きいが, 犬鳴峠から孝子峠付近はほぼ 200 〜 300m, 孝子峠以西はそれ以下となる. 岩湧山・葛城山などの山頂部には平坦面が残っている. これは, 和泉山脈が逆断層に伴う衝上によって形成された山地であるが, 侵食がまだ山頂部に及んでいないため山頂部に平坦面が残り, 南麓が急斜面になったと考えられる.

(30) 井上本荘の荘域は紀ノ川南岸にまで及ぶと想定される. 粉河町 (現：紀の川市) 風市地区は紀ノ川南岸に位置するが, 「粉河寺参詣曼荼羅」などでは風市村が紀ノ川北岸に画かれている. 同村は現在の松井の集落にあたると推定される. 同集落は井上本荘と粉河寺領の境界に位置するが, 井上本荘側では風市, 粉河寺側では粉河寺九井の 1 つ松井にちなみ松井と呼び, 同一村に対し 2 つの村名があったとも考えられる.

　紀ノ川南岸の風市には風市森神社の遙拝所があり, 以前から集落と神社のつながりは強かったと思われるが, 村名は明治 12 年 (1879) に新在家村が風市村と改称としたもので, 両岸の風市集落の関係はよくわかっていない.『紀伊続風土記』によると, 新在家村は慶長 6 年 (1601) にできた島村の出村で, 和歌山藩領の粉河組に属した. このことは, その付近の水田を潤す荒見井用水の上流側が荒見, 下流側が遠方と高野山領に挟まれ, 近世に紀ノ川南岸が一般に高野山領となっていたことから考えると特異なことである. また, 2 万分の 1 仮製地形図「粉河」(明治 19 年) をみると, 上田井村は龍門山南麓に山林の 9 村共有地をもっており, 井上本荘域の村々が近世以前の南岸にかかわりがあり, いくつかの既得権をもっていたことを示すものと思われる. これらのことから, 新在家村 (風市) はその起源が中世に遡る集落で, 紀ノ川北岸の集落によって開発されたと推察される.

　また, 風市森神社が紀ノ川北岸にあって風市村が南岸にあることは不自然なことであるが,『こかわ文化財通信』によると, 紀ノ川の流れが南から北へ移動したことによって粉河町上田井の中位段丘面にある八幡神社が紀ノ川の南から北へ移ったとされる. 中世にこの河道変遷があったとすると, 同時に風市集落にも直接的な影響を及ぼ

したことが考えられる.

　矢田俊文氏によると，紀ノ川河口の湊村では，中世末の明応7年（1498）の津波に
よって河道変遷が起こり，1つの村の真ん中に紀ノ川が流れるようになり多くの寺社
が移転し，現在でも紀ノ川の南北に湊地区が分かれている．従来，紀ノ川北岸に風市
村が位置したが，紀ノ川の河道変遷によって南岸に取り残された形となり，その際に
荒廃した耕地をその後再開発した土地とも考えられので，河道変遷や地形変化をさら
に検討する必要がある.

　　① 仁井田好古編（1839）:『紀伊続風土記』第1輯，巻之32，明治43年，p.693.

　　②粉河町文化財保護委員会（1989）:風市神社の遙拝所について．こかわ文化財通信，
15，p.2.

　　③矢田俊文（1991）:明応七年紀州における地震津波と和田浦．和歌山地方史研究，
21，18-30.

(31)　前掲注（2）-⑦・⑧・⑨.

(32)　前掲注（20）-①・②.

(33)　前掲注（2）-⑧.

(34)　丘陵とは，平坦面をほとんど残さないが，背面（定高性のある仮想面）が揃って
　　いる地形を指す．わが国では第四紀層から構成されることが多い．粉河町域の上位段
　　丘は，鮮新・更新統の菖蒲谷層で大半が構成され，段丘礫層をほとんどのせないとこ
　　ろもあるので，その点からいえば丘陵に近いが，平坦面はよく保存されているので上
　　位段丘とした.

(35)　中野榮治（1989）:『紀伊国の条里制』古今書院，71-112.

(36)　前掲注（2）-⑦・⑧・⑨.

(37)　前掲注（35）.

(38)　①米倉二郎（1937）:紀伊における班田の遺構．和歌山高商内外研究，10，381-413.

　　②谷岡武雄（1958）:紀ノ川流域における条里．藤岡謙二郎編:『河谷の歴史地理』
　　蘭書房，325-334.

　　③中野榮治（1968）:紀伊国名草郡河南条里の復原と遺存．和歌山史学，10，1-13.

　　④前掲注（35）.

(39)　近世以降の紀ノ川の洪水・氾濫としては，明治22年（1889）・昭和28年（1853）
　　の大水害などがよく知られる．しかし，それは近世から明治期の山林の乱伐，戦時中
　　に薪炭材のため皆伐されハゲ山化したことや治水政策の誤りなどによって起こってい
　　る．これらのことから，洪水は自然災害として考えるだけでなく，半分は人為的なも
　　のとみられる．ダム建設などにより紀ノ川本流の水害は少なくなったが，近年バブル

240　第 15 章　井上本荘の絵図とその地形環境

時代の乱開発の影響で山地・丘陵に裸地が増大していることは，支流で水害がいつ発生しても不思議でない現状といえる．和泉山脈南麓の広域農道に沿っても，そうした裸地や溜池および丘陵・段丘の開析谷を残土などで埋め放置したままのところが目立って多くなっている．

(40) 前掲注 (5)‐①，(3)‐⑥．

(41) 前掲注 (38)‐③．

第16章　井上本荘絵図の水系と地形表現

1. はじめに

　紀伊国井上本荘絵図は荘園の領家であった随心院が所蔵する荘園絵図である。同絵図は豊富な記載内容で彩色が施されており，地図としての精度もかなり高く，中世後期の村落の様子がよくわかる資料である。また，紀伊国粉川寺近傍図や粉河寺四至伽藍之図などとともに，河川や段丘地形など地形的な情報も豊富である。

　これまでに井上本荘絵図について明らかになっている点をまとめてみると，同絵図の作成目的は，随心院と粉河寺の境界紛争の際，明徳4年（1393）に作成された相論絵図（水田，1974），あるいは井上本荘のみを対象として詳細に画いていることから室町期の領域絵図（小山・水田，1985）と考えられてきた。しかし，近年，高木（1996）は反実祐派の寺僧が随心院に対して預所として開発申請を申し出た徳治～元徳年間（1306～32年）頃に粉河寺によって作成された開発絵図とし，作成時期を半世紀以上遡らせた。現在のところ，作成目的・作成時期に明確な結論を筆者は出せないでいるが，絵図には東側の粉河寺領との境界に井手や河川が詳細に画かれていることから，開発や再開発にあたって少なくとも両荘の用水をめぐるトラブルがあったと推定している。徳治3年(1308)8月26日付の「粉河寺住僧連署請文」（随心院文書）[1] には，粉河寺が井上本荘・新荘へ乱妨狼藉しないことを随心院に誓約しており，それ以前から両者の間ですでに紛争のあったことがわかっている。

　そうした中で，最も重要と考えられる水系が水の色とは異なった，目立たない黄土色になっている。筆者はそのことに最初から疑問をもっていたところ，幸いにも博物館での展覧会の開催や複製資料の制作などの過程で，原本資料を頻繁に調査する機会に恵まれた。従来判明していなかった，井上本荘東堺の境界線や井上本荘絵図の水系およびその彩色に関する問題に対して解決の糸口がみつかったので，おもに地理学的な観点から井上本荘絵図の観察に基づいて検討を加えてみ

第16章　井上本荘絵図の水系と地形表現

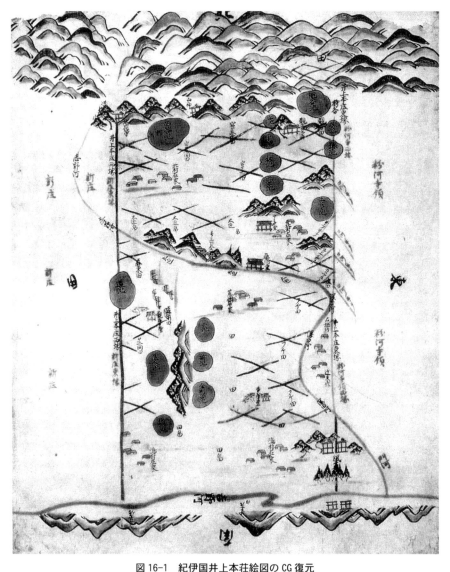

図16-1　紀伊国井上本荘絵図の CG 復元
製作：日本歴史民俗博物館，監修：神庭信幸・小島道裕，技術協力：西子雅美.

たい。本稿では，まず絵図の地形・地物・植生などの図像表現を順にみたうえで，境界と水系の彩色について述べることにする。

表 16-1　地形の対比

額田 (1994)	水田 (1972)	水田 (1974)	児玉 (1978)	水田 (1984)	小山・水田 (1985)	水田 (1986)
山地	山地		山地		山地	山地
丘陵						
山麓緩斜面						
上位段丘						丘陵
中位段丘	段丘面	(高位段丘面)	段丘面	段丘面	段丘・低位段丘	高位段丘（古期）・中位段丘Ⅰ・中位段丘Ⅱ・下位段丘
下位段丘	氾濫原（紀ノ川北岸のみ）		氾濫原（紀ノ川南岸を含む）	扇状地・沖積低地	沖積段丘・扇状地・	氾濫原（紀ノ川南岸を含む）
後背湿地・谷底平野				段丘面の浅い谷・段丘面の深い谷	氾湿原平野・段丘面上の浅い谷・開析された谷底平野	
自然堤防・旧中州				自然堤防	自然堤防	
旧河道				旧流路跡	後背湿地（旧流路跡）	
現河道・溜池	志野川・溜池		紀ノ川・松井川・溜池	溜池および河川	水路溜池	河床
その他・条里型土地割				集落	造成地	条里地割・荘堺

2.　井上本荘絵図の図像分析

(1) 井上本荘絵図の地形表現

①**山地・丘陵・段丘地形**（表 16-1）　絵図の北側にいく重にも画かれる山々は和泉山脈（葛城山地）で，南側の吉野川左岸のものが龍門山地である。山地は緑青と黄土で彩色され，北側の和泉山脈では奥山と里山（低山部）を画き分けられている。その地形境界には中央構造線（桜池断層・五条谷断層）が東西に走っている。奥山には樹木表現がみられないが，里山の稜線には樹形からみて常緑広葉樹（利光・松尾，1984；B1 型）と思われる樹木が画かれている。

　小池－新池－金剛谷池と蔵人池の間，志野河－深田河の間の大迫付近，上池－下大池－林池－聖池と堺池－堺池－土呂土呂池の間など 6 カ所には丘陵状（里山）の表現がある。その地形は明らかに山地とは異なり，そのトップには常緑広葉樹

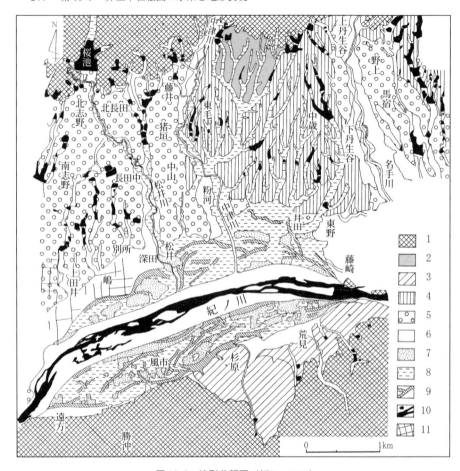

図 16-2 地形分類図（額田，1994）
1：山地，2：丘陵，3：山麓緩斜面，4：上位段丘，5：中位段丘，
6：下位段丘，7：自然堤防・旧中州，8：後背低地・谷底平野，
9：旧河道，10：現河道・溜池，11：条里型土地割．

のような樹木が画かれている。ただし，三百余所社の東側では樹形が常緑広葉樹とスギのような針葉樹（A1型）が画かれており，瀧谷池南側の里山には樹木がみられない。しかし，地形分類図（図16-2）をみると，和泉山脈南麓には丘陵が分布せず，中位段丘が広く展開していることがわかる。段丘面には開析が進んだ谷が発達しており，谷側から段丘面を見上げると「やま」，段丘面から開析谷

写真 16-1　大迫（下七段田付近の松井川）
下位段丘面と河床との比高は 8 〜 10m.

を見下ろすと「大迫」といった表現になったと推定される（写真 16-1）。

②河川地形　　河川は，吉野河(現：紀ノ川)と現在の松井川しか画かれていない。

吉野河は井上本荘の四至の南限（佐藤・田中，1976）とされるが，絵図の文字注記の「井上庄内」は河南の地も井上本荘に含まれたことを示している。

松井川は井上本荘内で最も重要な河川で，志野河（井上新荘）－深田河（井上本荘）－門河(こかわでら)（粉河寺領）と荘域が変るたびに名前を変えるという（黒田，1986）。絵図では荘域を横切るように大きく蛇行して画かれるが，それは絵図の東西と南北の縮尺比がおよそ 2：1（水田，1984）で，東西の幅が比較的広く画かれているからである。実際の松井川は，南北方向のほぼ直線的な開析谷をゆるく蛇行して紀ノ川に注いでいる。

松井川沿いの井上本荘域には，「大迫」と 3 カ所に記され，深く侵食された谷地形が表されている。黒田（1986）は，松井川が井上新荘では志野河，井上本荘では大迫あるいは深田河，粉河寺領では門河と領域をこえるたびに河川名を変えると指摘し，大迫を河川名としてとらえた。しかし，志野河・深田河は河川の中央に墨で記されているのに対し，「大迫」は河川の彩色上に記載されておらず，絵図の崖の地形表現がなされた対岸（右岸）に書かれている。したがって，大迫は本来の意味の段丘面と段丘面との間の谷地形を示す記載であって，河川名ではないと考えられる。また，井上本荘関係は墨書で，他の井上新荘・粉河寺領関係

は朱書でほぼ統一されている。ただし，河川名は門河が左岸に朱書されているが，井上新荘を流れる志野河だけは3カ所とも墨書である。このことは，当時の井上本荘では西川合流点より上流の松井川を志野河と呼んでいた可能性が高いことを示唆する。

(2) 水系・集落・寺社の比定

①田　畠　　水田は交差した墨線で表わされ，さらに薄緑の非常に細い線で，頭をたれた稲穂を画いている。注記は，「田」が中位段丘面に3カ所[2]，「宮荒間田」3カ所，「荒間田」，「観音田」，「大迫畠」3カ所がある。「宮荒間田」・「荒間田」の間田は遊休田または荘園制下の名に編成されていない領主直属地・余田をさす（大石ほか，1989）というが，ここでは耕作者のない荒れ地を意味すると思われる。荒れ地の原因は，段丘面の面積が広大なことなどのため，用水が不足したためであろう。「大迫畠」は山の尾根と尾根の間に位置する谷・窪地・湿地・沢の畠であるが，絵図では松井川の左岸だけに分布する。それは，現在もさほど大きくない，段丘面を浅く刻んだ谷状の地形にあたっている。

「フケ田」3カ所と「田畠」2カ所は下位段丘面に分布する。現在，深田は集落名となっているが，ここでは地形，水田の状態を示すものと考えられる。本来「フケ田」は，段丘面を刻んだ谷底平野に位置する湿田・沼田のはずである。そこは，松井川が開析谷から紀ノ川の氾濫原に出る所にあたり，松井川の運搬してきた砂礫が堆積して河道付近が少し高くなった，排水のやや悪い低地であったと考えられる。しかし，現在は下位段丘面になっており，沼田や低湿地はない。井上本荘絵図の作成当時は谷底平野に位置したと考えられるが，下位段丘面の段丘化は絵図作成期頃あるいはそれ以降に発生した可能性がある。

「田畠」は畠田のことで，用水があれば田，なければ畠として利用されるが，通常は田で用水不足の時にだけ畠となる，田と畠の中間的なものである。「田畠」は，東西2つの島村在家の間に位置し，現在は紀ノ川沿いの下位段丘面に立地するが，当時は段丘面の開析谷から続く小扇状地のような低地で，開析谷からそこまで灌漑用水が十分に到達していなかったことを示す証左と思われる。下位段丘面には，現在，井上本荘域では唯一条里型土地割が分布している。

②道　路　　南北に細長い荘域のどこかに南海道が東西に通過するはずであ

るが，絵図には道路の表現はまっ
たくみられない。近世には，上泥
池の堤上から北長田の集落をぬけ
て桜池の西側から和泉山脈を越え
る貝塚街道，長田中の集落から道
池の堤上を通り井上本荘絵図のほ
ぼ中央を東西走する淡島街道，風
市森神社の北側の下位段丘面を通
る大和街道などが荘域を横切るが，
それらの前身にあたる道もまった
く画かれていない。

③溜池・水路　　井上本荘絵図
には全部で15の溜池が画かれ，す

表 16-2　溜池の対比

井上本荘	現在の溜池名または現況	灌漑地区
滝谷池	奥ノ池または竹ノ池	
堺池（北）	西浦池	猪垣・中山
堺池（南）	かせぼ池	中山
土呂土呂池	上泥池	中山
	分ノ池	長田中
上池	？	
下大池	お池	北長田
林池	林ノ池	北長田
聖池	盆ノ池（坊の池）	北長田
西谷池	上ノ池築造のため消失	
道池	呂ノ池	別所
小池	阿弥陀池に吸収	深田
新池	阿弥陀池下の小沼	
金剛谷池	廃池　堤跡残存	
蔵人池	黒津池	深田
柿谷池	小田井開削により廃池	深田

べて開析谷を堰止めてつくられているので，段丘地形の分類を詳細に行うことに
よって対比が容易となる。絵図と現在の溜池とは，表16-2のとおり，ほぼ正確
に対比できる。

　地形分類図（図16-1）をみると，井上本荘域の地形は南北に連なる6つの開
析谷および，それらと松井川・西川によって5つに分断された段丘面からなる。
開析谷は，東側から堺池−堺池−土呂土呂池−西川，上池−下大池−林池−聖池，
松井川，小池−新池−金剛谷池，蔵人池−柿谷池，道池−御霊池（荘域外）の6
系統である。おもな溜池の対比は，上泥池など一部を除いて，従来の対比にほと
んど異論はない。大部分は水田（1991）の現地比定と同じであるので，以下に述
べる溜池以外の対比は，その詳細を省略する。

　上泥池は3つの泥池の最も上流側に位置し，現在は樋がほとんど使用されてお
らず，沼沢地化してヨシ等が繁茂し，野鳥の棲息に適した浅い湿地となってい
る。それは連続する溜池では上流側が最も古く，堆積量が大きいからである。一
般に溜池の最大貯水量が小さくなると，下流側に新しい池がつくられるという。
実際に，高木（1996）は近世文書から中泥池・下泥池の築造時期が元禄〜宝永
年間（1688〜1711年）であることを明らかにした。また，用水調査を行った水
田（1986）によると，中泥池・下泥池は上泥池に水路としての利用を認めている

表 16-3　集落の対比

井上本荘絵図の集落（総数 47 戸）	現在の集落名	備考（現在の地形）
北村在家（西）8 戸	北長田	中位段丘面
北村在家（東）7 戸		中位段丘面
古垣内 6 戸　近未作	(深田・後栄?)	谷底平野
荒間在家 6 戸	長田中	中位段丘面
森東田	長田中	中位段丘面
森前田 7 戸	別所	中位段丘面
嶋村在家（西）6 戸	嶋	下位段丘面
嶋村在家（東）7 戸	深田	下位段丘面

という。開析谷の地形的な位置関係やこれらのことから上泥池が最も古いと考えられ，この池は絵図に 1 つしか画かれない土呂土呂池にあたると考えられる。上泥池の西側には，畦畔のような細い道で隔てられてた分ケ池がある。上泥池は中山を，分ケ池は長田中を灌漑しており，井上本荘絵図の池の形からみても，両池はもともと 1 つの土呂土呂池であったが，水利権の関係で分割されたのではないかと推測される [3]。

　蔵人池は現在の黒津池にあたるが，半分ほど埋め立てられている。柿谷池・小池・金剛谷池は廃池され，新池にあたる阿弥陀池も一部を残して残土で埋め立てられ機能しなくなっている。金剛谷池は，両側の谷壁や堤から池の形状がほぼつかめるといった状態である。

　表 16-2 をみると，井上本荘絵図北部の溜池は現在もよく形状をとどめているのに対して，南部の長田付近の溜池はあまり残っていない。後者は，小田井の開削によってその必要性が低下し，灌漑面積の大半を失ったため廃池化されたと考えられる。

　④集　　落　　集落の現地比定を表 16-3 にまとめた。集落名は現在とかなり異なり継続性がない。しかし，段丘地形や耕地・水利からみて，集落立地に大きな変化はなかったと考える。北村在家（東 7 戸・西 8 戸）が北長田，荒間在家（6 戸）・森東田と森前田（7 戸）が長田中，島村在家（東 7 戸・西 6 戸）が深田と島にあたると思われるが，古垣内（6 戸）にあたる集落はどこか不明である。それは，後述するように松井川の流路がかなり移動しており，その土地に現在は集落がみあたらないからである。おそらく深田の後栄付近へ移転したのではないだろうか。

　井上本荘の範囲は，現在の大字北長田，長田中，別所，深田，島，風市にあたるが，井上をはじめ現在の地名と直接結びつく地名はほとんどみあたらない [4]。このことは，慶長検地高目録（1613）に北長田村，中村，別所村，深田村，島村，新在家村がみえることから，江戸時代初期にはほぼ現在の集落とつながりのある集落構成となっていたと考えられるが，14 世紀頃の作成と考えられる井上本荘

2. 井上本荘絵図の図像分析　249

絵図の集落名には遡りえないことを意味する。その原因としては 3 つが考えられる。

第 1 は，集落が 15 〜 16 世紀頃を境に移動したことで，絵図の集落と現在の位置とは若干異なっているように思われる。第 2 は，支配者の変化により人為的に集落名を変更させられたことである。第 3 は井上本荘絵図の地名が中央の荘園領主によるものであって，現地で呼び習わされていた地名ではなかったと考えられることである。井上新荘を流れる松井川は志野河と注記され，近世の志野荘になる志野の地名が中世から存在したことは明らかであるが，井上本荘絵図に記載される地名はわずかに大字の「嶋」と，北長田の小字「古垣内」，上田井の「東境」，深田の「金剛谷」が現存するだけである [5]。北長田では，中世に遡る家はなく，天正 13 年（1585）豊臣秀吉の紀州攻めのとき泉南から来て北長田に居ついたといい伝えられる。北長田は貝塚街道が中央に走り，焼き打ちされた粉河の町でなく，それと対立していた井上本荘の北長田に定住したと考えられることから，この伝承の信憑性は高いと思われる。

絵図の集落は，島村在家（東・西）が下位段丘面に位置するほかは，すべてが中位段丘面に立地する。嶋村は，当初は地形の示すとおり沖積低地の河川間に発達する島・中州にあったと思われが，そこが段丘化して下位段丘面に立地する。嶋は条里型土地割が現存し，深田とともに集落立地後，地形環境が大きく変ったことが推定される。

⑤ 寺　社　　寺社の比定は表 16-4 に示した。寺社は現存しないもの，移転したものが大半を占める。風市森神社は唯一中世以来移動していない。同社の南側には藤崎井用水が流れ，そこは沖積低地で紀ノ川の旧河道にあたる。本来は森神社の南縁を南海道・大和街道が通過するはずであったが，その旧河道が近世に紀ノ川の河道となったため，大和街道は風市森神社の北へ迂回したという（中野，1989）。

表 16-4　寺社の対比

井上本荘絵図の寺社名	現況（○：現存する，△：移転，×：現存しない）	
観音堂（北）	×	
観音堂（南）	△	観音池周辺→寛文頃三町南の長田観音寺へ
アミダ堂	○	篠深谷寺　盆ノ池西に小堂（阿弥陀像あり）
薬師堂	○	北長田の上泥池西 200m の貝塚街道脇に祠（薬師石仏）あり
帝釈堂	△	帝釈寺「圓満寺」→長田観音寺横に小堂
山神	×	小字「宮ノ前」付近か？
北山鎮守	×	（志野神社？）
三百余所社	×	跡地に大神宮の伝承あり　近世絵図の粉河寺境内に同社あり
風森	○	風市森神社　南岸にも遥拝所あり

250　第 16 章　井上本荘絵図の水系と地形表現

写真 16-2　粉河寺参詣曼荼羅（部分）
6 社のうち西端（一番左）に「三百餘社」がある．

　井上本荘絵図の北村在家の南側，深田河の北岸の大迫付近に，「号三百余所社」がある．三百余所社とは五社神社・六社神社などと同様，多くの摂社・末社が合祀された神社と考えられる．同社の位置は，県道粉河－加太線がほぼ北長田と長田中の字界となっており，その北側で現在の北長田西小泉の橋付近と考えられる．その跡地には「大神宮」という通称地名が残っている．「粉河寺参詣曼荼羅」（写真 16-2）と「南紀補陀落山粉河寺四至伽藍之図」（写真 16-3）には，粉河寺境内に「三百余所社」が画かれている．しかし，現在，粉河寺本堂の北側には粉河産土神社を中心としていくつかの神社が合祀されているが，その中に三百余所社はみあたらない．
　帝釈寺は，井上本荘絵図中に「帝釈堂」と注記して画かれている．帝釈寺は天平宝亀年間（770～80 年）には光仁天皇の勅願寺であったが，天正 13 年（1585）に秀吉によって焼き払われた．その後，帝釈寺は再建されたが，次第に荒廃し，明治 7 年（1874）9 月 15 日に長田観音寺に預けられ廃寺処分された．現在，帝釈寺跡の石碑が長田観音寺の西側の段丘面に立っているが，ここは井上本荘絵図に画かれる帝釈寺の位置とは異なる．旧地は，開析谷を 1 つ挟んだ東側の中位段丘面上の字圓満寺に位置し，現在でも通称「たいしゃ山」と呼ばれる[6]．『紀伊

写真 16-3　南紀補陀落山粉河寺四至伽藍之図（部分）
天正 13 年（1585）の兵火以前の伽藍を示すといわれる同図の 6 社のうち，西端（一番左側）に「三百餘社」がある．

国名所図会』の「風森社」の北側に大和街道から北へ登る小道があり，小高い丘の上に帝釈寺の堂宇が画かれていることから，明治 7 年に長田観音寺に預けられた時に，東側の中位段丘面上から現在地へ移動したと考えられる．

　薬師堂は上泥池の西側，北長田の貝塚街道沿いにあるが，祠は南面しており街道に正面を向けていない．また，アミダ堂は北長田の坊の池の西側に南面した小堂が建てられている．

(3) 境界・植生・その他
①境界および文字注記　　井上本荘域の境界線は，井上新荘との西堺，東の粉河寺領との東堺の 2 つがある．井上本荘西堺は，中央の道池を挟んで墨線と文字注記で記されている．注記は朱で「新庄東堺」，墨で「井上本庄西堺」とそれぞれ 2 カ所ずつ記される．

　井上本荘東堺は，吉野河から北へ「風森」をぬけ深田河まで墨線があるが，そこから北へは藍が褪色した水系を示すと思われる黄土色の直線と文字注記がある．注記は朱で上が「粉河寺領西堺」，下が「粉河寺西堺」と各 1 カ所，墨で「井上本庄東堺」と 2 カ所に記されるだけである．

252 第16章 井上本荘絵図の水系と地形表現

　吉野河南岸と龍門山地の間は狭いが,「井上庄内」と墨で2カ所に注記があり,紀ノ川左岸も井上本荘の荘域であることを示しているが墨線はない。狭いスペースに「井上本庄内」とはせず「井上庄内」としていることから,後で加筆された可能性もある。

　文字注記は基本的に井上本荘関係が墨,他領関係が朱で記されている。ただし,志野河だけ井上新荘であるが墨書されている。また,河川名・吉野河南岸の「井上庄内」以外は,北を上にして一定方向で注記されている。

　②植　　生　　山地の高山部には,独立した樹木が画かれていないが,緑青・淡い緑青と黄土で彩色し,山林の植生を表している。和泉山脈の低山部と丘陵状の河岸段丘の崖上には,幹がやや曲線的で葉は緑色(利光・松尾,1984；B1型)で表わされた常緑広葉樹がみられる。

　交差する墨線で表わされた田には,稲穂が薄い緑青で画かれている。

　北山鎮守と観音堂(北)には,曲線的な幹と葉を緑青で表現したマツと前述の常緑広葉樹が,風森と三百余所社にはマツとスギが画かれている。

　集落周辺には,淡い緑青で彩色されているが,屋敷周辺の畠を示すと思われる。

　③角　　筆　　角筆は,絵図や聖教の訓点にみられるものである。荘園絵図では日根野村絵図などですでに報告されている(小川,1994)が,井上本荘絵図については従来ほとんど報告されていなかった。絵図の角筆は,ⓐ薄い紙をあてて絵図を写し取る時のものと,ⓑ絵図の作成過程で絵を画く前の構想・構図を定める時につけられたものとがある(下坂,1985；小島,1993)。前者の例は葛川絵図,後者の例は法隆寺蔵の 鵤荘絵図 が代表としてあげられ,条里境界線に明瞭な
いかるがのしょうえず
角筆があり,構図を定めるために引かれたと考えられる。

　筆者は,1992年2月に井上本荘絵図の原本調査をした際,同行して調査にあたった小島道裕とともに角筆の確認を行った。角筆は吉野河の上流部(東側)と志野河－深田河－門河の全域にわたって認められた(図16-2)。これによって,黒田(1986)の指摘した折り筋と構図の関係,すなわち縦横ともに4等分し奥山と里山を画き,「北山鎮守」,「道池」,「七反田」,「号三百余所社」,「風森」を定点としているということに加え,紀ノ川(吉野河)と松井川(志野河－深田河－門河)を構図の上で定めてから画いたことがわかった。

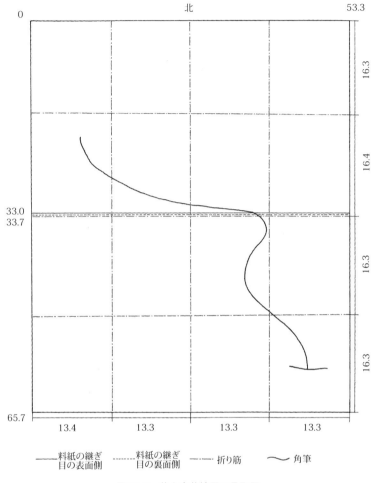

図16-3 井上本荘絵図の見取図

3. 井上本荘の境界と水系の彩色

　絵図の水系の色には，顔料として群青と藍が一般的に用いられるという（下坂，1985）。前者には鵤荘絵図写，後者には高山寺絵図・桛田荘絵図（宝来山神社本）・奥山荘波月条絵図・奥山荘荒河保絵図・葛川絵図・伊作荘絵図・嘉暦4年鵤荘絵図など多数がある。荘園絵図には高価な群青がほとんど用いられていないことが

254　第16章　井上本荘絵図の水系と地形表現

わかる。井上本荘絵図では，従来，水系に黄土が使われているとされてきた（小山・水田，1985）。 絵図の状態を忠実にそのまま読めばそういう表現になるが，井上本荘絵図の自然地形等は，かなり写実的描写かつ実際の自然や地物に近い色に彩色が施されている。

　例えば，葛川絵図では大川が藍で画かれ，植物染料の藍は料紙の中に浸透しており，大道が黄土で塗られている。また，高山寺絵図も同様に，清瀧川は輪郭やさざなみを墨線で画き，その中を藍で彩色し，道には黄土が用いられている。中世の絵図においては，自然や地物の色をそのまま使い，河川など水系は水色，道路は黄土色という彩色の定形がほぼできていたとみられる。そうした中で井上本荘絵図だけが，水系を黄土で彩色されたとするのはいささか奇異に思われる。したがって，小山・水田（1985）が井上本荘絵図の溜池を淡い黄土で彩色したとすることは誤りであろう[7]。

　これまでの研究では，井上本荘絵図の溜池・河川・用水は黄土などで彩色されたとしていたが，筆者は水系であるならば本来水色に彩色するはずであると考えた。結論から先に述べると，これらはすべて藍焼けの可能性が高い。藤田・松尾（1985）には，葛川絵図と高山寺絵図の拡大写真（20倍・40倍）がカラーで掲載されているが，藍など植物染料は料紙の中に浸透しているのに対し，鉱物質の顔料は料紙の上に付着しているのがわかる。本館と国立歴史民俗博物館は，平成3年（1991）度に井上本荘絵図の複製を共同で製作した。その過程でルーペ（25倍）を使って同絵図を観察したが，水系の黄土色には顔料が含まれておらず，それは黄土や群青ではないことが判明した。もし顔料であるならば，料紙に顔料が必ず残っているはずである。しかし，藍であるならば褪色するとすべて炭素となってあとには残らない。したがって，黄土色は藍の褪色した結果と推定した[8]。

　井上本荘絵図の西堺の中で，道池の水面には境界線が引かれていない。黒田（1986）は，西の境界線は「道池」のところを除外して，水面をねずみ色の線とはしていないというが，東堺の「古垣内」・「近未作」付近の境界線の所では，「ねずみ色の線というのは，それを引くだけで済む問題のない地点にのみ塗られたのであり，それ以外の，問題の起こりやすいないしは細かい記載なしには分かりにくい地点では，墨字・朱字による堺の明示がなされた」としている。しかし，「ねずみに塗ってしまっては井手が不明確になる」ので薄茶色の線がひかれていると

しているが，そう見なすより，本来，井手やそれを引く河川は薄茶色の線ではなくて水色の線であったと考える方が合点がいく。また，「古垣内」・「近未作」と記された地点は，「井手がないのに薄茶色の線」を引いたとしているが，絵図の写実性を考慮すると実際に水系があったと考えられ，直線的な水系はおそらく用水路があった所と推定できる。このことは，井上本荘西堺で道池の水域には境界線を引いていないことと調和し，井上本荘東堺が用水路であるため墨で引かれなかったと考えられる。

　風森付近の東堺の墨線を除く，井上本荘東堺の柳谷から南へ深田河までの粉河寺領との境界線は，井上本荘絵図では柳谷から堺池－堺池を通り過ぎた所で「コ河ノ井テ」を分派し，土呂土呂池の東側をとおり「井上ノ井テ」・「コ河ノ井テ」を交互に3本ずつ右岸・左岸へ分けているので，深田河に合流する水系があったことは確実である。従来は，それが土呂土呂池へ流入する水系と考えられてきた。しかし，絵図をよく調べてみると水系は東側を通過しており同池へ流入していない。このことは，これまでまったく指摘されてこなかったが，この水系も同様に本来は黄土ではなく，水色に彩色されていたものと考えられる。これまでその部分に墨が入れられていないのは，井手が不明確になる（黒田，1986）ためとか，粉河寺領に侵略された部分（水田，1991）とか，墨の入れ忘れなどと解釈されてきたが，筆者は柳谷から深田河に至る開析谷を流れる水系があったため彩色しなかったと考える。

　実際に現地でこれにあたる水系が存在するか調査をしてみると，土呂土呂池の東側に水路があった。かせぼ池（川狭池）からの水系は直接上泥池に注がず，東側をかすめて粉河領の猪垣・中山方面へ流れる水路が確認できた（写真16-4）。また，下泥池から松井川に合流する小字「下七反田」までは西川という小河川がある。西川は近年改修されて流路が改変されたが，上泥池と下泥池から左岸へ2本，下泥池の下流から右岸へ1本の用水路が存在する。前者は「井上ノ井テ」，後者は「コ河ノ井テ」にあたると思われる。高木（1996）は，「上泥池から井上本荘の七反田へ引水する水路（「井上ノ井テ」に相当する）を潰して，近世にはいって中山村の手により中泥・下泥池が築造されたので，井上本荘側の既得権を保証するため，中泥・下泥池の端に樋を設けた）としている。この付近の用水路は，改変を受けたと思われるが，これらのことから，絵図の井上本荘東堺には水

第16章 井上本荘絵図の水系と地形表現

写真16-4 柳池－西川間の用水路
用水路は左側の上泥池と右側の中位段丘との間を流れている.

系があり，そこから両荘へ用水路を実際に引いていたことがわかった．井上本荘絵図では，東堺の黄土色になった線から「コ河ノ井テ」4カ所,「井上ノ井テ」3カ所が交互に取水するように画かれ，その水系が粉河寺領と井上本荘との境界にあたったため，墨線が引かれなかったと考えられる．

また,「コ河ノ井テ」と「井上ノ井テ」は，井上本荘絵図の作成当時，その水系から取水していたが，中泥池と下泥池の築造によって，「コ河ノ井テ」の2カ所,「井上ノ井テ」2カ所が中泥池と下泥池から取水することになったと推察される．

西川が井上本荘東堺の一部にあたることは確証がえられたが，その下流側では，松井川との合流点あるいはかすめるように左岸を流れ，古垣内・近未作の東側を通る直線的な井上本荘東堺の水系は，河川であったか用水路であったか，今のところよくわからない．というのは，松井川が絵図では西へ曲流しているが，現在はその状況とは異なって流路が小さく蛇行しており，絵図作成当時とは流路が変化していると考えられるからである．

このように，井上本荘東堺は水系が境界線の大半にあたり，本来から井上本荘西堺のように墨線で引かれた境界線ではなかったと考えられる．したがって，溜池・河川・用水の黄土色は彩色したのではなくて，本来は藍色であったものが褪色したものと推定される．

絵図では，平均して約60度で井手を分派している．現在，上泥池の東側からは約60度で用水路が分かれているが，その下流では段丘崖に沿うようにして南

流して，段丘面に用水をのせている。また，水田（1972）は現在，西川からまったく取水していないとしたが，その後，「井上ノ井テ」・「コ河ノ井テ」は現在でも谷底の溜池から用水路を引いて下流の水田に配水していると訂正している（水田，1991）。「井上ノ井テ」は七反田付近が下位段丘面であるため西川から取水・灌漑できる。しかし，左岸の中山地区が中位段丘面上にあたり，西川が深く開析谷を侵食しているため「コ河ノ井テ」は揚水が困難になったと考えられる。

4. おわりに

おわりにかえて，これまで述べてきたことをまとめると，以下のとおりである。

(1) 絵図の交差する墨線で示される耕地は，段丘面3面と沖積面との計4面の地形面のうち，すべて中位段丘面に，田畠は下位段丘面に分布する。井上本荘は，中位・下位段丘面の開発，あるいは中世に隆起によって灌漑用水が松井川から取水できなくなり，荒廃した段丘面の耕地を再開発するため成立したと考えられる。

(2) 井上本荘絵図の溜池・集落・寺社は表16-2～4のように現在のものと対比できる。

(3) 井上本荘東堺は，境界線ではなく水系（河川・用水路）によって粉河領と堺していた。水系には墨線を引かなかったため，藍による彩色のままであったと考えられる。

(4) 河川・溜池・用水路は黄土色で彩色されたのではなく，本来は藍によって彩色され，水色（縹色）を呈していたと思われる。現在は黄土色となっているが，それは藍の褪色によるものと考えられる。

(5) 大迫は，松井川のうえに墨書されておらず，河川ではなく，谷地形を示す記載である。北長田（北村在家）から長田中（荒間在家）では，井上新荘域に墨書された志野河の河川名で呼ばれていた可能性がある。

(6) 現在の深田の集落は下位段丘面に立地し高燥化しているが，絵図作成当時のそこは段丘化しておらず松井川の開析谷にあたり低湿であった可能性がある。

(7) 構図は本紙の折り線等だけでなく，角筆によって松井川と紀ノ川の一部で決められていた。

258 第16章 井上本荘絵図の水系と地形表現

(注)

(1) 粉河町史編さん委員会編（1986）:『粉河町史 2』, 131-132.

(2) 滝谷池北側の「田」の地形および位置は，桜池東側の谷底平野か詳細は不明である.

(3) 水利権の詳細は未調査である. 灌漑用水，水利系統については，小山・水田（1985）が詳細かつ組織的に調査しているが，再検討することを今後の課題としたい.

(4) フケ田は耕地が湿田の状態であることを示すもので，集落が画かれていないことから集落名ではないと考えられる. 深田集落は現在，下位段丘面に位置し，地形的に低湿な環境ではないが，当時は松井川の氾濫を受ける開析谷に位置していたと考えられる.

　また，河川名の深田河・志野河は深田・志野の地名として残り，河川名や溜池名は多くが現行地名とつながりがある.

(5) 中世の風市村と現在の粉河町大字風市とは直接的な関係が明らかでない. 南紀補陀落山粉河寺四至伽藍之図や粉河寺参詣曼荼羅をみると，風市村は紀ノ川北岸の風市社東側に位置することから，現在の粉河町松井付近にあたると推定される. 紀ノ川南岸の新在家は明治12年（1879）に風市村と改称するが，『紀伊続風土記』によると近世の新在家村は島村を母体とする出村であるというので，村名は同じでも由来が同一村落とは考えられない. 紀ノ川南岸は一般に高野山領であるが，新在家村はそのため和歌山藩領に属していた. 南岸には風市森神社の遥拝所があることから，新在家村を風市村と改称したことが考えられる. 明治19年の仮製地形図には龍門山の南斜面に「上田井村外八村共有地」があり，必ずしも近世に紀ノ川の北岸が和歌山藩，南岸が高野山領と明確に分けられていたわけではなかった.

　粉河町の小字については，同町史編纂室の宮木トシ子氏に小字図のコピーを提供していただいた.

(6) 深田付近の小字については，曽和テイ氏の深田村小字調査資料を見せていただいた.

(7) 東の境界線を水田（1986, 1991）は淡い茶色，黒田（1986）は薄茶色で彩色したとするのも同様である.

(8) 高山寺絵図には，清滝川に藍が使われているが褪色していない. 和歌山地理学会（1995年6月11日）での発表時には桑原康宏氏から，染料として一般的なダテアイではなく，変色・褪色しやすいヤマアイを用いたのではないかとの御教示を得た. 褪色の原因については，①料紙のph，②保存環境，③水損などが考えられる. 褪色や染料については，今後の課題としたい.

　複製の井上本荘絵図は現状の複製を製作する目的であったため，水系を水色に彩色

することはしなかった．国立歴史民俗博物館の企画展示「荘園絵図とその世界」において，同館の小島道裕は，青系統の絵具（藍）が褪色したものと仮定して，池と河川の部分の色を CG（コンピュータ・グラフィクス）によってシュミレーションした写真を展示された．参考資料として，それを巻頭図版に掲載した．ただし，筆者はその藍色よりもっと薄い水色（縹色）であったと考えている．水系を水色に彩色することは，褪色した地の黄土色と重なるため補彩は困難であるが，今後，水系を水色に復元した井上本荘絵図を制作してみたいと考えている．

（引用文献）

大石直正ほか（1989）：荘園関係基本用語解説．『日本荘園史 1』吉川弘文館，p.399.

小川都弘（1994）：「和泉国日根野村絵図」（正和 5 年，宮内庁書陵部蔵）の角筆跡について．帝京大学山梨文化財研究所報，18，3-9.

黒田日出男（1986）：荘園絵図上を歩く．『姿としぐさの中世史』平凡社，210-232.

児玉正之（1978）：粉川寺領近方図面．粉河町史研究，3，55-61.

小島道裕（1993）：博物館とレプリカ資料．国立歴史民俗博物館研究報告，50，443-460.

小山靖憲・水田義一（1985）：井上本荘絵図現地調査記録．高橋昌明編：『荘園絵図の史料学および解読に関する研究』，53-63.

佐藤和彦・田中寿朗（1976）：紀伊国粉河寺近傍図付井上本荘絵図．西岡虎之助編：『日本荘園絵図集成 上』東京堂出版，237-238.

下坂　守（1985）：絵図調査の方法と成果．高橋正明編：『荘園絵図の史料学および解説に関する総合的研究』，3-8.

高木徳郎（1996）：「紀伊国井上本荘絵図」と粉河寺．民衆史研究，51，41-57.

利光有紀・松尾良隆（1984）：描かれたものと場所－葛川絵図の復原－．地理，29(3)，75-86.

中野榮治（1989）：『紀伊国の条里制』古今書院，71-112.

額田雅裕（1994）：井上本荘の絵図とその地形環境．和歌山市立博物館研究紀要，9，68-82.

藤田裕嗣・松尾容孝（1985）：荘園絵図調査カード．高橋昌明編：『荘園絵図の史料学および解説に関する総合的研究』，9-26.

水田義一（1972）：台地上に位置する庄園村落の歴史地理学的考察．史林，55(2)，235-262.

水田義一（1974）：中世庄園絵図の検討．人文地理，26(2)，65-88.

水田義一（1982）：日本の中世庄園図－中世村落の資料として－．谷岡武雄・浮田典良編：

260 第16章 井上本荘絵図の水系と地形表現

『歴史地理学プロシーディングス』古今書院.

水田義一（1984）：紀州の中世庄園絵図．紀州経済史文化史研究所紀要，4，65-88.

水田義一（1986）：「紀伊国井上本荘絵図の歴史地理学的研究－二枚の絵図をめぐって－．
史林，69，435-451.

水田義一（1991）：紀伊国井上本荘絵図．荘園絵図研究会編：『絵引荘園絵図』東京堂出版，
102-109.

261

付　井上本荘域の溜池と寺社の現地（写真と説明）

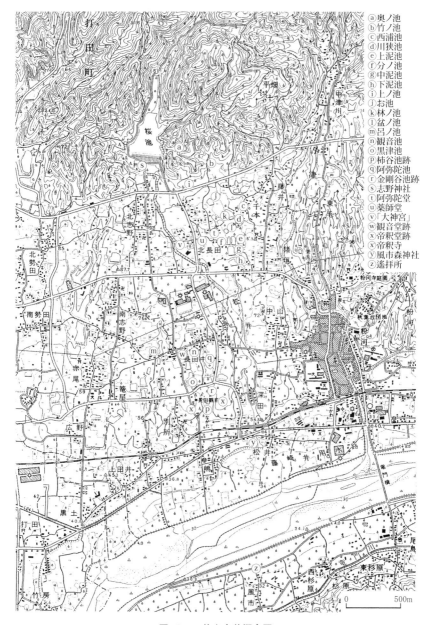

図 16-4　井上本荘概念図
国土地理院 2 万 5000 分の 1 地形図「粉河」，平成 7 年 11 月 1 日発行を使用．

北東部の溜池群（ⓐ奥ノ池，ⓑ竹ノ池，ⓒ西浦池，ⓓ川狭池，ⓘ上ノ池，ⓙお池，ⓚ林ノ池・ⓛ盆ノ池）

井上本荘絵図に画かれる 15 の溜池のうち，北東部には 8 個が集中している。川狭池（堺池）・西浦池（堺池）・盆ノ池（聖池）・林ノ池（林池）・お池（下大池）などは，現地比定が比較的容易にできる。溜池は，段丘面の田畠を灌漑するために，段丘面を侵食した谷を堰止めて造られている。その侵食谷によって，溜池は東側のⓐ～ⓓと西側のⓘ～ⓛとの 2 つの系統に分けられる。桜池完成後は，灌漑システムが再編され，その子池として機能するようになった。

西浦池（堺池）

川狭池（堺池）

上ノ池（西谷池）

林ノ池（林池）

盆ノ池（聖池）

ⓔ上泥池・ⓕ分ノ池

土呂土呂池という沼のような特徴的な名称であり，北東部にある2系統の水系が合流する地点に位置する。同池は現在の上泥池と分ノ池にあたると思われる。両池の堤上を貝塚街道が通る。絵図では土呂土呂池の東側に水路が縦走し，同池は井上本荘側に位置するが，現在は上泥池が粉河を，分ノ池は長田を灌漑し，両池間の小径が両字界となっている。

上泥池（土呂土呂池）

分ノ池（土呂土呂池）

中泥池

下泥池

ⓖ中泥池・ⓗ下泥池

中泥池と下泥池は，井上本荘絵図に画かれない比較的新しい溜池で，江戸時代の元禄〜宝永年間（1688〜1711年）に上泥池下流の水路を潰して築造されたものである。

下泥池東側から流れる用水路は，西川左岸の中位段丘崖に沿って流下し，中山の中位段丘面を灌漑している。

下泥池からの用水路
（「コ河ノ井テ」か？）

桜池

桜 池

北志野の桜田に造られ，堤に桜を植えたため桜池と名付けられた。松井川を堰止めた灌漑用の溜池で，紀州藩内四大大池の1つである。堰止堤は長さ310m・高さ38m ある。幕府直営の御普請で，慶安3年（1650）の春から3年をかけて築造された。

水掛りは3組38村に及び，灌漑面積は320ha あったが，小田井・藤崎井が完成してからは灌漑面積が減少した。

ⓜ呂ノ池

呂ノ池（道池）

呂ノ池は路ノ池とも書き，井上本荘絵図では新荘との堺にある道池にあたる。井上本荘西堺は，墨線と文字注記があるが，同絵図中央の道池には境界線が引かれていない。現在は長田中に属するが，絵図の作成当時は池の中分線が境界であったと思われる。池の堤上を近世の淡島街道が通る。

南西部の溜池群（ⓞ黒津池, ⓟ柿谷池, ⓠ阿弥陀池, ⓡ金剛谷池）

井上本荘絵図には全部で15の溜池が画かれおり，南西部には5つの溜池があるが，江戸時代中期に小田井用水が完成すると，溜池の必要性は低下したため，現在は大半が消失している。小池を吸収した阿弥陀池は残っているが，黒津池（蔵入池）は約半分が埋立てられ，新池・金剛谷池・柿谷池は廃池された。

黒津池（蔵人池）

柿谷池跡

付　井上本荘域の溜池と寺社の現地　265

阿弥陀池

金剛谷池

ⓝ観音池・ⓦ観音堂

　観音池は井上本荘絵図には画かれていない溜池であるが，その池の西側には寛文（1661〜73年）以前まで観音堂（井上本荘絵図の南西側のもの）があったと考えられる。

長田観音寺（如意山蓮華院，真言宗山階派）

　観音寺は，井上本荘絵図に2カ所ある観音堂のうち南西側のもので，長田中の観音池西側にあった。本尊は如意輪観音で，創建は延喜21年（921）念仏上人によるという。『紀伊続風土記』によると，初代藩主頼宣が寛文（1661〜73年）初年に旧地から3町（約327m）南側の現在地へ移転させたという。大門・本堂・庫裏・鐘楼は残っているが、三重塔は現存しない。

観音池・観音堂跡

長田観音寺

266　第16章　井上本荘絵図の水系と地形表現

阿弥陀堂

ⓣ阿弥陀堂

盆ノ池の西側，北長田の垣内に篠深谷寺という小堂があり，阿弥陀像を祀っている。井上本荘絵図では阿弥陀堂が北村在家の北東端に画かれるが，現在は北長田集落の南東端に位置しているので，阿弥陀堂か集落のどちらかが移転したか，あるいは両方とも移動したことが考えられる。絵図では5寺・4社が画かれているが，移転したり現存しないものが多い。

薬師堂

ⓤ薬師堂

北長田の上泥池の西側約200mの貝塚街道沿いに祠があり，薬師石仏がある。薬師堂は街道の南側にあり，堂の正面は南側を向いているため，街道には背を向けている。井上本荘絵図では，松井川沿いに画かれているので，現在地は若干北側へ移動しているのかもしれない。

ⓧ帝釈堂跡・ⓧ帝釈寺

帝釈寺は井上本荘絵図に帝釈堂と注記され，かつては深田の小字「円満寺」にⓧ帝釈堂があった。『紀伊国名所図会』には，大和街道の嶋村から北の丘へ登るところに帝釈寺が画かれている。同寺は，宝亀年間（770～80年）に光仁天皇の勅願寺であったが，天正13年（1585）に秀吉によって焼き払われ，その後再建されたが次第に荒廃し，明治7年（1874）に廃寺となった。

帝釈寺の碑

帝釈寺

ⓢ志野神社

井上本荘絵図では北山鎮守が志野河左岸に画かれているが，現在はそこに神社がみあたらない。右岸の新荘側に南北志野村の産土神，志野神社がある。中社に東屋御前愛宕権現，東社に若宮熱田神，西社に粟島神と蛭子神を祀る。社伝によると，ここは日本書紀の神功皇后摂政元年二月条に記される小竹宮跡という。北山鎮守との関係はよくわからない。

ⓥ大神宮

井上本荘絵図の北村在家の南側，深田河北岸の大迫付近には三百余所社が画かれている。三百余所社は六社神社のように多くの摂社・末社が合祀されたもので，その位置は北長田西小泉の通称地名「大神宮」付近と考えられる。粉河寺参詣曼荼羅（写真16-2）と粉河寺四至伽藍絵図（写真16-3）には，粉河寺境内の北側に三百余所社が画かれているが，現在はそこにみあたらない。

志野神社

通称地名「大神宮」（三百余所社跡地か？）

風市森神社

ⓨ風市森神社（風森）

風市森神社は，井上本荘絵図の寺社の中で唯一移動していない。社伝では宝亀年間（770～781年）以前の鎮座で，正暦2年（991年）の文書に粉河寺領の西限として記されている。中央に科長戸辺命，左に若一王子，右に丹生明神の3座を祀る。絵図には2座しかなく，その中央に井上本荘東堺が走っている。社地の北側を大和街道が通る。紀ノ川対岸にはⓩ遥拝所がある。

松井川

西川

松井川

松井川は，井上本荘絵図の中では志野河（井上新荘）－深田河（井上本荘）－門河（粉河寺領）と名前を変えている。絵図では大きく蛇行して画かれるが，実際は南北にほぼ直線的な谷を小さく蛇行して紀ノ川に注いでいる。井上本荘には，段丘面と段丘面の間の深い谷地形に対して川沿いの3カ所に大迫と記し，山のような表現で深い崖地形を画いている。

西　川

井上本荘東堺は，深田河－風森間を除いて，水色が褪せた黄土色線に文字注記があるだけで，墨線が引かれていない。柳谷－深田河間には水路があり，左右にコ河ノ井テ・井上ノ井テが交互にみられる。西川は同水路の一部で，中泥池と下泥池は後に西川を堰止めて築造された。それによって灌漑形態は変化したが，両岸には用水路が現在も残っている。

あ と が き

　私は，大学院まではもっぱら沖積平野の地形環境や地形形成を研究してきた。1985 年に和歌山市立博物館に就職してからは特別展・企画展を 10 回担当したが，そのつど異なるテーマの展覧会を開催してきたこともあり，多岐にわたる分野・時代の調査研究を行ってきた。それらの論文を含めて 1 冊の本にまとめることは困難なため，環境の分野に内容を絞って書籍化しようと考えた。大学時代から最も興味を持っていた遺跡の立地環境や，歴史的な城攻めの一つ「水攻め」の地形環境などを含む構成が頭に浮かんだ。しかし，最初と最後に担当した特別展が「荘園絵図」と関連した展覧会で，30 年余の間に荘園に関する論文だけでかなり多く執筆していることから，荘園・荘園絵図を織り込み，『絵図でよむ荘園の立地と環境』としてまとめることにした。

　最初から沖積平野や荘園に興味を持っていたわけではない。立命館大学では地理学を専攻し，地理学研究会の自然班（地形）に入った。研究会では最初に長野県の伊那谷・飯田へインテンシブ調査に行ったことから河岸段丘に興味を持ち，段丘地形の論文を読みあさった。そして，町田　洋著『火山灰は語る』を読み，地形面の広域対比にロマンを感じ，休日には火山灰の採集に全国各地の露頭へ出かけた。しかし，近畿地方には火山や火山灰の分布が少なく，段丘面の対比にテフロクロノロジーがあまり有効でないことがわかると，興味が沖積平野に移った。その契機となったのは 1 回生の夏に経験した 9.12 災害である。

　岐阜で生まれ長良川の近くで育ち，中学校は長良川の支流（古川）を締め切った旧河川敷に立地していた。大雨が降ると，堤外地にある長良川沿いの旅館街は水に浸かるなど，洪水は身近な出来事であったが，一級河川の近代的な堤防が決壊するとは夢にも思ってもいなかった。1976 年 9 月 12 日の長良川の決壊は，前日（11 日）の降水量が 347 ㎜に達する集中豪雨によって引き起こされ，それを目の当たりにして大きな衝撃を受けた。輪中内へ流れ込んだ濁流が下流側の輪中

270　あとがき

堤によってダムアップされ，決壊した箇所から逆流して堤防内の上流側へ浸水域を拡大していったのである。

　決壊の翌日，復旧した直後の一番列車に飛び乗り，岐阜から京都まで移動した。東海道本線の長良川と揖斐川の間，穂積駅付近の高架された線路を最徐行して進む列車の両側の車窓には，見渡す限り黄土色の泥水の海がひろがっていた。軒下まで水に浸かる家屋，そのあいだを舟で移動する人たち，その時みた光景は今でも目の裏に焼き付いて消えない。自然への畏怖と9.12災害の強烈な印象が私の頭に残った。そうして沖積平野の洪水地形分類の有効性が実証され輪中堤が再評価されると，私は沖積平野の地形と人間との関わりに興味をもち，その研究へ傾倒していった。

　過去の地形環境を明らかにするためには，地理学だけでなく，考古学・地質学・古環境学・古生物学・古気候学・人類学などの隣接諸科学の研究成果の援用や協力が不可欠であることはいうまでもない。沖積平野の過去の環境や古地理の変遷を明らかにするための復原方法には，花粉分析・放射性炭素年代測定・古地図・遺構や遺物などを決め手として直接過去の時代に達する直接的方法と，空中写真・地形図・地籍図・地質資料など用いて現景観から過去へ遡っていく間接的方法がある。これらは先史・原史時代だけでなく歴史時代の地形環境や古地理復原などにも有効であるが，地形環境学はこれまで主に文献資料の少ない古代以前を研究対象としてきた。

　歴史時代を対象とする場合には，考古学などのほか，歴史学の研究成果も非常に重要となる。そして比較的近い過去である中世の地形環境の復原には，後者の間接的方法と，その当時の景観を画いている荘園絵図を直接的資料として用いることが，とくに有効と考えられる。本書は，私がこれまでに荘園絵図を読み解き中世荘園の立地や環境を明らかにした論文に一部修正を加え，地域・荘園ごとに収録している。

　荘園絵図との出会いは大学院に入った1980年の初冬のことで，最初にみたのは葛川絵図であった。京都大学で助手をされていた吉田敏弘先生（現・國學院大學）から「今度，葛川絵図研究会を立ち上げるんだけど，参加しないか」とお誘

いを受けた。葛川絵図は琵琶湖に注ぐ安曇（あど）川支流の谷底平野に位置する荘園の絵図であるが，当時，この荘園絵図が自分の研究対象になる資料と思えなかった。また，臨海沖積平野の地形形成と海面変動や遺跡の立地との関係に興味をもっており，修士論文を濃尾平野の地形と遺跡を中心に調査する予定であったので，研究会への参加は丁重にお断りした。

その後，関西空港建設に先立って行われた大阪府教育委員会の「日根荘総合調査」に地理・地質班として加わり，和泉国日根荘の地形調査をすることになった。あとから考えると，最初から葛川絵図研究会に参加していればよかったと思うのだが，まわり道をして研究会に加わった。最初の合宿調査で訪れたのは，のちに調査することになる伯耆国東郷荘であった。1990年秋には博物館で特別展「荘園絵図の世界」を担当し，その前後から井上本荘・桛田荘・高家荘など紀伊国の荘園調査をはじめ，「文明と環境」の科研では東郷荘と越後国奥山荘を調査する機会を得た。本書は，これらの中世荘園絵図のある地域を中心に調査した，9つの荘園の立地と環境に関する論考で構成される。

博物館に就職してからは荘園の調査研究がライフワークとなったが，葛川絵図の現地へは残念ながらまだ一度も訪れたことがないままとなっている。

日下雅義先生には大学に入ってから地形環境学について終始ご指導いただいた。博物館に着任してからも大阪府の日根荘総合調査や科研「文明と環境」の研究分担者として加えていただくなど，各地で荘園の地形環境を調査研究させていただいた。また，故谷岡武雄先生には，大学時代から荘園調査，歴史地理学の手ほどきや論文指導をしていただいた。日下先生と谷岡先生には，長期にわたりご指導いただき，深く感謝いたします。

そして，博物館に着任したのち和歌山の遺跡の立地や環境についてご指導いただいた和歌山市立博物館初代館長の故伊達宗泰先生，岐阜の高校教師から花園大学教授になられ郷里の岐阜弁で「やっとかめやなも」「まめやったかな」といつも暖かく話しかけご指導いただいた故伊藤安男先生をはじめ，池田 碩，植村善博，吉越昭久，辰己 勝，平井松午，高橋 学ら立命館大学の諸先生・諸先輩方のご指導に感謝いたします。

私が博物館に就職して地理をやめたと思っている人も多い。自分自身も最初は

地理から少し遠ざかることになるかもしれないと思っていた。しかし，着任すると，すぐに和歌山大学の水田義一先生から和歌山地理学会に勧誘していただき，次年度に南部平野の地形について発表するように依頼された。また，故中野榮治先生からは，紀ノ川流域の地理を地元の先生方と共同で研究する機会を与えていただいた。そして，和歌山大学の日本史の故小山靖憲先生には紀ノ川流域の荘園調査に専門調査員として呼んでいただき，6年間，毎年夏に合宿して一緒に調査させていただいた。熊野古道や日根荘・桛田荘などの荘園を一緒に歩き，小山先生から中世史や荘園に関するご指導を受けられたことは非常に幸運であった。これらの方々や職場の上司，同僚の学芸員諸氏のご理解により，これまで研究を続けてこられたことを感謝しています。

　本書をまとめようと考えてからは，職場では博物館長を拝命し，本務に忙殺され遅々として出版が進まないでいると，多くの先生方が励ますように和歌山へ来て出版をうながしていただいた。昨年の4月には大先輩の池田　碩先生，6月には岐阜市立長良中学校の担任だった岡本保則先生，8月にはニュー FHG（野外地理学研究会）の藤岡換太郎先生，そして今年は元旦から立命館大学の高橋　学先生が来和して，挫けそうになる私の気持ちを奮い立たせていただき，ようやく出版にこぎつけることができた次第である。

　また，つたない内容の本書の出版をお引き受けいただいた株式会社古今書院社長の橋本寿資氏，編集を引き受けていただいた原　光一氏に感謝申し上げます。今年6月に還暦を迎え，来年3月で博物館を定年退職の予定であるが，これを機にこれまでの論文をまとめることができたことは望外の幸せである。

　博物館学芸員と地理研究者という二足の草鞋をはき，家族には休日のほとんどを現地調査や原稿執筆など調査研究にあてるという生活を許してもらい，一緒に旅行に行くのは年に一度あるかなしかの30年であった。傍から見ればまったくひどい夫であり父であったが，これを許してくれた家族に感謝し，これからは家族の気持ちに寄り添っていきたい。

　最後に，病気一つしない丈夫な身体に産んでくれた父母に感謝し，筆を置くことにする。

　　　　2017年4月29日　30回目の結婚記念日に

　　　　　　　　　　　　　　　　　　　　　　　　　　　　　　額田雅裕

索　引

〔ア　行〕

会津川　60

阿賀野川　146

アカホヤ火山灰　84

秋吉井　207, 215, 216

浅茂川潟　9

穴伏川　158, 159, 162, 166, 167, 169, 170, 173, 176, 177, 188, 198, 201, 203-207, 209-211, 213, 215, 216, 230

兄山城跡　186

荒川　146-148

有田川　60

淡島街道　247, 264

安藤堤　176

飯豊山地　146, 147

五十嵐川　146

鵤荘絵図　252, 253

伊作荘絵図　253

井澤弥惣兵衛　41, 150

石原館跡　150

泉池　133, 139

和泉砂岩　186

泉佐野平野　89, 107, 109-111, 114, 115, 126, 133, 139, 150

和泉山脈　11, 21-23, 26, 43, 44, 110, 111, 113, 157, 158, 164, 188, 197, 201, 203, 222, 225, 227, 228, 231, 232, 243, 244, 247, 252

和泉層群　22, 23, 44, 60, 157, 227, 228

和泉国日根野村絵図　89, 107, 110, 118, 126, 131, 179

伊太祁曽盆地　51

一ノ井　12, 126, 155. 169, 183, 188, 189,191, 192, 195-198, 201, 207

伊都郡移村預所墨引絵図　183, 207

伊都郡加勢田荘内紀伊川瀬替目論見絵図　173, 179, 180

印南層群　44

印南累層　60

井上新荘　222, 226, 245, 246, 249, 251, 252, 257, 268

井上ノ井テ　255-257, 268

井上本荘　53, 89, 168, 219, 221-223, 225-230, 245-249, 251, 252, 255-257, 263, 264, 267, 268

井上本荘絵図　219, 222, 223, 225, 226, 231, 234, 235, 241, 246-250, 252, 254-257, 262-268

妹山　157, 174, 176, 203

揖屋荘　144

入山　96, 99, 100

岩橋山地　44-46, 48, 54

岩ノ井　207, 215

岩湧山　227

ウアナダ用水　117, 119-121, 126

上様堤　176

羽衣石川　144

魚沼　147

内ノ畑王子　15, 91, 102

内はら　102

内原郷　15

移井　191

馬留王子　15, 91

馬野　142, 145, 146

江戸海退　7

沿岸州　4, 10, 35

沿岸流　80

煙樹が浜　15, 16, 96, 99

大浦　24, 52

274　索　　引

大阪層群　12, 23, 44, 111-113, 115, 131, 133, 134

大阪平野　7, 35, 59, 211

大阪湾　115

大迫　231, 243, 245, 250, 257, 267, 268

大台が原　44

太田・黒田遺跡　9, 48

大谷古墳　11

大塔山地　44, 228

大畑才蔵　191

大平山　142

奥山荘　146, 150, 151

奥山荘荒河保絵図　253

奥山荘絵図　147

奥山荘波月条絵図　162, 253

奥山荘波月条近傍絵図　141

小田井　159, 168, 169, 191, 192, 195, 248, 264

落堀川　147, 150

音無川層群　79

音無川帯　60

〔カ　行〕

海岸砂丘　142

海岸段丘　71, 79

海岸平野　8

海食崖　83

崖錐　97

海水準変動　65, 67

海成段丘　96

開析谷　138, 139, 183, 188, 189, 230-232, 244-248, 255, 257

下位段丘　16, 95, 97, 103, 113, 114, 131, 157, 159-161, 163, 165-170, 177, 178, 183, 188-190, 192, 209, 211, 221, 230, 232-234, 246, 247, 249, 257

下位段丘 I 面　118, 124

下位段丘 II 面　109, 116, 118, 124, 125

下位段丘 III 面　124, 125

下位段丘 D 面　114

下位段丘面　12, 18, 89, 115, 127, 151

貝塚　52

貝塚街道　247, 249, 251, 263, 266

開発絵図　241

海浜　26, 34

河岸段丘　73, 79, 80, 101, 103, 111, 131, 133, 157, 165, 167-169, 174, 186, 188, 189, 191, 201, 203, 204, 211, 213, 223, 225, 227, 228, 230

角筆　252

河港　11

笠田丘陵　158, 159, 183, 186, 189, 190, 203, 206, 210

樫井川　11, 12, 14, 107, 109, 110-127, 131, 133, 164, 179

加治川　146, 148

河津集落　176

河成段丘　96

風市森神社　222, 247, 249, 267

加勢田荘　173, 174, 176, 179, 180

桛田荘　53, 155-157, 161-163, 165-168, 170, 173, 183, 197, 201, 203, 204, 207, 209-211, 213, 215, 216, 223

桛田荘絵図　155, 158, 159, 161-168, 170, 201, 204, 216, 253

賀勢田荘絵図　159, 163, 166-169, 190, 191, 197, 198

桛田荘四至牓示注文　201

桛田荘坪付帳　165, 168

風森　226

河川絵図　174, 178

滑走斜面　177

活断層　85

葛川絵図　91, 252-254

葛城山　227

かつらぎ町　155, 188, 206, 211

滑落崖　213

河南大和街道　174

河畔砂丘　35

上之郷　12, 14, 89, 133

亀ノ川　41

亀山　96

河内潟　7, 31

河内湖　35

川論絵図　108, 109, 116, 117, 119, 122-124, 126

灌漑システム　77

灌漑用水システム　197

官省符荘　168

完新世　30, 59, 84, 225

完新世段丘　7, 74-77, 80, 82, 83, 85, 90, 107, 109, 147, 150, 232-235

完新世段丘 I 面　44

完新世段丘 II 面　9, 47, 48, 51, 52, 77

完新世段丘面　7, 8, 71, 80, 144, 145, 151

干拓　7

感潮河川　49, 54, 55

関東平野　4

紀伊川　165

紀伊山地　15, 44, 157, 228, 232

紀伊水道　15, 44, 60, 61, 157, 227

『紀伊続風土記』　23, 206, 265

紀伊国井上本荘絵図　89

紀伊国桛田荘絵図　201

紀伊国粉川寺近傍図　241

紀伊国高家荘絵図　91

『紀伊国名所図会』　250, 266

紀伊湊　11

紀伊半島　59, 61, 73, 80

貴志川　233

紀州流　55

紀州流土木工法　54

寄進地系荘園　141

木曽川　35

北川井　205, 215

紀ノ川　9-11, 22-26, 28, 31, 33, 35, 44, 45, 47-50, 52, 53, 60, 89, 126, 155-158, 160-170, 173, 174, 176-180, 191, 201, 203-206, 209-211, 216, 221, 223, 225, 227, 228, 230, 231

紀の川市　206, 216

木ノ本　21-24, 28, 31, 32, 35

木ノ本 I - III 遺跡　21, 232-234, 245, 246, 249, 252, 257, 267, 268

木ノ本古墳群　10

木ノ本 III 遺跡　22, 24, 33, 35, 36

木本荘　3, 9, 151

旧河道　16, 18, 28, 41, 47-51, 55, 64, 74, 83, 95, 97, 99, 101, 103, 109, 113, 115, 116, 121, 122, 124, 125, 131, 133-135, 137-139, 144, 147, 148, 156, 160-163, 170, 177, 179, 180, 213, 230, 232-234, 249

旧中州　160, 161, 163, 233

旧流路　45, 49, 50, 53, 55, 148, 161, 225

孝子越街道　115, 133

行者山　79

櫛形山脈　147

久慈川　65

九条家　131

楠見遺跡　11

杳掛王子　15, 91

窪・萩原遺跡　163

窪・萩原（桛田荘）遺跡　155, 177, 178

熊野街道　11, 14

熊野川　44

熊野古道　15, 18, 73, 80, 100, 102, 103

久米多寺　11

倉吉平野　150

慶安絵図　201, 207, 209, 210, 213, 215

慶安三年賀勢田荘絵図　178, 201

ケルンコル　188

ケルンバット　188

元禄段丘　108

高位段丘　224-226

攻撃斜面　177

交互砂礫堆　160, 177

神前遺跡　52, 53

高山寺絵図　253, 254

更新世　84, 230, 232

神野真国荘　167

後背湿地　225

後背低地　16, 18, 28, 41, 45, 49, 51, 64, 67, 74, 83, 95, 97, 99, 103, 115, 144, 147, 148, 160, 213, 230, 233, 234

荒野　4, 11, 12, 14, 39, 40, 53, 89, 131, 134, 135, 137, 151, 188

高野街道　160

高野山　44, 186

高野山領　71, 82
粉河産土神社　250
粉河町　206
粉河寺　221, 222, 224, 226, 241, 245, 250, 251, 255,
　256, 267, 268
粉川寺近傍図　222, 223
粉河寺参詣曼荼羅　250, 267
粉河寺四至伽藍之図　241, 250, 267
粉河寺文書　222
コ河ノ井テ　255-257, 268
古作　134, 135
五条谷断層　43, 203, 243
小城山　96
古代海進　7, 9
古代小海進　53
古地理の変遷　59
金刀比羅山　100
小坊師峯　96, 100
御坊－萩構造線　96
古文書　180
小井　207, 215
根本絵図　226

〔サ　行〕
最終間氷期　79
最終氷期最盛期　84
堺相論　16, 93, 166, 167, 170
堺相論絵図　170, 222, 226
砂丘　4, 26, 30, 45, 147, 148
桜池　262, 264
桜池断層　203, 243
砂嘴　95
砂州　4, 9, 23, 44, 45, 50, 59, 60, 61, 64, 67, 73,
　77, 80, 95, 148
砂堆　12, 21, 23-26, 36, 45, 115, 133
砂堆Ⅰ面　25, 26, 35, 52
砂堆Ⅱ面　25, 26, 35, 52
砂堆Ⅲ面　25, 26, 35
佐野飛行場跡地　116
砂礫堆　15, 90, 99, 160, 174, 176-178, 180
三角州　7, 233

三角州性低地　47
三角州平野　52, 95
三ノ井　169, 183, 192, 197, 207, 215
三波川帯　60
三波川変成帯　44, 157
三百余所社　226, 244, 250, 252, 267
三里が峰　79
山麓緩斜面　46, 48, 95, 230
四至　40, 141, 201
四至牓示　162, 216
四至牓示絵図　155, 164
四至牓示注文　166, 201, 210
紫雲寺潟　7, 147, 148, 150
紫雲寺潟絵図　148, 150
塩入荒野　39, 50, 55
塩入常荒田　9, 40, 43, 53
塩除堤　39, 40, 42, 43, 49, 53-55
志賀川　97, 99, 100, 103
慈眼院　108, 113, 116, 120, 133, 164
鹿が瀬峠　18, 100, 102
四十八瀬川　158, 183, 188, 192, 201, 203
静川　158, 165-168, 170, 188, 201, 203, 204
静川荘　166, 201, 203, 204, 209, 210, 215
地すべり　213
自然堤防　28, 45, 48, 49, 64, 67, 74, 76, 82, 83,
　95, 97, 114, 115, 131, 144, 147, 148, 160, 163,
　204, 213, 225, 230, 233, 234
下地中分絵図　141
倭文神社　141, 145
信濃川　146
志野神社　267
信太山面　111
志富田荘　161-165, 170
渋田荘　174, 176, 204
島畠　161, 162, 164, 165, 168-170, 216
車駕之古祉古墳　10, 11, 21, 22, 32, 35
住持谷池　11, 111, 131
十二谷池　14, 111, 114, 131, 135, 139
樹木列　161, 165
上位段丘　16, 96, 113, 131, 133, 134, 157-170,
　186, 189, 211, 230, 232

索　引　277

上位段丘Ⅰ面　14, 113, 115, 133, 134, 136-139
上位段丘Ⅱ面　14, 113, 115, 123, 124, 133, 134
上位段丘面　89, 112, 116
荘園遺跡　131
荘園絵図　100, 107, 131
聖護院　93, 101
聖護院領本荘　101-103
上人滝　167, 168, 190
小氷期　6, 7, 126
菖蒲谷層　44, 157-159, 228, 230, 231
菖蒲谷断層　203
縄文海進　7, 26, 28, 48, 52, 65, 67, 73, 75, 77, 80, 84, 107, 115
縄文海進期　84
条里型地割　43, 48, 55, 71, 73-77, 82, 83
条里型土地割　7-9, 12, 15, 16, 18, 21, 31, 35, 59, 64-67, 89, 90, 96, 97, 99, 103, 107, 114, 133, 144, 145, 150, 160, 165, 169, 211, 226, 228, 230-234, 246, 249
条里制　3, 7
白馬山脈　15, 44, 96, 228
白水池　123, 131, 133
神護寺　155, 164, 165, 167
神護寺文書　183
侵食基準面　229
侵食谷　262
新田開発　7, 9, 31, 177, 180, 205, 215
水軒川　24, 26, 45, 52
水軒浜　26
随心院　219, 221-223, 226, 241
随心院文書　221, 241
数詞地名　82
砂浜　10, 204
潟湖　4
潟港　9, 11, 22, 30
背山　157, 159, 160, 169, 174, 188, 190, 193, 210
千間堤　176
扇状地　83, 95, 97, 112, 127, 225, 226, 232, 233
扇状地性低地　6, 73,76, 150, 161, 188, 192
相論絵図　227, 241

〔タ　行〕
帝釈寺　250, 266
大徳寺　92, 93, 99
大徳寺文書　93
大徳寺領池田　102
大徳寺領高家荘　102
大徳寺領西庄　102
大徳寺領原村　102
大徳寺領東庄　102, 103
胎内川　146-148, 150
太伊乃河　146, 147
太平洋岸　30
高家王子　15, 18, 91, 102
高家荘　15, 16, 18, 90-93, 95, 99, 101-103, 151
高家荘絵図　15, 18, 91, 93, 96, 99-103
高家本荘　93
高田井　192
高田土居遺跡　75-77
高田山　79
高津山　79
竹野潟　9
蛇行河川　177
田辺層群　60, 79
田辺平野　59, 73, 77, 80
谷底平野　18, 95, 97, 101, 103, 162, 166, 203, 225, 246
タブサ池北断層　125
俵屋新田　14, 89, 135
段丘崖　102, 103, 135, 162, 163, 165-167, 183, 188, 204, 209-211, 213, 215, 216
段丘崖下　205
地形発達　59
父鬼街道　206
道守荘　3
道守荘開田図　141
中位段丘　16, 89, 96, 97, 103, 113, 131, 134, 157, 159, 160, 169, 170, 188-192, 203, 209, 211, 215, 223-226, 230-232, 244, 249-251, 257, 263
中位段丘Ⅰ面　123, 211, 213
中位段丘Ⅱ面　113, 123, 124, 211, 215
中位段丘Ⅲ面　123, 124

278　索　引

中位段丘面　18, 112, 115-117, 133, 151, 246
中央構造線　22, 23, 36, 43-45, 60, 111, 157, 203, 227, 228, 230, 243
中世海退　7, 9
中世灌漑用水路　155, 192
中世荘園　107
沖積Ⅰ面　25, 26, 33, 35, 61, 64, 65, 67, 90
沖積Ⅱ面　7, 25, 64, 67, 89
沖積Ⅲ面　25, 28, 31, 35, 89
沖積下部砂層　84
沖積上部砂層　84
沖積錐　97
沖積層　84, 235
沖積層基底礫層　84
沖積中部泥層　84
沖積低地　7, 8, 12, 23, 47, 71, 74-77, 80, 82, 83, 85, 90, 97, 107, 115, 131, 133, 144, 155, 157, 160, 161, 163, 165, 167-170, 177, 186, 188-190, 192, 213, 216, 225, 228, 229, 232, 234, 249
沖積平野　3, 4, 7, 15, 16, 59-61, 65, 67, 76, 80, 84, 89, 90, 95, 96, 100, 146, 150, 157, 166, 221, 227
長距離灌漑用水路　168, 191
沖積段丘　59, 65, 67, 225
潮間帯　83
長者堀　148, 150
頂部陸成層　84
津軽十三湖　31
土丸断層　125
ツフ　194, 198
ツブ　188, 198
低位段丘　211, 215, 225
低位段丘Ⅰ面　211, 225
低位段丘Ⅱ面　211, 213, 215, 216
低位段丘Ⅲ面　211, 216
堤外地　204
デルタファン　95
天神川　141, 142, 144, 146
天和三年日根野村上之郷村川論絵図　164
東郷川　144

東郷湖　9, 141, 142, 144, 146
東郷荘　141, 146, 151
東郷荘絵図　141, 142, 144, 145
導線型荘園絵図　146
土入川　9, 24, 28, 31, 45, 52
徳蔵地区遺跡　71, 75-77, 79, 82
十三湊　8
土石流　230
利根川　35
舎人川　144
鳥屋野潟　147
虎が峰　79
土呂土呂池　231, 243, 247, 248, 255, 263
富田川　60

〔ナ　行〕
中嶋遺跡　131, 133-135, 139
中州　12, 109, 117, 119, 122, 124, 125, 146, 177
長瀬高浜遺跡　142, 145
長田観音寺　250, 251, 265
長滝荘　11, 12, 14, 89
長滝用水　114, 133
那賀町　158, 211, 216
中津川　230-232
長峰山脈　44, 228
名手川　222, 230-232
名手荘　166, 174, 176, 213, 222
並槻　146, 147, 150
波月条　146, 147
鳴神Ⅳ遺跡　48
鳴神Ⅴ遺跡　48
鳴滝遺跡　11
鳴滝断層　43
南海道　166, 170, 222, 246, 249
新潟砂丘　148
新潟平野　146-148, 150
西川　96, 97, 99-103
西高野街道　206
西山　96
日前宮　39, 40, 43, 47, 48, 50, 55, 89
日前宮文書　39, 43

索　引　279

二ノ井　169, 183, 189-193, 195-198, 207, 215
日本海沿岸　30
『日本書紀』　134
二里が浜　26
根来川　231
根来寺　230
根来断層　43, 230
濃尾平野　4, 59

〔ハ　行〕
橋津　145
橋津川　142, 144, 146
波食棚　64, 71, 83, 84
鉢伏山城跡　186
八幡山　96
発達史　59
八丁田圃　75, 82
果無山脈　44, 96, 228
埴見川　144
林家文書　39, 40
晩氷期　84
氾濫原　7, 47, 67, 76, 89, 115, 127, 150, 160, 161,
　　165, 170, 177, 180, 203-205, 210, 211, 213, 215,
　　216, 223, 233, 234
東頸城丘陵　147
干潟　7, 39, 49, 204
日高川　15, 16, 18, 60, 91, 95-97, 99, 100
日高川層群　96
日高川帯　60
日高川累層　44
日高平野　15, 18, 90, 95, 96, 99, 103, 150
日根神社　14, 108, 109, 111-113, 116-118, 122,
　　123, 133, 179
日根野　134
日根荘　53, 168
日根野荘　11, 12, 18, 89, 103, 107, 109, 131, 139,
　　140, 151, 164, 221, 223
日根野村絵図　11, 252
日根野村上之郷村川論絵図　12, 179, 221
日根野村近隣絵図　11
日根湊　12

氷河性海面変動　7, 8
広熊路　145
浜堤　64, 67, 74, 83, 148
複合扇状地　231, 232
福島潟　147
藤崎井　234, 249, 264
二方荘　144
仏像構造線　60, 96
蒲萄山地　147
船岡山　155, 157, 161, 163, 174, 176, 177
プラットフォーム　83
古川　71, 80, 82
平右衛門井　216
ベンチ　83
ポイントバー　28, 177
方格地割　39, 41, 43, 44, 48, 50, 51, 53, 65, 211
牓示　40, 145, 155, 162, 165, 166, 170, 204, 209,
　　210, 215, 216
北条郷　145
北条砂丘　142, 144
宝来山神社　155, 159, 165, 166, 169, 201, 205
圃場整備　74

〔マ　行〕
埋没段丘　84
前田井　207, 215
前平井　215
松井川　226, 231, 232, 245-249, 252, 256, 257,
　　264, 266, 268
丸山－矢田構造線　96
三国湊　8
三朝山地　142
三鍋（南部）王子社　73, 80
南部川　60, 61, 64, 65, 67, 71, 73-77, 79, 80,
　　82-84
南部川村　61, 73-75, 82
南部郷　75, 82
南部町　61, 64, 73-75, 82
みなべ町　61, 73
南部荘　71, 82
南部梅林　79

280　索　引

南部平野　59, 61, 66, 71, 73, 75-77, 79, 80, 82,
　84, 90
南部湾　73, 79, 80
宮井　48, 50, 55, 221, 234
宮井川　31
宮井用水　9, 49, 89, 126
三分　168
水分　169
向井山　96, 100
村絵図　174, 178
紫縄手　145
村松井　215
牟婁層群　44, 60
牟婁帯　60
桃山町　206
文覚上人　155, 167
文覚井　53, 155, 156, 159, 162, 166-170, 188, 191,
　201, 205, 207, 215

〔ヤ　行〕

薬師谷山　96, 100
大和街道　155, 159, 163, 166, 167, 170, 174, 177-
　180, 189, 205, 206, 247, 249, 251, 266, 267
弥生海退　7, 53
湯浅層群　44
遊水地　155, 160, 161, 168-170, 180, 216, 233
ユースタシー　67
井川　12, 14, 53, 89, 126
用水・堺相論　201, 206
用水相論　166, 201
用水相論絵図　198
吉野河　245, 252
吉野川　225, 243
淀江潟　9

〔ラ　行〕

ラグーン　4, 7, 9-11, 16, 22, 30, 31, 33, 35,
　36, 44, 52, 53, 55, 59, 61, 66, 73, 74, 76, 80, 90,
　99, 141, 142, 146, 147, 233
ラグーン性低地　15, 16, 28, 45, 48, 50-52, 54,
　67, 74, 83, 90, 99, 144, 145, 147, 151, 188
立券荘号図　155, 170
立券図　226
リニアメント　188
隆起扇状地　111, 131, 147, 151, 231
龍神岳　228
粒度分析　34, 35
龍門山地　44, 157, 159, 222, 228, 243, 252
領域絵図　222, 226, 241
領域型荘園　4, 15, 151, 228
領域型荘園絵図　146
領域図　227
緑色片岩　22, 46
臨海沖積平野　8, 65, 107
歴史的景観　140
ローマ海退　7
鶺鴒渓　117, 121-123, 125, 126, 133
六箇井　50

〔ワ　行〕

和歌浦湾　28
和歌川　24, 26, 45, 52
和歌浦　28, 49, 52
和歌山城　44
和歌山平野　8, 11, 22-24, 35, 43, 50, 52, 59, 150,
　221, 227
和田川　39, 41, 42, 45-51, 53-55
和太荘　39-43, 51, 54
和田の不毛　16, 90, 99
和田盆地　39, 40, 42, 43, 45, 46, 50-55
『和名抄』　75, 82
『和名類聚抄』　15, 91
和与　141, 142
湾口砂州　80

〔著者略歴〕

額田 雅裕（ぬかた まさひろ）

1957 年，岐阜県岐阜市長良に生まれる。

1980 年，立命館大学文学部地理学科卒業。

1987 年，同大学大学院文学研究科博士課程後期課程単位取得。

1985 年より和歌山市立博物館学芸員，主任学芸員，総括学芸員をへて，2015 年 4 月より同館館長。（2009 年 4 月より 2013 年 3 月までは和歌山市教育委員会生涯学習部文化振興課）。地形環境学・歴史地理学が専門。

〔おもな論文・著書（分担執筆）〕

「大阪平野北東部における遺跡の立地と古地理の変遷」（人文地理 45-4，1993 年），『古代の環境と考古学』（古今書院，1995 年），『地形環境と歴史景観』（古今書院，2004 年），「和歌山城下町探検マップについて」（地図 46-1，2008 年），『城下町の風景－カラーでよむ紀伊国名所図会－』（ニュース和歌山，2009 年），『紀伊国桛田荘』（同成社，2010 年），『和歌浦の風景－カラーでよむ紀伊国名所図会－』（ニュース和歌山，2012 年），『城下町の風景 II －カラーでよむ紀伊国名所図会－』（ニュース和歌山，2016 年）など。

書　名	**絵図でよむ荘園の立地と環境**
コード	ISBN978-4-7722-2022-4 C3021
発行日	2017（平成 29）年 8 月 3 日　初版第 1 刷発行
著　者	**額田雅裕** 　　Copyright　©2017　Masahiro　NUKATA
発行者	株式会社 古今書院　橋本寿資
印刷所	株式会社　理想社
製本所	渡邉製本株式会社
発行所	**古今書院** 〒 101-0062　東京都千代田区神田駿河台 2-10
電　話	03-3291-2757
F A X	03-3233-0303
振　替	00100-8-35340
ホームページ	http://www.kokon.co.jp/
	検印省略・Printed in Japan

いろんな本をご覧ください
古今書院のホームページ

http://www.kokon.co.jp/

★ 800点以上の**新刊・既刊書**の内容・目次を写真入りでくわしく紹介
★ 地球科学やGIS, 教育など**ジャンル別**のおすすめ本をリストアップ
★ **月刊『地理』**最新号・バックナンバーの特集概要と目次を掲載
★ 書名・著者・目次・内容紹介などあらゆる語句に対応した**検索機能**

古今書院
〒101-0062　東京都千代田区神田駿河台 2-10
TEL 03-3291-2757　　FAX 03-3233-0303
☆メールでのご注文は　order@kokon.co.jp　へ